Algoritmia

Técnicas fundamentales de programación

Ejemplos en PHP

(Numerosos ejercicios corregidos)

Descarga

código fuente

Olivier ROLLET

ISBN: 978-2-409-04894-4
Edición original: 978-2-409-04542-4

Ediciones ENI

P° Ferrocarriles Catalanes, 97-117, 2a pl. of. 18
08940 - Cornellà de Llobregat (Barcelona)

Tel: 934 246 401
Fax: 934 231 576

e-mail: info@ediciones-eni.com
http://www.ediciones-eni.com

Autor: Olivier Rollet
Edición española: Angel Maria Conejo Ortiz
Colección **Recursos Informáticos** dirigida por Émilie Villetorte

Prólogo

¿Por qué aprender a programar? ¿Tenía usted, como el autor, un ordenador a su disposición en los primeros tiempos de la microinformática, donde tenía que programar usted mismo juegos o herramientas o teclear decenas de páginas de líneas de programación? ¿Tuvo que dominar las técnicas fundamentales de programación durante sus estudios para aprobar la carrera? ¿Es usted un profesional o un autodidacta apasionado que quiere aprender más? ¿Se trata de una nueva etapa en tu carrera profesional en la que, sin ser informático, se le exige programar macros o scripts complejos? ¿Qué otra razón puede haber? Si responde afirmativamente a cualquiera de estas preguntas y a docenas más que se podrían hacer, entonces sí, necesita aprender a programar. Aprender a programar significa saber por fin cómo otros crean software magnífico y, en última instancia, saber cómo crearlo y desarrollarlo usted mismo.

¿Cómo se aprende a programar? No se puede improvisar un programador. Es una profesión y, como cualquier profesión, hay que aprenderla. En las escuelas, los profesores de los grados universitarios, antiguas diplomaturas y licenciaturas, clases preparatorias, másteres, etc. se especializan en enseñar los conceptos fundamentales de la programación. Los autodidactas se sumergen en libros, sitios web y documentación en línea sobre el lenguaje para aprender estos conceptos. En conjunto, estos conceptos se conocen como algoritmos.

Algoritmia

(con ejemplo en PHP)

Este libro abarca los conceptos esenciales y fundamentales de la programación. Para aprender a programar, primero hay que entender qué es realmente un ordenador, cómo funciona y, sobre todo, cómo puede ejecutar programas, cómo manipula y almacena datos e instrucciones y cuál es su lógica. Posteriormente, a medida que se avanza, el resto viene solo: variables, pruebas, condiciones, bucles, tablas, funciones, archivos, hasta conceptos avanzados como punteros y objetos.

El formalismo algorítmico (la sintaxis del lenguaje algorítmico o pseudocódigo) es el que se utiliza habitualmente en las escuelas de informática y primeros cursos de ingeniería, para los que este libro está, en parte, pensado y recomendado. Existen diversas variantes (según el profesor, el idioma de origen, etc.). La que aquí se presenta tiene la ventaja de estar en un castellano muy explícito: "mientras que", "hasta que", "para cada", "visualizar", "introducir", etc. No es necesario tener conocimientos previos de términos demasiado técnicos.

Este libro no se limita a cubrir los aspectos básicos. Dos capítulos, uno sobre punteros y referencias y otro sobre objetos, abren las puertas a la programación en lenguajes avanzados y potentes como C, C++, Java y PHP. De hecho, casi todos los algoritmos de este libro están implementados en PHP. Los códigos fuente se pueden utilizar directamente y están disponibles para su descarga en el sitio web de Ediciones ENI.

Los ejemplos para descargar están disponibles en la siguiente dirección:
http://www.ediciones-eni.com.
Escriba la referencia ENI del libro **RIT4PALG** en la zona de búsqueda y valide. Haga clic en el título y después en el botón de descarga.

Prólogo

Capítulo 1
Introducción a la algoritmia

Capítulo 2
Variables y operadores

Capítulo 3
Pruebas y lógica booleana

Capítulo 4
Los bucles

Capítulo 5
Tablas y estructuras

Capítulo 6
Los subprogramas

Capítulo 7
Los archivos

Capítulo 8
Nociones avanzadas

Capítulo 9
El enfoque de objetos

Capítulo 10
Ejercicios corregidos

Capítulo 1
Introducción a la algoritmia

1. Los fundamentos de la informática

1.1 Arquitectura Von Neumann

Un ordenador es un conjunto de circuitos electrónicos para manipular información conocida como datos y capaz de "ejecutar" programas, es decir, una secuencia de instrucciones programadas de antemano que llevará a cabo de principio a fin para obtener resultados. Para entender cómo un ordenador puede ejecutar un programa, tenemos que ver cómo funciona con un poco más de detalle.

En 1944, fue **Von Neumann** quien definió la arquitectura de los ordenadores modernos, que aún se utiliza ampliamente en la actualidad (aunque con variaciones). La arquitectura de Von Neumann (que surgió del trabajo de Turing, del que se habla más adelante) divide el ordenador en cuatro partes distintas:

- La **unidad aritmética lógica** o **UAL** (ALU en inglés) es la parte del ordenador que realiza los cálculos: sumas, restas, multiplicaciones, divisiones, módulos, gestión de signos (positivo, negativo), operaciones lógicas (booleanas), comparaciones, a veces rotaciones y desplazamientos de valores (siempre en el marco de la lógica booleana). Hay UAL especializadas en números de coma flotante, y otras especializadas en procesos complejos como logaritmos, inversiones, raíces, vectores, cálculos trigonométricos, etc. Algunos documentos añaden algunos registros (pequeñas celdas de memoria integradas en la UAL) y lo denominan **procesador** (CPU).
- La **unidad de control** o **UC** (CU en inglés), que no se debe confundir con la unidad central de proceso (CPU), controla la secuenciación de las operaciones, es decir, el flujo del programa. Recibe las instrucciones de la memoria y da las órdenes a la UAL. Los resultados obtenidos pueden influir en la secuencia. A continuación, la CPU pasa a la instrucción siguiente o a otra instrucción, según le indique el programa.
- La **memoria** se puede describir como una serie de pequeñas celdas numeradas, cada una de las cuales puede contener una pequeña cantidad de información (pequeña en el sentido de que el tamaño de cada celda es fijo). Esta información puede ser una instrucción o parte de una instrucción del programa (una instrucción puede ocupar varias celdas) o datos (número, carácter o parte de éstos). Es la CPU la que tiene el papel central de controlar el acceso a la memoria para el programa y los datos. Cada número de celda se denomina dirección. Para acceder a la memoria, basta con conocer su dirección. Las instrucciones del programa para la CPU y los datos para la UAL se colocan en diferentes áreas de la misma memoria física.
- Las **entradas/salidas** o **E/S** (I/O en inglés) sirven para comunicarse con el mundo exterior y, por tanto, contigo: pueden ser un teclado para introducir datos y una pantalla para mostrar los resultados. Permiten que el ordenador sea interactivo.

Von Neumann, padre de los ordenadores actuales

Las instrucciones del programa se almacenan en la memoria. La unidad de control recibirá la primera instrucción del programa y la ejecutará. Si la instrucción es, por ejemplo, sumar dos números, pedirá a la UAL que tome estos dos números de la memoria, los sume y, si es necesario, coloque el resultado en una nueva celda. A continuación, la CPU pasa a la siguiente instrucción. Si es para mostrar este resultado, entonces la CPU leerá el contenido de la memoria en la dirección donde se coloca el resultado, y luego enviará el resultado a través del componente de E/S apropiado. Y así sucesivamente. Al final, el flujo de un programa dentro del ordenador es el siguiente:

- la CPU obtiene una instrucción de la memoria;
- analiza la instrucción;
- busca en la memoria los datos afectados por el;
- desencadena la operación apropiada en la UAL o E/S;
- almacena el resultado en memoria.

Si abre la tapa de su ordenador, verá un gran número de tarjetas, cables e incluso componentes mecánicos (discos duros, CD y DVD). Sin embargo, el programa que va a escribir y ejecutar se ejecuta en un único lugar: el microprocesador. El microprocesador de su ordenador es un chip fácilmente reconocible porque suele ser el más grande, el que tiene más patas y suele estar rematado por un gran bloque de aluminio o cobre acompañado de un ventilador para refrigerarlo.

Contiene la UAL, la CPU y varios componentes más: registros especializados (datos, contadores, direcciones, estado, etc.), un secuenciador que sincroniza todos los componentes, un reloj interno, una unidad de E/S que gestiona la comunicación con la memoria (no confundir con la E/S de los periféricos del teclado, pantallas, etc.). El microprocesador microprocesador dispone de un conjunto predefinido de instrucciones.

Por sí solo, el microprocesador no podía hacer gran cosa. La arquitectura de Von Neumann muestra sólo los componentes lógicos básicos. Muchos otros componentes electrónicos, como los controladores, están conectados alrededor de este diagrama lógico. Estos chips electrónicos, a veces llamados chipsets, son también una especie de microprocesador, a menudo con un conjunto de instrucciones para controlarlos. Estas instrucciones suelen ser menos numerosas y no son de uso general. Los controladores tienen una función específica según su tipo: gestionar un determinado tipo de periférico (por ejemplo, un controlador de tarjeta gráfica, un controlador de disco duro, etc.), o la transferencia de datos (por ejemplo, controladores de memoria y bus de datos, USB, controladores PCI, etc.). Todos estos componentes están integrados en una placa de circuito impreso principal llamada placa base.

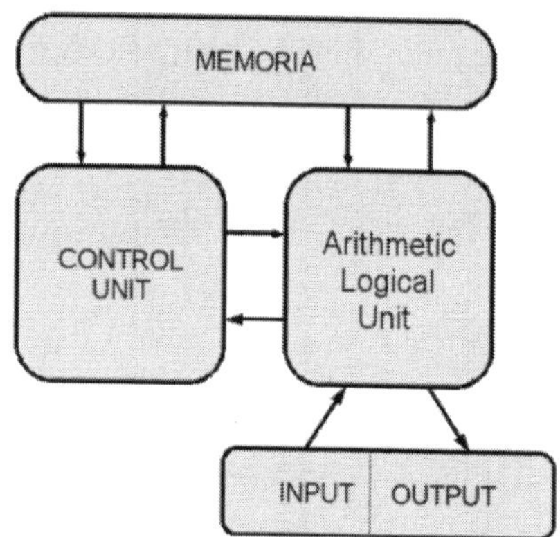

Arquitectura Von Neumann

En resumen: la arquitectura de Von Neumann es sencilla de entender y divide las funciones de un ordenador en cuatro entidades lógicas. Dos de estas entidades lógicas (UC y UAL) se encuentran en el microprocesador. Las otras y los componentes adicionales, se encuentran en la placa base o en tarjetas de expansión (la memoria ya no está soldada a la placa base, sino que se suministra en forma de tarjeta adicional, el controlador de E/S de gráficos se encuentra en una tarjeta gráfica adicional conectada a un bus PCI, AGP o PCI/E). Los programas los ejecuta el microprocesador, que está asistido (en el sentido de que accede a las funciones ofrecidas) por varios controladores.

Observación

Los microprocesadores actuales son muy complejos. No es raro encontrar en ellos varias UAL para acelerar el procesamiento. Del mismo modo, suele haber una memoria intermedia llamada memoria caché que, a menudo, está especializada: una caché para instrucciones y otra para datos.

1.2 La máquina de Turing

Antes incluso de que aparecieran los primeros ordenadores programables reales, Alan Turing definió en 1936 (el 28 de mayo para ser exactos) la llamada **máquina de Turing**. Esta máquina abstracta (que realmente no existe) es en realidad un método para modelizar el funcionamiento de un ordenador o, más bien, originalmente de una calculadora mecánica. ¿Cómo se llega a un resultado dado a partir de una premisa básica? Siguiendo ciertos procedimientos. Este es uno de los principios de la algorítmica.

Dado que una máquina de Turing no es una máquina real (en el sentido material), todo lo que hay que hacer para utilizarla es utilizar la cabeza (pensamiento y memoria) o bien utilizar un lápiz como **cabeza lectora** , una larga tira de papel dividida en cuadrados que se pueda leer, llamada **cinta** y una tabla de símbolos y procedimientos vinculados al **estado** de la casilla que hay que respetar cuando se encuentra una casilla que contiene un símbolo determinado.

Nos situamos en la primera casilla, comprobamos su símbolo y su estado, ejecutamos el procedimiento asociado (cambiar valor/símbolo, avanzar, retroceder) y seguimos ejecutando este "programa" hasta que se comprueba el procedimiento que obtiene el resultado final. Se acaba de ejecutar un programa y el conjunto de símbolos/procedimientos describe este programa. Este es el ancestro del algoritmo.

Alan Turing, creador de la máquina abstracta del mismo nombre

Existen libros muy completos sobre la máquina de Turing, entre ellos uno del propio Alan Turing y Jean-Yves Girard, publicado por Ediciones Seuil, Collection Points Sciences. La informática no es el único campo en el que se utiliza la máquina de Turing. Se puede utilizar para determinar la complejidad de un algoritmo, para determinar si realmente se puede calcular algo. También tiene aplicaciones en física, sobre todo en óptica. Puede simular una máquina de Turing en su ordenador utilizando varios lenguajes, entre ellos uno llamado Brainf*ck.

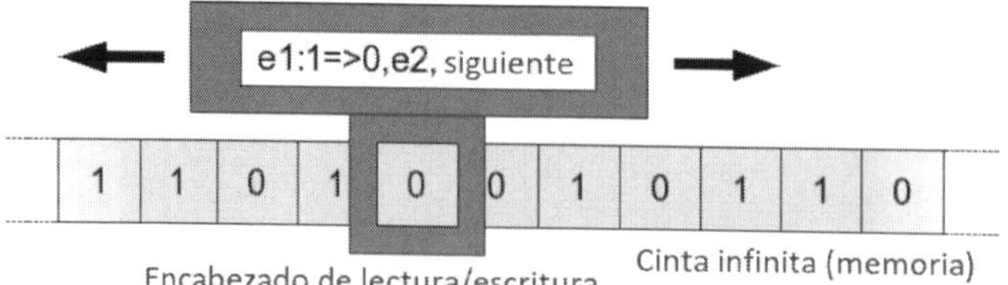

Ejemplo de máquina de Turing

1.3 Representación interna de instrucciones y datos

1.3.1 El sistema binario

¿Qué aspecto tienen las instrucciones y los datos (valores) que utiliza realmente el ordenador? El ordenador sólo entiende una cosa: cifras. Mientras que los seres humanos han inventado representaciones prácticas de los números utilizando el sistema decimal (es decir, notación en base 10 del cero al nueve), un ordenador sólo manipula dos valores: 0 ó 1. De hecho, si pudiera ampliar mucho un circuito integrado, vería que está formado por numerosas pistas por las que pasa una corriente eléctrica.

En estos circuitos, sólo hay dos posibilidades: o fluye la corriente, en cuyo caso el valor es uno (1) o no fluye la corriente, en cuyo caso el valor es cero (0). Esto es **binario** (que sólo toma dos valores). Una unidad binaria se denomina **bit** (*binary digit*). Esta palabra fue acuñada por Claude Shannon en 1948.

Como hay varias pistas en los circuitos, circulan al mismo tiempo varios valores 0 y 1, es decir, varios bits. Combinando estos valores, obtenemos valores mayores. Si pasamos datos por un solo hilo, el valor máximo es 1. Si tomamos dos hilos, es decir, dos bits, el valor máximo en binario es 11 o 3 en decimal. ¿A qué se debe esto? Aquí tiene una demostración paso a paso:

Corriente del cable 1	**Corriente del cable 2**	**Binario**	**Decimal**
No pasa	No pasa	00	0
No pasa	Pasa	01	1
Pasa	No pasa	10	2
Pasa	Pasa	11	3

Una vieja analogía (en informática, viejo puede significar un periodo de tiempo muy corto) de los años 80, explicaba cómo funcionan los números binarios asociando cables que transportan corriente con bombillas. Cada bombilla representa un valor. Si fluye la corriente, la bombilla se enciende y adopta el valor asociado.

El binario, como su nombre indica, utiliza la base dos (2), al igual que el sistema decimal utiliza la base diez (10). En **decimal**, todos los números se pueden representar con potencias de 10. Tomemos el número 1234:

$1*10^3+2*10^2+3*10^1+4*10^0=1234$

La unidad se representa por 10^0, la decena por 10^1, la centena por 10^2 y así sucesivamente. Para convertir el binario en un valor decimal más legible, se utilizan potencias de 2. El valor más pequeño está más a la derecha y se denomina **bit menos significativo** mientras que el valor mayor más a la izquierda se denomina **bit más significativo** En el ejemplo anterior, el valor binario 11 se puede convertir de la siguiente manera:

$1*2^1+1*2^0=2^1+2^0=2+1=3$

Los informáticos y los matemáticos utilizan una notación de índice especial (números con subíndices) para indicar las conversiones:

$11_{(2)}=3_{(10)}$

He aquí un último ejemplo utilizando un valor binario codificado en 8 bits. ¿Cuál es el mayor valor decimal que se puede codificar con 8 bits?

$2^7+2^6+2^5+2^4+2^3+2^2+2^1+2^0=128+64+32+16+8+4+2+1=255$

Así que:

$11111111_{(2)}=255_{(10)}$

Existen 256 valores posibles, de 0 (cero) a 255, que se pueden calcular simplemente con 2^n, es decir, dos a la enésima potencia, siendo n el número de bits que contiene el valor binario. Por tanto, el mayor valor convertido a decimal es:

2^n-1

Es posible convertir de decimal a binario utilizando divisiones sucesivas: los resultados sin la coma decimal se dividen sucesivamente por dos. El resultado binario será la yuxtaposición de los restos (0 ó 1) excepto el último.

Por ejemplo, con el número 183:

- 183/2=91, resto 1;
- 91/2=45, resto 1;
- 45/2=22, resto 1;
- 22/2=11, resto 0;
- 11/2=5, resto 1;
- 5/2=2, resto 1;
- 2/2=1, resto 0.

Volvemos a la última: 10110111.

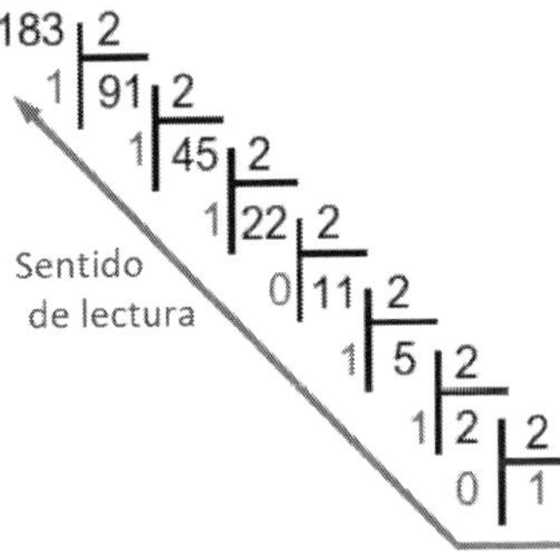

Conversión de decimal a binario

Por tanto, todos los valores que maneja un ordenador se representan en binario. Esto se aplica tanto a los datos (numéricos o de texto) como a las instrucciones al microprocesador. Un número binario corresponde a una instrucción. Por ejemplo, en un microprocesador x86 (Intel o AMD), 01110100 es la instrucción *je* (*jump if equal*) o la línea 10110000 01100001 que significa *mov $0x61, %al* (colocar el valor hexadecimal 0x61 en el registro AL).

Los ordenadores de principios de la década de 2000 pueden manejar números de 64 bits y 2^{64} es igual a 18.446.744.073.709.551.616, es decir, más de 18 billones de billones.

La idea de utilizar dos valores para codificar otros se remonta a **Francis Bacon**. En 1623, buscaba un método esteganográfico para cifrar un texto compuesto por las letras del alfabeto. Se dio cuenta de que dos letras agrupadas de cinco en cinco se podían utilizar para codificar todo el alfabeto. Llamó a este alfabeto "biliterato". La "A" se representaba con "AAAAA", la "B" con "AAAAB" y la "Z" con "BABBB". El alfabeto latino de la época contenía veinticuatro letras, en las que la "j" se fusionaba con la "i" y la "u" con la "v".

1.3.2 Bytes y palabras

Un ordenador sabe manipular individualmente cada bit de un valor. Pero los bits no se almacenan individualmente en una celda de memoria. Se agrupan, normalmente en múltiplos de ocho (8). Así, un conjunto de 8 bits se denomina **byte**. La ventaja del byte es que es suficiente (o al menos lo ha sido durante mucho tiempo) para representar todos los números, letras y símbolos de los alfabetos occidentales. Un byte representa valores de 0 a 255.

Con el aumento del espacio de almacenamiento y de la memoria, la necesidad de representar números cada vez mayores, un acceso más rápido a la memoria y más instrucciones, ha sido necesario aumentar el tamaño de los valores a manipular. De 8, luego 16, luego 32, algunos microprocesadores pueden manejar valores de 64 o incluso 128 bits, a veces más. Estos valores son cada vez más difíciles de describir y representar. Estos valores se denominan **palabras** de memoria (*word*). Algunos microprocesadores diferencian entre distintos tipos de palabra. Los microprocesadores Motorola como el 68000 (utilizado en los ordenadores Atari ST y Amiga, las consolas Sega Megadrive y, más recientemente, las Palm Pilots) utilizan palabras de 16 bits y palabras largas de 32 bits.

Por tanto, las instrucciones y los datos se codifican en forma de números binarios conocidos como palabras. Sin embargo, dependiendo del tipo de microprocesador, el orden de las palabras difiere entre la realidad y su almacenamiento en memoria. Con un microprocesador x86 en modo real (16 bits), el número decimal 38457 requiere 16 bits, es decir, dos bytes o una palabra de dieciséis bytes para ser representado:

$38457_{(10)}=1001011000111001_{(2)}$

Para almacenar este valor en memoria, los 8 primeros bits menos significativos, es decir, el byte menos significativo, se colocarán en la primera celda de memoria y los 8 últimos bits más significativos, es decir, el byte más significativo, se colocarán en la celda siguiente. El procedimiento sería el mismo en 32 bits o 64 bits.

Celda de memoria 1	Celda de memoria 2
00111001	10010110

1.3.3 Hexadecimal

Si tomamos el ejemplo de un valor binario codificado en 64 bits, necesitamos 64 0 o 1 para describirlo:

1111111111111111111111111111111111111111111111111111111111111111

En decimal se necesitan veinte dígitos: 18 446 744 073 709 551 616

Esto ocupa mucho espacio y es difícil de manipular. Puesto que existe una base 10 (decimal) y una base 2 (binaria), ¿por qué no tomar una base superior, un múltiplo de 2, para reducir la longitud y la manipulación de estos números? Por eso es práctica común en informática utilizar la base 16, conocida como hexadecimal.

Una base hexadecimal se utiliza para codificar valores de 0 a 15. Mientras que del 0 al 9 se utilizan los valores decimales correspondientes, por encima de ellos hay que utilizar letras del alfabeto, de la A (10) a la F (15).

¿Cómo se pasa de binario a hexadecimal? Se trata de responder a la pregunta "¿Cuántos bits se necesitan en un número binario para codificar 16 valores? 24=16. Por tanto, se necesitan 4 bits. La siguiente tabla resume las conversiones.

Décimal	0	1	2	3	4	5	6	7	8	9	10	11	12	13	14	15
Hexa	0	1	2	3	4	5	6	7	8	9	A	B	C	D	E	F
Binaire	0	1	10	11	100	101	110	111	1000	1001	1010	1011	1100	1101	1110	1111

Si tomamos el número 183, que requiere 8 bits, es decir, un byte, su conversión da B7 en hexadecimal. Por tanto, decimos que:

183(10)=B7(16)

```
183 |16
  7 |11(B)
```

De decimal a hexadecimal

Si se toma el valor máximo en 64 bits, se obtiene FFFFFFFFFFFFFF o 16 caracteres. Un informático experimentado es casi capaz de convertir hexadecimal a decimal sobre la marcha. Tome el valor 8C o 10001100 en binario. La C vale 12.

8*16+12=140

Sin ir más lejos, debe saber que las bases 2, 10 y 16 no son las únicas. En determinadas máquinas y sistemas operativos, es habitual utilizar la base 8 para valores que sólo necesitan tres bits para ser representados. En definitiva, mientras queden símbolos suficientes, nada le impide utilizar la base 30.

2. Algoritmos

2.1 La programación es un arte

Para obtener un resultado determinado, generalmente hay que seguir un método, una cierta lógica. A menos que sea un gran pastelero con un conocimiento innato de cómo mezclar los ingredientes (o fruto de una larga práctica), nunca conseguirá un delicioso pastel de chocolate, aunque tenga los mejores ingredientes y accesorios de repostería, si no conoce las proporciones adecuadas, el orden en el que añadir los ingredientes, el tiempo de horneado, la temperatura: en resumen, la receta.

Lo mismo ocurre con la programación. Hay varios lenguajes de programación muy sencillos, a veces extremadamente simples, que pueden dar la ilusión durante un tiempo de que se sabe programar. Incluso en las empresas, algunos empleados son bombardeados con el título de desarrollador por sus confusos conocimientos de Visual Basic, Delphi o Windev. El resultado puede ser catastrófico. La publicidad es tentadora pero engañosa. Todos los buenos programadores, incluidos los autodidactas, han tenido que lidiar alguna vez con algoritmos, porque en programación hay multitud de formas de conseguir un resultado, pero muy pocas de conseguir el mejor resultado posible, lo que explica que muchos programas con la misma función parezcan iguales (en términos de programación) aunque no hayan sido desarrollados por los mismos programadores. Los principiantes que se embarcan en atrevidos proyectos de programación a veces se quedan atascados, al no dominar una determinada técnica de lógica de programación. Algunos se rinden, otros encuentran una solución.

Los segundos podrían leer un libro de algoritmia como éste que, aunque no les proporcione una solución completa a su problema, les dará las nociones básicas y las técnicas para salir adelante.

Todos los ordenadores personales de principios de los 80 se entregaban con un lenguaje BASIC incluido directamente en la máquina (en ROM) o en un cartucho, casete o disquete. El Basic de Microsoft (Qbasic, Quickbasic) se suministraba con el DOS del PC. Los Amstrads tenían Locomotive Basic, los Atari ST tenían Atari Basic y sobre todo GFA Basic, un lenguaje de primer nivel, etc. Toda una generación de usuarios se lanzó a la programación utilizando estos lenguajes y la documentación proporcionada, que a menudo incluía no sólo las referencias del lenguaje sino también los métodos básicos de programación. Con mayor o menor éxito. El resultado era a menudo un hack infame, pero que funcionaba.

El objetivo no es que el programa funcione, sino que funcione rápido y bien, en definitiva, lo mejor posible. El mejor ordenador del mundo y el mejor lenguaje del mundo no te ayudarán a conseguirlo.

2.2 Definición: el algoritmo es una receta

¿Ha programado alguna vez un magnetoscopio (que ahora ha desaparecido) o un grabador de DVD (que también ha desaparecido)? ¿Qué hizo la primera vez que encendió el televisor para programar la recepción de canales? Sin duda abrió el manual de instrucciones y siguió la secuencia de instrucciones: pulse el botón **Menú** del mando a distancia, desplácese a **Grabar** y pulse **OK**, desplácese a una línea e indique el canal, la hora, etc.

¿Ha tenido alguna vez la oportunidad de cocinar? Para un pastel, ¿ha empezado directamente o ha abierto un libro para obtener la lista y la cantidad de cada ingrediente, para seguir la receta: derretir el chocolate y la mantequilla en un cazo a fuego lento, retirar el cazo del fuego, añadir las yemas de huevo, después el azúcar y la harina, batir los huevos a punto de nieve e incorporarlos suavemente a la mezcla, etc.?

En ambos casos, ¡enhorabuena! Ha puesto en marcha su primer algoritmo.

Una definición sencilla de algoritmo: es una secuencia de instrucciones que, cuando se ejecuta correctamente, conduce al resultado esperado. Es un enunciado en un lenguaje claro, bien definido y ordenado que permite resolver un problema, normalmente mediante cálculos. Esta definición se remonta a la máquina de Turing, que utilizó este método para resolver muchos problemas antes de la llegada de los ordenadores. Por tanto, el algoritmo es una receta para que un ordenador produzca un resultado determinado.

La palabra algoritmo procede del nombre del matemático Al Khuwarizmi (Muhammad ibn Musa al-Khuwarizmi), un erudito persa del siglo IX que escribió una obra titulada *Transposición y reducción, Al-jabr wa'l-muqabalah*. La palabra Al-jabr se convirtió en álgebra y el nombre del autor se latinizó a Algoritmi, que se convirtió en la base de la palabra algoritmo.

2.3 ¿Por qué utilizar un algoritmo?

El algoritmo describe formalmente lo que el ordenador debe hacer para alcanzar un objetivo concreto. Son las instrucciones que se le deben dar. Estas instrucciones se suelen describir en un lenguaje claro y comprensible para el ser humano: haz esto, haz lo otro si el resultado tiene un determinado valor, etc.

Un algoritmo bien establecido que funciona (al menos en teoría) se puede reescribir directamente en un lenguaje de programación avanzado como C, Java o PHP. Por desgracia, cuando se trata de programar, a menudo depende de los humanos seguir el ritmo de la máquina.

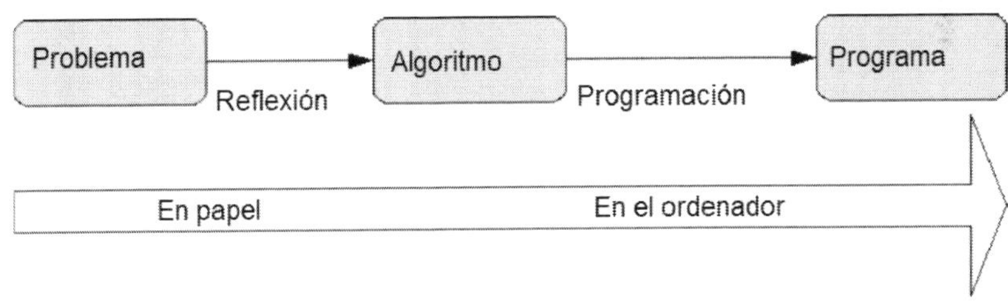

De la reflexión a la programación

Más que eso, un algoritmo describe un método para resolver problemas comunes. Por tanto, un algoritmo es reutilizable, salvo en casos puntuales o muy específicos. Hay varias formas de obtener el mismo resultado, pero algunas son mejores que otras. Es el caso, por ejemplo, de los métodos para ordenar datos por orden alfabético. Existen varios algoritmos que describen estos métodos, algunos de los cuales se adaptan a cantidades mayores o menores de datos.

El dominio de los algoritmos y el aprendizaje de los conceptos básicos son fundamentales para el éxito de cualquier proyecto de programación, ya sea personal o profesional. Con la experiencia, irá adquiriendo mecanismos de pensamiento que le permitirán optimizar el procesamiento que tiene que programar, en términos de velocidad, ocupación de memoria e incluso número de líneas de programación. Sobre este último punto, hay muchos casos en los que algoritmos largos y complejos funcionan mejor que otros que parecen más prácticos a primera vista.

Aprender algorítmica (o algoritmia, ambos están permitidos) significa aprender a programar según las reglas del arte. A lo largo de este libro, descubrirá los conceptos básicos que le permitirán comprender tanto el funcionamiento interno de un programa como la forma de diseñarlo, mediante una progresión sencilla y constante y ejemplos prácticos y comprensibles.

2.4 Formalismo

Dado que el objetivo de un algoritmo es describir el procesamiento informático en algo comprensible para los humanos (y fácilmente transportable a las máquinas), para que un algoritmo sea comprensible, debe ser claro y legible. Hay dos formas eficaces de hacerlo:

- escribir el algoritmo en forma de texto sencillo y obvio (haz esto, haz lo otro),
- elaborar un diagrama explicativo utilizando símbolos.

En la práctica, ambas formas son posibles. Pero, ¿no vale más una imagen que mil palabras? De hecho, es habitual empezar con un diagrama y, cuando se vuelve demasiado complejo, pasar a un texto explicativo (la receta).

En ambos casos, la sintaxis del texto y los símbolos de los diagramas se deben ajustar a normas estrictas, incluso normalizadas. Todo el mundo debe saber qué significan y cómo interpretarlos. Por eso todas las representaciones algorítmicas siguen más o menos el mismo formalismo. Aunque los diagramas son posibles, se utilizan menos que los algoritmos en forma de texto. Esto se debe a que, si se está construyendo un algoritmo, es más fácil corregirlo cuando se introduce en el teclado en forma de texto que cuando se dibuja como diagrama de flujo en gráficos vectoriales o software de presentación.

2.4.1 Representación gráfica

Los algoritmos se pueden construir utilizando símbolos de diagrama de flujo. Los estudiantes de informática están familiarizados con esta tableta de plástico para dibujar diagramas de flujo. La utilizan para algoritmos, bases de datos, el método Merise, etc. (cada uno con un significado diferente). He aquí un ejemplo de algoritmo en forma de diagrama de flujo que simula una tirada de dados y pide a una persona que adivine el valor.

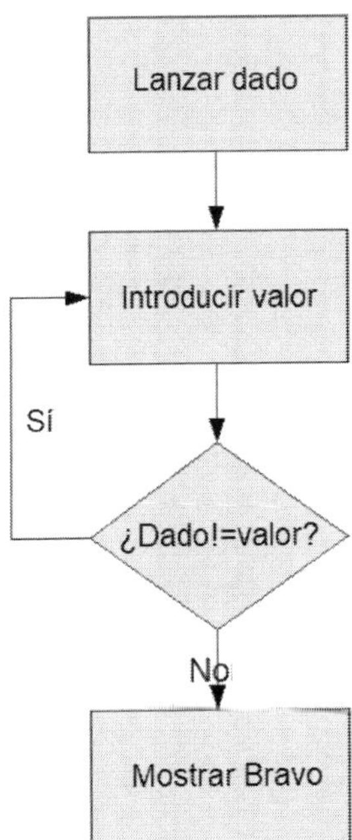

Formalismo que ocupa demasiado espacio

En este ejemplo simplificado, los procesos aparecen en rectángulos, las decisiones en rombos y las flechas representan el orden de ejecución del programa. Si hay un valor junto a la flecha, la acción depende del resultado de la pregunta formulada en el rombo. Las decisiones y las flechas pueden describir bucles. En el diagrama, hasta que el usuario introduce el valor correcto, se vuelve a formular la pregunta.

Este algoritmo es muy sencillo y el diagrama de flujo también. Sin embargo, ya puede ver su tamaño (el espacio que ocupa) en comparación con lo que hace. Ahora imagine un algoritmo más complejo que, por ejemplo, tenga que describir todas las formas posibles de gestionar una comunicación entre dos máquinas (descripción de un protocolo de comunicación): el diagrama requerirá una gran hoja de papel y será difícil de estudiar.

2.4.2 El algoritmo en forma de texto

Tomemos el mismo enunciado de la tirada de dados. Se podría escribir así en castellano correcto:

- Paso 1: tirar el dado.
- Paso 2: introducir un valor.
- Paso 3: si el valor introducido es diferente del valor del dado, vuelva al paso 2, de lo contrario continúe.
- Paso 4: mostrar "bravo".

Visto así, es muy sencillo. De esta forma, es obvio que todo el mundo, incluso un no informático, entiende lo que se supone que debe hacer el algoritmo. Sin embargo, si los algoritmos complejos se tuvieran que escribir de esta manera, volverían a ser demasiado largos y acabaría aburriéndose de escribir algo demasiado complejo o bien ocuparían demasiado espacio. Por eso hay que utilizar una sintaxis precisa y concisa.

```
/* Comentarios: este programa muestra hola */
PROGRAMA HelloWorld

/* Declaraciones: variables, constantes, tipos, etc */
VAR
    de:entero,
    valor:entero

/* Inicio del programa */
INICIO
      de ←
      aleatorio(6)
      valor ← 0
      MiestrasQue valor <> de Hacer
             Leer valor
```

```
      FinMientrasQue
      Mostrar "Bravo"
FIN
```

Esta es la forma textual que se va a usar para representar los algoritmos en este libro. Este texto, programa algorítmico o pseudocódigo, se divide en varias partes:

- El nombre del programa, que no requiere ningún comentario en particular, situado después de la palabra "**PROGRAMA**".
- Una zona para declarar los datos que utiliza el programa: variables, constantes, tipos, estructuras, tablas, etc. Si no comprende el significado de estas palabras, se le explicarán a lo largo de los capítulos. Esta zona comienza con la palabra "**VAR**".
- El programa propiamente dicho, es decir, los distintos procesos. Las instrucciones del programa están enmarcadas por las palabras "**INICIO**" y "**FIN**". Para mayor claridad y legibilidad, se aconseja sangrar las distintas líneas (separarla unas de otras) mediante las teclas de tabulación. El programa puede tener cualquier longitud: una línea o 10.000 líneas, no importa.
- Comentarios: se trata de texto libre que se puede extender a lo largo de varias líneas y enmarcarse con las secuencias de caracteres "/*" y "*/". Si su comentario ocupa una sola línea, sólo puede iniciarlo con los caracteres "//".
- Una última parte o más bien, la primera, porque cuando está presente es anterior todas las demás, puede estar constituida por los subprogramas lanzados por el programa principal. Estos subprogramas, denominados procedimientos o funciones, son objeto de un capítulo completo sobre los subprogramas.

2.5 Complejidad

El ejemplo del lanzamiento de los dados es un algoritmo muy sencillo, corto, conciso y rápido. Este no es el caso de todos los algoritmos. Algunos son complejos y el procesamiento resultante puede requerir mucho tiempo y recursos de la máquina. Esto se llama el "coste" del algoritmo, y es calculable. Si un algoritmo es "codicioso", su coste será mayor. En algunos casos es posible utilizar varios algoritmos para realizar la misma tarea, como ordenar los elementos de una matriz de valores. Algunos algoritmos son más costosos que otros cuando hay que ordenar un determinado número de elementos. El coste de un algoritmo refleja su complejidad o, en términos más sencillos, su eficiencia. Las palabras "coste", "complejidad" y "eficiencia" reflejan aquí la misma definición. Cuanto más complejo es un algoritmo, más costoso es y menos eficiente es. El resultado de calcular esta complejidad es una ecuación matemática, que suele reducirse a una noción de orden general.

La complejidad se denota O(f(n)), donde O (grande O) significa "orden" y f es la función matemática de n, que es la cantidad de información manipulada en el algoritmo. He aquí un ejemplo para que lo entiendas: un algoritmo que cuenta de 1 a n y muestra los valores correspondientes. En la práctica, vas a utilizar un bucle (ver el capítulo Bucles) que vaya de 1 a n. Tendrá que hacer n pasadas para mostrar todo, por lo que estará manipulando la información n veces. La función matemática que da el coste será entonces f(n)=n. La complejidad es entonces lineal y notará que es O(n).

Si, en el mismo algoritmo, decide hacer un segundo bucle en el primero, para mostrar una tabla de multiplicar, por ejemplo: el primer bucle siempre va de 1 a n, y el segundo bucle también va de 1 a n. En total, se obtienen n veces n bucles, es decir, n2 bucles. La complejidad es, por tanto, f(n)= n2 y lo notará como $O(n^2)$. El coste del algoritmo aumenta en la misma proporción que el cuadrado del número de piezas de información.

Si además añade alguna operación en el primer bucle, esta operación también tiene un coste que puede intentar tener en cuenta. Si añade una multiplicación y ésta tiene un coste de 1, entonces la complejidad final es $n^*(n+1)$ o n^2+n. Sin embargo, si hace una curva para valores grandes de n y la compara con la curva simple de n^2, se dará cuenta de que la adición se vuelve insignificante. Al final, el algoritmo conserva una complejidad $O(n^2)$.

Aunque a veces la complejidad se puede calcular con bastante precisión, hay varias "predefinidas":

- O(1): complejidad constante,
- O(log(n)): complejidad logarítmica,
- O(n): complejidad lineal,
- O(n.log(n)): complejidad casi lineal,
- $O(n^2)$: complejidad cuadrática,
- $O(n^3)$: complejidad cúbica,
- $O(n^p)$: complejidad polinómica,
- $O(nl^{og(n)})$: complejidad casi polinómica,
- $O(2^n)$: complejidad exponencial,
- O(n!): complejidad factorial.

Estas complejidades no son necesariamente fáciles de comprender, por lo que he aquí un gráfico que representa algunas de ellas. En el eje de abscisas se indica el número de datos que hay que procesar y en el de ordenadas la complejidad asociada: el número de operaciones realizadas para n datos. ¡Para complejidades de orden $O(2^n)$, el algoritmo ya realiza 1.024 operaciones, y más de 3,5 millones para O(n!).

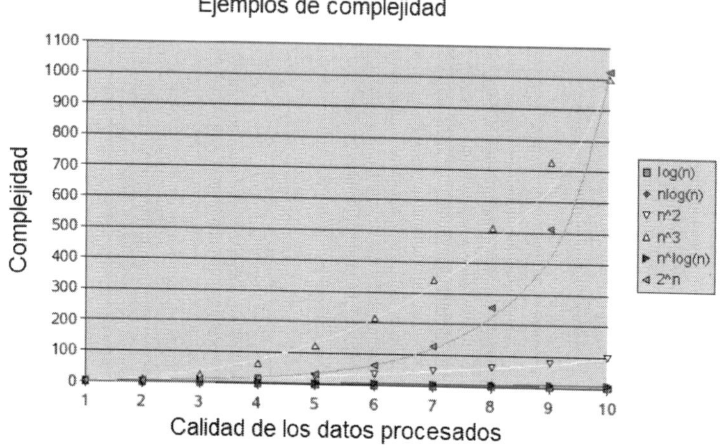

Curvas de complejidad

¿Cómo se puede imaginar realmente la complejidad en términos del tiempo empleado por el ordenador en procesar datos? Cada microprocesador es capaz de procesar un determinado número de operaciones por segundo. Como las operaciones más largas suelen ser cálculos sobre números reales (flotantes), el criterio que se suele utilizar para determinar la potencia bruta de un procesador es **FLOPS**: *Floating-point Operations per Second*. Un Intel i9 14900K funciona a una media de 1.740 GFLOPS (GigaFlops, o 10^9 FLOPS) o mil millones de operaciones de coma flotante por segundo. Si se procesan veinte datos en un algoritmo de complejidad O(n), la velocidad de cálculo se mide en millonésimas de segundo. La misma cantidad de datos en un algoritmo de complejidad O(n!) tiene que realizar 2432902008176640000 (20!) operaciones, lo que llevará 1.398.000 segundos o una vez convertidos, alrededor de dieciséis días. Por supuesto, la complejidad O(n!) es la peor posible. Con una complejidad menor $O(2^n)$, el procesamiento seguiría llevando una décima de segundo, lo cual es enorme y pone en perspectiva la potencia de los procesadores.

Ahora comprende el valor de conocer la complejidad de los algoritmos y optimizarlos.

A continuación, sólo se indicarán las complejidades en los casos en que el tratamiento, más complicado de lo habitual, compita entre varios métodos. Es el caso, por ejemplo, de los métodos de ordenación de tablas. Esto es sólo para que se haga una idea.

2.6 Algocracia

La algocracia es un sistema de gobierno en el que las decisiones políticas y sociales están influidas en gran medida por algoritmos y tecnologías informáticas. Su importancia se debe al creciente poder de los algoritmos en muchos aspectos de nuestra vida cotidiana, como la política, la economía, la sanidad, la educación, etc. Los algoritmos se pueden utilizar para recopilar y analizar datos masivos, evaluar situaciones complejas, predecir tendencias futuras y recomendar medidas a adoptar.

He aquí algunos ejemplos que ilustran la creciente importancia de la algocracia:

- **Sistemas de recomendación en línea**: plataformas como Netflix, Amazon, YouTube y Spotify utilizan algoritmos para recomendar películas, productos, vídeos y música a los usuarios en función de su historial de navegación y sus preferencias.
- **Toma de decisiones financieras**: en el sector financiero, los algoritmos se utilizan ampliamente para el análisis de mercados, la gestión de carteras, la negociación de alta frecuencia e incluso los préstamos.
- **Salud y medicina**: los algoritmos se utilizan cada vez más para analizar datos médicos y diagnosticar enfermedades, ayudar en la toma de decisiones clínicas e incluso predecir epidemias.
- **Vigilancia y seguridad**: gobiernos y empresas utilizan algoritmos para controlar las actividades en línea, detectar amenazas a la seguridad y prevenir delitos.
- **Gobierno y política**: los algoritmos se pueden utilizar para analizar datos demográficos, predecir resultados electorales, optimizar políticas públicas e incluso automatizar ciertas decisiones administrativas.

Estos ejemplos muestran cómo la algocracia está configurando cada vez más nuestras sociedades y estilos de vida, lo que también plantea interrogantes sobre la ética, la transparencia y la responsabilidad de cómo se diseñan, aplican y utilizan estos algoritmos.

3. Lenguajes de implementación

3.1 ¿En qué lenguaje?

Existen varios cientos de lenguajes de programación si se tienen en cuenta todas las variantes posibles de un mismo lenguaje. Como ha leído al principio de este capítulo, los ordenadores sólo tienen un lenguaje nativo: el lenguaje máquina. ¿De verdad cree que va a implementar el programa de lanzamiento de dados directamente en binario (o incluso en hexadecimal)? La elección del lenguaje merece una pequeña demostración. En los círculos informáticos, es costumbre probar un lenguaje haciendo que muestre un mensaje para saludar, en este caso el famoso "¡Hello world! He aquí cómo mostrar este texto en varios idiomas:

En ensamblador x86 bajo DOS

```
Cseg segment
assume cs:cseg, ds:cseg
org 100h
main proc
jmp inicio
mess db 'Hello world!$'
inicio:
mov dx, offset mess
mov ah, 9
int 21h
ret
main endp
cseg ends
end main
```

En shell Unix

```
echo "Hello world!"
```

En Basic original

```
10 PRINT "Hello world!"
20 END
```

En COBOL

```
IDENTIFICATION DIVISION.
PROGRAM-ID. HELLO-WORLD.
ENVIRONMENT DIVISION.
DATA DIVISION.
PROCEDURE DIVISION.
DISPLAY "Hello world!".
STOP RUN.
```

En lenguaje C

```
#include <stdio.h>

int main(int argc, char **argv)
{
    printf("Hello world!\n");
    return 0;
}
```

En lenguaje C++

```
#include <iostream>

int main()
{
    std::cout << "Hello world!" << std::endl;
    return 0;
}
```

En PHP

```
<?php
print ("Hello world!");
?>
```

En Java

```
public class HelloWorld {
    public static void main(String[] args) {
        System.out.println("Hello world!");
    }
}
```

En Visual Basic

```
Sub Main()
  MsgBox("Hello world!")
End Sub
```

En Pascal

```
program Hola;
begin
  WriteLn('Hello world!');
end.
```

3.2 Clasificaciones de los lenguajes

¿Qué ha podido observar? Hay tantas sintaxis diferentes como lenguajes. Sin embargo, se dará cuenta de que C, C++, Java y PHP tienen muchas similitudes, mientras que ensamblador y COBOL parecen salidos de libros de ciencia ficción. Esto se debe a que los primeros tienen algunos vínculos familiares, mientras que los segundos son radicalmente opuestos.

3.2.1 Alto y bajo nivel

Dado que existen cientos de lenguajes de programación, ¿cuál debería elegir para implementar sus algoritmos? No hay una respuesta sencilla a esta pregunta. Por lo general, cada lenguaje se ha diseñado para usos diferentes y a menudo específicos, aunque a medida que la mayoría de los lenguajes de alto nivel han ido evolucionando se han vuelto cada vez más de uso general. Existen varias clasificaciones de lenguajes. La más antigua depende de la afinidad del lenguaje con la máquina. Es lo que se conoce como nivel de lenguaje. Es habitual hablar de un lenguaje de bajo nivel o nivel cero (0) cuando requiere un conocimiento profundo del funcionamiento del ordenador: mecanismos de gestión de la memoria, instrucciones del microprocesador, etc. Un ejemplo de lenguaje de muy bajo nivel es el lenguaje máquina en su forma binaria o la programación en ensamblador, donde los mismos valores binarios se representan mediante palabras (mnemónicos) en inglés. Como los programas son directamente comprensibles por el hardware, sus programas serían entonces los más rápidos. Es perfectamente posible programar grandes aplicaciones en ensamblador (sobre todo juegos) y esto era muy habitual hasta la aparición de máquinas muy rápidas, cuya velocidad compensaba la menor velocidad de ejecución de un lenguaje más avanzado como C, pero con la ventaja de una programación más sencilla.

Los lenguajes de alto nivel son lo contrario de los de bajo nivel. No existe una escala precisa. En algunas fuentes encontrarás niveles que van del 0 al 4, pero los lenguajes evolucionan tan rápido que algunos que se consideraban de alto nivel, como C, han bajado de categoría. Un lenguaje de alto nivel permite abstraerse casi por completo del funcionamiento interno del ordenador. El lenguaje (o más bien su compilador o intérprete) se encargará de convertir sus órdenes sencillas (en apariencia) en lenguaje de bajo nivel (lenguaje máquina). No se deje engañar por las apariencias: mostrar un cuadro de diálogo requiere una línea de lenguaje de alto nivel, pero cientos en ensamblador. Entre los lenguajes de alto nivel se encuentran Java, C#, PHP e incluso C (si no se tienen en cuenta ciertos mecanismos). La desventaja de un lenguaje de alto nivel es que no siempre es posible entrar en el detalle más fino.

3.2.2 Varias clasificaciones

No todos los lenguajes tienen la misma finalidad. No es posible comparar HTML, cuya función es dar formato a páginas web y Visual Basic, que permite desarrollar rápidamente aplicaciones gráficas. Por eso existen otras clasificaciones, de las que la siguiente es una breve muestra:

- generalista o especialista;
- objeto o procedimiento;
- tipado o no tipado (véase el capítulo Variables y operadores);
- interpretado o compilado;
- etc.

Algunos lenguajes están especializados. HTML está especializado en el diseño de páginas web estáticas: cuando se ejecuta, el resultado directo es la visualización de una página HTML a la que ha dado formato. SQL es un lenguaje de base de datos que se utiliza para gestionar registros de datos. Javascript es un lenguaje que se puede utilizar para programar páginas web dinámicas en el navegador, mientras que PHP (que se ha convertido en un lenguaje de uso general) y ASP se pueden utilizar para programar sitios web dinámicos en el servidor. Algunos lenguajes pueden llamar a otros. Puede utilizar perfectamente SQL en PHP, si su sitio necesita acceder a una base de datos...

3.2.3 Compilado o interpretado

Otra distinción a tener en cuenta es la diferencia entre un lenguaje interpretado y un lenguaje compilado. lenguaje compilado. Se dice que un lenguaje está compilado cuando el programa fuente en forma de texto es leído y procesado primero por otro programa llamado compilador, que lo convierte en lenguaje máquina que puede ser entendido directamente por el ordenador. Se teclea el programa, se ejecuta el comando de compilación y finalmente se obtiene un archivo ejecutable (un .exe en Windows, por ejemplo) que se puede ejecutar como cualquier otro programa en lenguaje máquina.

Un programa en lenguaje interpretado requiere un intérprete, que es otro programa que traduce su programa directamente al lenguaje máquina a medida que se ejecuta, como un intérprete real que traduce simultáneamente el inglés al castellano en una entrevista. El programa suele ser un archivo de texto y el intérprete analiza su sintaxis antes de ejecutarlo dinámicamente.

Un programa interpretado será más lento que un lenguaje compilado debido a la conversión dinámica del programa, mientras que este paso ya se realiza de antemano con un lenguaje compilado. Por otro lado, la corrección de errores es más sencilla con un lenguaje interpretado. Como la corrección y el resultado son inmediatos, el intérprete le indicará rápidamente durante la ejecución dónde está el error sintáctico (pero no el lógico) cuando lo encuentre, en qué línea, la instrucción en cuestión y, posiblemente, alguna ayuda adicional. Con un compilador, en cambio, los errores aparecen durante la compilación, que suele ser un proceso largo. Una vez compilados, pueden aparecer otros errores más complejos, como pérdidas de memoria, pero resulta difícil determinar su origen (en cuyo caso hay que recurrir a otros programas especiales llamados depuradores).

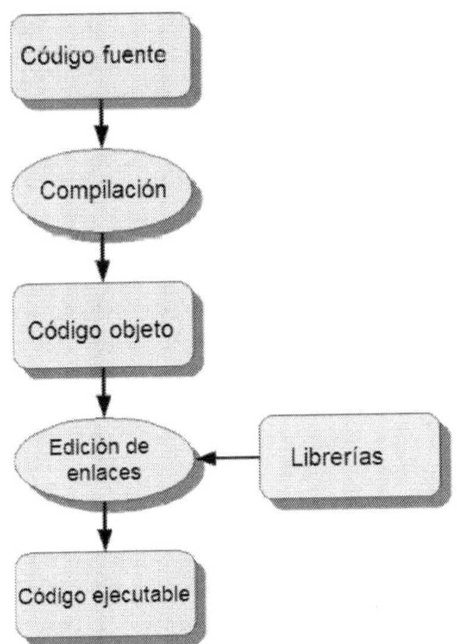

Pasos para compilar y editar enlaces en C

3.3 La máquina virtual

Existe una etapa intermedia entre lo interpretado y lo compilado: la máquina virtual de aplicaciones. La máquina virtual es un programa, generalmente un intérprete, que aísla la aplicación que debe ejecutar del hardware e incluso del sistema operativo. En teoría, el programa no tiene acceso a las particularidades del hardware, ya que todos sus requisitos los proporciona la máquina virtual. Así, cualquier programa diseñado para esta máquina virtual se puede ejecutar en cualquier ordenador, siempre que la máquina virtual exista para ese ordenador. En cierto modo, se trata de la capa de abstracción definitiva. Generalmente, el programa que se ejecuta desde la máquina virtual ya ha pasado por una fase inicial de compilación para transformarlo, no en el lenguaje de máquina propio del ordenador, sino en un lenguaje de "máquina virtual", por así decirlo, conocido como **bytecode**. Este bytecode puede ser interpretado por la máquina virtual o, más bien, y esto ocurre cada vez con más regularidad, compilado sobre la marcha justo cuando se está utilizando (tecnología JIT, *Just in Time*).

Así, en determinadas circunstancias, el programa se ejecuta casi tan rápido como un programa compilado para una máquina de destino. Un ejemplo de lenguaje que utiliza una máquina virtual es Java.

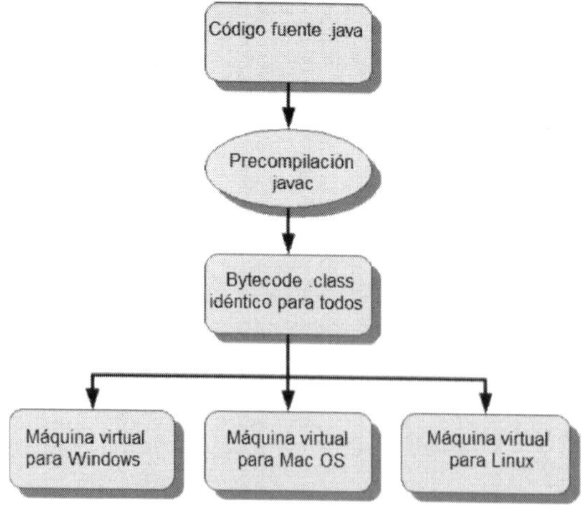

Generación y ejecución de bytecode Java

Para implementar sus algoritmos, necesita encontrar un lenguaje sencillo, de alto nivel y de propósito general que le permita evolucionar hacia aplicaciones complejas y completas. No tiene que pasar por largas y complejas etapas de compilación y el lenguaje tiene que ser compatible con otros lenguajes. En aras de la apertura y la compatibilidad, sería interesante que este lenguaje no sólo estuviera disponible para Windows y que, a ser posible, el programa resultante pudiera funcionar en varios sistemas operativos sin tener que modificarlo ni recompilarlo. Varios lenguajes podrían ser adecuados. Lo mejor es elegir un lenguaje interpretado: PHP.

3.4 PHP

3.4.1 Ventajas

PHP (*PHP HyperText Preprocessor*) posee todas las cualidades necesarias. Está disponible en la mayoría de arquitecturas y sistemas operativos. PHP es originalmente un lenguaje de scripting HTML ejecutado en el lado del servidor, pero también es un lenguaje completo con muchas funciones que permiten ejecutar programas desde la línea de comandos o desde un escritorio. En particular, es posible diseñar aplicaciones gráficas completas directamente en PHP, sin utilizar HTML. Su sintaxis se inspira en gran medida en el lenguaje C, Java y Perl, con mejoras específicas. El objetivo inicial del lenguaje era escribir rápidamente páginas HTML dinámicas.

3.4.2 Historia

Los orígenes de PHP se remontan a 1995, cuando Rasmus Lerdorf creó PHP/FI, una librería de scripts Perl utilizada para publicar su CV en su sitio web personal. A medida que la librería evolucionó, se portó a C y se mejoró con nuevas funciones para crear páginas dinámicas sencillas para la web y acceder a diversas fuentes de datos. PHP/FI son las siglas de *Personal Home Page/Forms Interpreter*.

PHP/FI 2.0 se lanzó en 1997, todavía desarrollado por una sola persona. Fue un éxito: 50.000 sitios (el 1% de los nombres de dominio) dijeron que lo utilizaban o apoyaban. Los colaboradores se multiplicaron.

En junio de 1998 se publicó PHP 3.0, la primera versión desarrollada conjuntamente por Rasmus Lerdorf, Andi Gutmans y Zeev Suraski y completamente reescrita (las versiones anteriores eran demasiado lentas para las aplicaciones comerciales). Además de su rendimiento, PHP 3 es modular y extensible; se le pueden injertar APIs adicionales, como ha ocurrido con el soporte para numerosas bases de datos, formatos y protocolos. Tiene una sintaxis más consistente y soporte básico de objetos. Se ha instalado en el 10% de los servidores web del mundo, con decenas de miles de desarrolladores y cientos de miles de sitios web.

El motor de PHP 4 ha sido rediseñado para mejorar el rendimiento de las aplicaciones complejas y aumentar aún más su modularidad. Se creó un nuevo motor, llamado Zend Engine (contracción de Zeev y Andi). PHP 4 fue lanzado oficialmente en mayo de 2000, aportando mejoras en el rendimiento, soporte para varios servidores web, sesiones y mayor seguridad.

PHP 5, publicado en julio de 2004, ofrece, entre otras cosas, un rendimiento mejorado para el motor Zend (Zend Engine 2), un modelo de objetos extendido muy similar al de C++ y una mayor compatibilidad con estándares nuevos y antiguos (RPC, XML, .NET, etc.).

Actualmente estamos en PHP 8, que ha triplicado el rendimiento en comparación con PHP 5. Ahora es posible escribir los parámetros de entrada y salida de los métodos. La última versión estable de PHP es la 8.3.

3.4.3 Información práctica

PHP se puede utilizar para cualquier proyecto, incluido:

- foros y sistemas de mensajería,
- comercio electrónico,
- banca, cuentas en línea, pagos en línea,
- publicación en línea,
- motores de búsqueda.

Al fin de cuentas, todo lo que quiera.

A continuación, le ofrecemos algunos acrónimos y abreviaturas para que se familiarice con ellos, algunos de los cuales se utilizarán más adelante en este libro:

- HTML: *HyperText Markup Language*,
- PHP: *HyperText Preprocessor*,
- SQL: *Structured Query Language*,
- MySQL: servidor de bases de datos y herramientas para acceder a él,
- LAMP: Linux - Apache - MySQL - PHP, el cuarteto ganador de los servidores web.

3.4.4 Páginas dinámicas

Una página estática es una página escrita directamente en HTML. Puede incorporar código Javascript para darle una apariencia de "dinamismo", pero sólo en lo que respecta al navegador y los datos locales.

Para procesos más complejos que requieran acceso a una base de datos, formateo de tablas en función de los resultados, búsquedas avanzadas y gráficos, se necesitan páginas dinámicas y un lenguaje que se ejecute en el lado del servidor: ASP en servidores Microsoft/IIS, Perl, PHP, etc.

PHP es un lenguaje del lado del servidor. Cuando se carga una página PHP, el servidor lee, interpreta y ejecuta el código. A continuación, devuelve el resultado al navegador en forma de código HTML. Esto significa que el navegador y el usuario nunca ven cómo se ejecuta el código PHP. Además, como el resultado es una página web HTML clásica, no es necesario instalar ningún componente específico (Java, etc.) en el cliente. Por tanto, no hay noción de velocidad de ejecución en el lado del cliente, sino que predomina la del servidor.

3.4.5 Instalar lo necesario

PHP no sólo sirve para crear páginas dinámicas. Es un lenguaje interpretado que, como Perl, Python o TCL es capaz de lanzar scripts interactivos o no interactivos. PHP se puede utilizar incluso para crear interfaces gráficas (extensión GTK). Lo mínimo que se necesita para aprender PHP es el propio intérprete PHP en un entorno compatible (Unix, Windows, Mac, etc.).

Si hablamos de LAMP, puede ver la referencia. Un sistema Linux, un servidor web Apache, un servidor de base de datos MySQL y un intérprete de PHP. La versión 8 de PHP funciona con IIS y MySQL también existe para Windows. Así que puede usar una arquitectura WIMP (Windows, IIS, MySQL, PHP) o WAMP (Windows, Apache, MySQL, PHP).

Las distribuciones Linux ya disponen de lo necesario para la arquitectura LAMP y la configuración de los parámetros es bastante sencilla. Además, el modo "user_mod" de Apache permite a cada usuario crear su propio sitio web en un directorio específico de su directorio personal. Consulte la documentación específica de su instalación para saber dónde colocar sus scripts PHP para poder probarlos. En Linux, esto es generalmente en **/var/www/htdocs**, **/srv/www/htdocs** o en el directorio **public_html** de su directorio personal.

En Windows, esto es un poco más complejo de implementar manualmente. Así que utilizamos distribuciones ya preparadas, de las cuales las mejores son Wamp y XAMPP. Ofrecen una interfaz gráfica para controlar la puesta en marcha de los componentes (PHP, Apache, etc.). Así que puede desarrollar su sitio bajo Windows y portarlo a un servidor Unix tal cual. XAMPP está disponible para Windows, Linux, Mac OS y Solaris.

Puede encontrar estos productos en las siguientes direcciones:

- XAMPP: https://www.apachefriends.org/index.html
- Wamp: https://wampserver.aviatechno.net/

Para desarrollar, todo lo que necesita es un simple editor de texto, pero es mejor usar un editor más avanzado que soporte resaltado de sintaxis y algunas funciones avanzadas. En Windows, los editores VisualCode o Sublime Text 4 son perfectos para desarrollar en PHP. En Linux, kwrite, gedit, bluefish o quanta son perfectos.

Para las pruebas, basta con un simple navegador web o una línea de comandos.

3.4.6 Un programa PHP inicial

El primer programa PHP que escribirá, compilará y ejecutará es el famoso "Hello World", cuyo algoritmo obviamente no necesita ser explicado, ya que el programa se contenta con una simple visualización. El código PHP resultante es el siguiente.

```
<?php
echo "¡Hello wordl!";
?>
```

- Escriba este programa en un editor y guárdelo en un archivo llamado **HelloWorld.php**.
- Abra una consola (cmd) en Windows o una consola shell (o terminal) en Unix/Mac OS y escriba la siguiente instrucción donde se almacena su programa. El signo ">" indica a la consola de comandos MS-DOS o shell prompt, no lo escriba.

```
> php HelloWorld.php
```

El resultado de este comando es:

```
¡Hello world!
```

Enhorabuena, acaba de ejecutar su primer programa PHP.

La sintaxis PHP de este primer programa es muy sencilla. Una página PHP tiene la extensión **.php**. Una página PHP se puede programar completamente en PHP o mezclada con código HTML. PHP es un lenguaje "Embedded HTML", lo que significa que aparece en cualquier parte de la página HTML. Para ello, se coloca en etiquetas especiales <?**php** y ?>. Así que escribimos una página HTML en la que incrustamos código PHP. El código PHP queda entonces encapsulado en el HTML: es lo que se denomina encapsulación.

```
<html>
  <head>
    <title>Título</title>
  </head>
  <body>
    <?php
      echo "Hello world!";
```

```
    ?>
  </body>
</html>
```

Dependiendo de su configuración, puede acceder a la página web a través de la siguiente URL:

```
http://localhost/HelloWorld.php
```

El código HTML generado será el siguiente:

```
<html>
  <head>
    <title>Título</title>
  </head>
  <body>
    Hello world!
  </body>
</html>
```

En el resto de este libro, siempre que sea posible, los ejemplos PHP se adaptarán para su uso a través de un navegador web. De lo contrario, y esto se especificará, los programas se ejecutarán a través de la línea de comandos.

4. Ejercicios

Ejercicio 1

Para convertir un número binario en decimal, ¿qué hacemos?:

- Agregar números
- Utilizar potencias de 2 en función del peso
- Convertir grupos de 4 bits
- Sumar los números y dividirlos por 2

Ejercicio 2

¿Cuál es el valor máximo de un número codificado en 16 bits sin tener en cuenta el signo? Indique cómo calcular este valor y exprese el resultado en decimal y hexadecimal.

Ejercicio 3

Convierta el número decimal 3407 en binario y hexadecimal.

Ejercicio 4

¿Cuál de los siguientes lenguajes no es correcto aquí? Explíquelo, por favor.

- PHP
- Java
- HTML
- C++

Capítulo 2
Variables y operadores

1. Variables

1.1 Consideraciones iniciales

Gracias al capítulo anterior ya sabe cómo representa el ordenador los números: en forma binaria. Del mismo modo, la memoria del ordenador, que está formada por celdas, puede contener información, incluidos estos famosos números. En programación, necesita algo sencillo, práctico y flexible de manipular para representar estos números.

Cada celda de memoria está numerada. Si la memoria tiene 256 bytes y cada celda puede contener un byte, entonces hay 256 celdas numeradas de 0 a 255. Por lo tanto, podemos obtener el valor de la celda a partir de su número. Esto significa que podemos obtener el valor de una celda a partir de su número, diciendo que la celda 74 contiene el valor 212. Donde la cosa se complica es cuando la memoria de los ordenadores alcanza un número muy grande de celdas. Con 1 GB de memoria, tiene 1.073.741.824 celdas, cada una de las cuales puede contener un byte. ¿Cómo se puede recordar cada número de una celda? Es imposible, por supuesto.

Por el contrario, si da un nombre o etiqueta a cada valor contenido en la celda o a una serie de valores en varias celdas, para poder recordarlos más fácilmente, resulta mucho más obvio. A esto se le llama variable. En informática, una variable es la asociación de una etiqueta con un valor. Usted da un nombre al valor. La variable representa el valor y lo sustituye. La variable es, por tanto, el valor. Pero, como su nombre indica, este valor puede cambiar con el tiempo, ya sea porque la variable ya no representa la(s) misma(s) celda(s) de memoria o porque el valor de la celda ha cambiado.

¿Qué nombre debo dar a un valor? El nombre que quiera y, si es posible, algo que tenga que ver con lo que representa el valor. Puede ser una letra, una combinación de letras y números u otros símbolos. El formalismo de los nombres de las variables depende del lenguaje utilizado. A veces, un carácter específico indica el tipo (que conocerás más adelante) de la variable: lo que puede contener.

Algunos lenguajes aceptan nombres en minúsculas, mayúsculas, con números, caracteres especiales como el subrayado, etc. Algunos lenguajes, incluido Java, distinguen entre minúsculas y mayúsculas. Aunque, por lo general, puede utilizar un nombre largo, evite los nombres largos por razones puramente prácticas. He aquí algunos ejemplos de nombres de variables:

- A
- Var
- Título
- Total
- Suma_total

Cuando programe, debe informarse de las convenciones que utiliza el lenguaje para nombrar tus variables: algunos utilizan una sintaxis muy específica, otros son mucho menos estrictos.

La variable es simplemente una herramienta para algoritmos y programadores, para que puedan representar los datos que están manipulando "en el mundo real". Si cambia el nombre "Suma_total" por "Patatas_fritas" en todo el algoritmo o programa, la variable seguirá representando los mismos datos, el programa funcionará de forma idéntica, pero le resultará más difícil hacer la conexión. Del mismo modo, la celda de memoria no tiene realmente un nombre o etiqueta. En su lugar, cada celda está referenciada por una dirección, expresada a su vez por un valor binario. El compilador o el intérprete convertirán los nombres en las direcciones de las posiciones de memoria por usted.

Si quiere divertirse manipulando direcciones de memoria directamente, no por nombre sino por dirección, algunos lenguajes lo permiten. Se trata de etiquetas que se asocian a la dirección de la celda de memoria, a diferencia de los nombres de las variables tradicionales, que se asocian al valor que contiene la celda. Por regla general, el nombre de una variable representa tanto la dirección como el valor (el valor tiene tal o cual dirección de memoria).

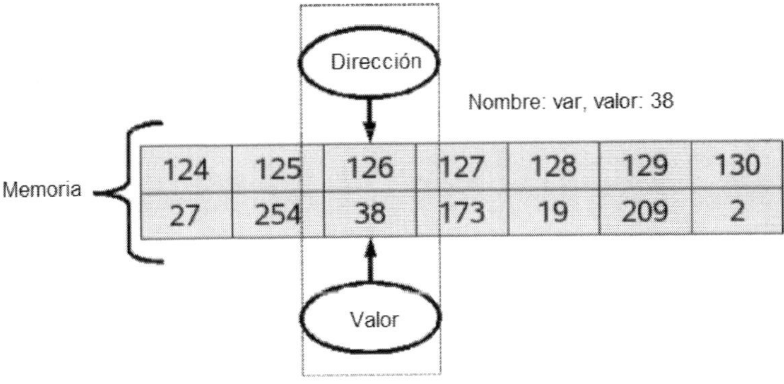

La variable: una etiqueta asociada a un valor en memoria

1.2 Declaración

Para que exista, una variable debe estar declarada, es decir, debe indicar al principio del algoritmo cómo se llama y qué debe contener. Para que el algoritmo utilice su variable, debe saber que existe y lo que debe contener. No se trata de definir el valor de la variable, eso lo puede hacer más adelante en el algoritmo asignándole un valor. Todo lo que tiene que hacer es darle un nombre y especificar el tipo de valor que puede contener. Las variables se declaran al principio del algoritmo, antes del propio programa pero después de la palabra "**VAR**".

```
VAR
 Variable1 :tipo
 Variable2,variable3 :tipo
```

1.3 Tipos

Una celda de memoria contiene generalmente un byte, es decir, un valor comprendido entre 0 y 255. Sin embargo, una variable también puede contener el número 214862, el valor real 3,1415926, el texto "hola", etc. Así pues, una variable se define no sólo por el valor que contiene, sino también por el lugar que ocupa este valor y por la forma en que el algoritmo lo representará y utilizará: número, texto, etc. Éste es el **tipo** de variable

¿Qué valor puede poner en una variable? En principio, cualquier cosa. Sin embargo, aún es necesario especificar qué tipo representa el valor.

¿Es un número? En caso afirmativo, ¿es un número entero (sin comas) o un número real (con comas)? ¿Es un texto? ¿Es una tabla? Y así sucesivamente. A veces oirá hablar de la "codificación" de la variable: según el tipo y el tamaño del valor, se codifica de forma diferente en la memoria, utilizando más celdas.

1.3.1 Los números

Colocar números en la variable es lo más obvio y, a menudo, lo más habitual. Una celda de memoria puede contener un byte, es decir, un valor entre 0 y 255 (2^8-1). Pero, ¿y si tiene que contener un valor negativo? Entonces uno de los 8 bits se reservará para el signo y la celda de memoria podrá contener valores comprendidos entre -127 y +128. Se dice entonces que la variable tiene "signo": puede contener tanto valores positivos como negativos. Sin embargo, 8 bits no son suficientes para valores grandes. Por eso los números pueden colocarse en dos casillas (16 bits), cuatro casillas (32 bits) o más.

Aunque los ordenadores son mucho más rápidos y se sienten más cómodos trabajando con números enteros, también pueden manejar números reales, aunque la codificación binaria es radicalmente distinta. Más adelante, encontrará todas las explicaciones que necesitas para entender exactamente cómo representa el ordenador los números negativos y reales porque no es tan fácil.

En definitiva, el ordenador es capaz de manejar números de longitud variable, con o sin signo, enteros o reales. Dependiendo del lenguaje de programación, los tipos tienen nombres diferentes. Sin embargo, C y sus derivados ofrecen los siguientes tipos. Nótese que Java diferencia entre el tipo Byte de 1 byte y el tipo Char de 2 bytes debido al formato de codificación de caracteres Unicode.

Tipo numérico	Rango de valores posibles
Byte (char)	0 a 255
Entero simple con signo (int)	-32 768 a 32 767
Entero simple sin signo	0 a 65 535
Entero largo con signo (long)	-2 147 483 648 a 2 147 483 647
Entero largo sin signo	0 a 4294967295
Precisión real simple (float)	Negativo: -3,40x10^{38} a -1,40x10^{45} Positivo: 1,40x10^{-45} a 3,40x10^{38}
Real de doble precisión (doble)	Negativo: -1,79x10^{308} à -4,94x10-^{324} Positivo: 4,94x10^{-324} à 1,79x10^{308}

PHP es aún más simple. PHP es un lenguaje no tipado o más precisamente, un lenguaje tipado dinámicamente. Una variable puede contener cualquier valor, de cualquier tipo, y entonces la misma variable puede cambiar su contenido a otro tipo. Además, en la mayoría de los casos no es necesario declarar la variable. Cobra existencia la primera vez que se asigna o incluso la primera vez que se utiliza (si PHP está configurado para ello). En este último caso, acceder a una variable que nunca ha tenido un valor devuelve un valor nulo, vacío o falso, dependiendo del caso.

Observación

En PHP, no es del todo cierto decir que las variables no están tipadas. Están implícitamente tipadas en función de su contenido y uso. Si asigna el valor "32" a una variable, puede ser un entero, pero también puede ser los dos caracteres "32", dependiendo del contexto. Sin embargo, es posible tipar estáticamente ciertos aspectos del lenguaje mediante declaraciones de tipo.

Tiene que elegir qué tipo numérico utilizar en función de sus necesidades. Lo más fácil es coger el tipo más alto, como un entero largo o peor aún, un número real de doble precisión, para ir sobre seguro. En informática, como en muchas otras profesiones, hay que elegir la fórmula más económica. Hablamos de economía de medios. No basta con que un programa dé el resultado esperado; también debe hacerlo de forma rápida, eficaz y con el menor consumo de recursos posible. Disponer de varios gigabytes no es criterio suficiente para programar a discreción. Una lista de mil valores entre 0 y 100 "costará" 1000 bytes (es decir, casi 1 kB) en un tipo byte, pero 8000 bytes (es decir, casi 8 kB), es decir, 8 veces más en un tipo real de doble precisión. Puede que no parezca mucho, pero el ordenador no sólo tiene que manipular 8 celdas de memoria en lugar de una, sino que además tiene que convertir constantemente un valor que cree que es un número real con decimales en un número entero, aunque ya lo sea. Cuando vea la fórmula matemática que aparece a continuación, se dará cuenta del lío que es.

Utiliza los tipos adecuados con los valores adecuados. Los algoritmos son mucho más sencillos. Nada le impide especificar que está manipulando enteros o reales, pero también puede indicar simplemente que está utilizando variables que contienen valores numéricos con el pseudotipo "numérico". Sin embargo, tendrá que ser más circunspecto cuando convierta su algoritmo a un lenguaje de programación real.

En general, en los algoritmos se utilizan dos tipos de números:

- **números enteros**: números sin punto decimal, negativos o positivos,
- **reales**: números con punto decimal, positivos o negativos

Todas las variables se declaran al principio del algoritmo. Si nota que necesita más variables mientras escribes el algoritmo, puede añadirlas al principio.

```
VAR
  importe:real
  suma,media:reales
  cnt :entero
```

Las variables que contienen números reales se escriben con coma real, como "3,14" en castellano o con punto decimal. Sin embargo, en los lenguajes de programación se suele utilizar el punto decimal, como "3,14".

En PHP, como las variables no están tipadas explícitamente, debe ser posible determinar su contenido de alguna otra manera. En el siguiente ejemplo, varios valores son asignados a variables. PHP tiene métodos (funciones, explicadas en el capítulo sobre subrutinas) que se pueden usar para determinar el tipo actual o posible del contenido de la variable. Si el programa muestra 1, entonces la variable es del tipo que se está probando, de lo contrario no lo es. Las variables siempre comienzan con el carácter $, lo que hace muy fácil distinguirlas.

```
<html>
  <head><meta/>
    <title>Tipos</title>
  </head>
  <body>
  <?php
    $entero8bits=127;
    $entero16bits=32767;
    $entero32bits=2147483647;
    $entero64bits=9223372036854775807;
    $real32bits=3.1415927;
    $real64bits=3.14159265358979323846264338327950288841971;

    echo is_int($entero8bits)."<br />";
    echo is_int($entero16bits)."<br />";
    echo is_float($entero16bits)."<br />";
    echo is_long($entero32bits)."<br />";
    echo is_long($entero32bits)."<br />";
    echo is_float($real32bits)."<br />";
    echo is_int($real32bits)."<br />";
    echo is_double($real64bits);
  ?>
  </body>
</html>
```

1.3.2 Otros tipos numéricos

Hay otros tipos de numéricos que se utilizan menos, al menos en ordenadores personales o en lenguajes de programación tradicionales, pero mucho más en sistemas medianos o grandes o en bases de datos. El sistema BCD o *Binary Coded Decimal* por decimal codificado binario, se utiliza principalmente en electrónica porque es bastante sencillo de implementar. En BCD, cada dígito se codifica en 4 bits: $0000_{(2)}=0_{(10)}$, $0001_{(2)}=1_{(10)}$, $0010_{(2)}=2_{(10)}$, $0011_{(2)}=3_{(10)}$ y así sucesivamente hasta $1001_{(2)}=9_{(10)}$. Dado que un ordenador sólo maneja bytes (formados por 8 bits), existen dos métodos para codificar números en BCD:

- poner sólo un dígito por byte y completar el resto con 1s o 0s, "*EBCDIC*" o
- poner dos dígitos por byte y añadir un signo al final, "*packed BCD*".

Por ejemplo, el número 237:

```
11110010 11110011 11110111 en EBCDIC
00100011 01111100 en packed BCD (el 1100 final es el +, 1101 para el -)
```

Es posible que un día se encuentre con el tipo "moneda" para gestionar sumas del mismo nombre y, en particular, las reglas de redondeo, pero también, y sobre todo, con un gran número de tipos para gestionar fechas, comúnmente expresadas con el nombre "**fecha**". Los PC almacenan las fechas de varias maneras, siendo la más común en forma de una **timestamp**, un valor que indica el tiempo transcurrido desde una fecha determinada. Esta marca de tiempo suele ser la del sistema Unix, que representa el número de segundos transcurridos desde la medianoche del 1 de enero de 1970 en UTC.

Por lo tanto, es un número entero y el lenguaje debe proporcionar instrucciones para convertir este valor en una fecha real.

1.3.3 Los caracteres

Si un ordenador sólo supiera manipular números, no estaría leyendo este libro, escrito con un procesador de textos (OpenOffice.org), que manipula todo tipo de caracteres: números, letras, caracteres especiales, etc. Una variable también puede contener caracteres. Según libros y sitios web, encontrará los tipos "alfanumérico", "carácter" o "cadena". Así que una variable puede almacenar su nombre, una línea entera de texto o cualquier otra cosa que requiera representación alfanumérica. Una secuencia de caracteres alfanuméricos se denomina cadena de caracteres.

Si necesita representar un único carácter, utilice el tipo tipo "**carácter**". Para una cadena, utilice el tipo **cadena**".

```
VAR
      texto:cadena
      car:carácter
```

¿Cuánto espacio ocupa una cadena de caracteres? En principio, un carácter ocupa un byte. Cada valor entre 0 y 255 se asocia a un carácter. Este es el principio en el que se basa el ASCII (*American Standard Code for Information Interchange*), la norma de codificación de caracteres más conocida y utilizada. La tabla ASCII, inventada por los estadounidenses, contenía originalmente 128 caracteres útiles para escribir en inglés. Por defecto, no contiene acentos.

Sin embargo, la tabla ASCII puede contener 256 caracteres. Los otros 128 (octavo bit a uno) contienen caracteres semigráficos y caracteres específicos de ciertas lenguas, normalmente el castellano, para los caracteres acentuados. Se denominan páginas de códigos o páginas charset. Estas páginas están sujetas a normalización, por ejemplo, la norma ISO UTF-8, que es la página de Europa Occidental, con el carácter del euro "€". En la mayoría de los idiomas, esta codificación de un byte es suficiente, por lo que una cadena de 50 caracteres ocupa 50 bytes.

En el pseudocódigo algorítmico, las cadenas de caracteres se encierran entre comillas por dos razones:

1 - Evitar la ambigüedad entre números en forma de cadena y números en formato numérico. En algunos lenguajes no hay diferencia directa (según el contexto de uso), pero en otros es catastrófica. ¿La secuencia de caracteres 1,2,3 representa el número 123 y, por tanto, se almacena en memoria en forma binaria en un byte de memoria o la cadena "123" se almacena en memoria en forma de códigos ASCII, es decir, uno por cada carácter? Las comillas evitan interpretaciones erróneas.

2 - No confunda el nombre de la variable con su contenido, sobre todo cuando la asigne. Así, cuando asigne un valor a una variable, si está entre comillas, le asigna una cadena de caracteres, si es un número, es ese número (teniendo en cuenta que el nombre de una variable no puede estar formado únicamente por números) y, por último, si no es ni una cadena ni un número, es una variable. En este caso, la primera variable recibirá el valor de la segunda variable que se le haya asignado. No respetar este principio es una causa de error grave pero frecuente.

En PHP, una variable no está tipada, por lo que se le asigna una cadena directamente. Es interesante notar que es posible concatenar dos cadenas con el punto (.). Esto es un operador. Estos se tratan en la sección Operadores y cálculos de este capítulo.

El siguiente ejemplo contiene dos asignaciones y muestra el resultado concatenado:

```
<html>
  <head><meta/>
     <title>Cadena de caracteres</title>
```

```
  </head>
  <body>
  <?php

     $texto="Hello World!";
     $text2="Hola amigos ";

     $texto=$texto.$text2;
     echo $texto;
  ?>
  </body>
</html>
```

muestra:

```
Hello World!Hola amigos
```

1.3.4 Tipo booleano

Para determinar si una afirmación es verdadera o falsa, el ordenador se debe basar en el resultado de esta afirmación. En informática, se utiliza más comúnmente la noción de expresión y de evaluación de esta expresión. Una expresión se puede describir como cualquier cosa que pueda proporcionar un valor que el ordenador pueda determinar, almacenar y evaluar. Por ejemplo, la expresión "a>b", donde a es mayor que b. Si a es 3 y b es 2, la afirmación es verdadera. Si ahora a es 1 y b es 2, la afirmación es falsa. En ambos casos, "a>b" es una expresión verdadera o falsa. Éste es el caso más sencillo, pero también el más común y el más práctico, como verá en las pruebas y condiciones.

¿Cómo determina el ordenador lo que es verdadero y lo que es falso? Este es el papel de la UAL en la arquitectura de Von Neumann. ¿De qué forma representa el ordenador lo que es verdadero o falso? En forma digital, como siempre. Cualquier cosa que devuelva un resultado distinto de cero (0) se considera verdadera, por lo que si el resultado es cero (0) entonces se considera falsa. Antes de considerar que esta definición es correcta, debería informarse mejor, porque algunos lenguajes (como el intérprete de comandos de Unix) hacen lo contrario. Sin embargo, en lenguajes como Java o C, 1 es verdadero y 0 es falso.

Para representar los valores verdadero y falso, solo necesita dos dígitos, 0 y 1. ¿Cuánto espacio necesitas para almacenar estos dos valores? Sólo un bit. En la práctica, los lenguajes manejan los booleanos de distintas maneras. Algunos crean "campos" de bits en el mismo byte, otros utilizan un byte completo y así sucesivamente. Sin embargo, varios lenguajes ofrecen el tipo booleano, que es muy práctico.

En la práctica, estos lenguajes utilizan constantes especiales (variables que toman un valor de una vez por todas) para representar valores verdaderos y falsos:

- **TRUE** para verdadero;
- **FALSE** para falso.

Estas constantes se pueden utilizar incluso directamente para evaluar una expresión. ¿Una expresión es verdadera y otra falsa? Dependiendo del lenguaje, tendrá que tener cuidado de si las constantes existen y están en mayúsculas o minúsculas.

```
VAR

    Test:booleano
```

PHP obviamente no tiene un tipo especial para booleanos, pero acepta dos valores: **true** y **false**. En tiempo de ejecución, se muestran los valores asociados (1 para verdadero, nada para falso).

```
<html>
  <head><meta/>
    <title>PHP y booleanos</title>
  </head>
  <body>
  <?php
    $b1=true;
    $b2=false;
    echo "Verdadero: $b1<br />";
    echo "Falso: $b2<br />";
  ?>
  </body>
</html>
```

muestra:

```
Verdadero: 1
Falso:
```

1.4 Asignación

1.4.1 Asignación de valores

En el programa

Para dar un valor a una variable, es necesario realizar un proceso de asignación utilizando un operador. En pseudocódigo, utilizamos el símbolo de asignación ←. A la izquierda de este símbolo, se coloca el nombre de la variable y a la derecha el valor. En algunas representaciones algorítmicas también encontrará el ":=" de Pascal. Ambos son equivalentes y se pueden utilizar.

He aquí algunos ejemplos de asignaciones en pseudocódigo.

```
PROGRAMA ASIGNACION
VAR
  a:entero
  b,c:reales
  título:cadena
  verdadero:booleano
INICIO
  a←10
  b←3,1415927
  c←12345
  título←"mi pimera asignación"
  verdadero←TRUE
FIN
```

Obviamente ha visto cómo asignar un valor a una variable en programas PHP anteriores. Se utiliza el signo "=". El uso del signo "=" en pseudocódigo no tiene el mismo significado que verá un poco más adelante en los operadores de comparación.

Sin embargo, tenga cuidado de no confundir el tipo de variable con el valor que le asigna. Esta es una causa frecuente de error, tanto en pseudocódigo algorítmico como en un lenguaje real. En algunos casos, puede funcionar (en el sentido de que el ordenador no devolverá necesariamente un error) pero el resultado no será el esperado. Considere el siguiente ejemplo incorrecto:

```
 PROGRAMA ASIG2
VAR
  a:entero
  b:real
  c:cadena
INICIO
  b←3,1415927
  a←3,1415927
  c←12345
FIN
```

La ejecución de este pseudocódigo conduce a algunas sorpresas y errores. En primer lugar, b recibe el valor de PI y, como b está declarado como real (para el ejemplo, el tipo clásico Numérico no habría sido relevante), esto es correcto. A continuación, a recibe lo mismo. Pero a es un entero.

Dependiendo del lenguaje de programación, obtendrá un error o funcionará, pero no perfectamente. Dado que la variable a es un entero, puede que a sólo contenga el valor entero de b, es decir, 3. Tenga en cuenta que algunos lenguajes permiten la conversión explícita de un tipo a otro. Esto se conoce como **transtipado** En cuanto a la variable c, debe contener una cadena de caracteres, delimitada por comillas, que no están presentes aquí, lo que probablemente provocaría un error.

El siguiente código PHP funciona perfectamente: se acepta el transtipado. Consiste en indicar el tipo final del valor a asignar entre paréntesis antes del valor. Si es posible, el valor se convertirá a este tipo antes de ser asignado. El transtipado hacia abajo (de un tipo grande a un tipo pequeño) puede provocar una pérdida de precisión o incluso una gran cantidad de información. En este ejemplo, la variable f_a es explícitamente convertida a un entero. Por lo tanto, PHP sólo retendrá la parte entera de f_a e i_a contendrá 3.

```
<html>
  <head><meta/>
    <title>Igualdad con el transtipado</title>
  </head>
  <body>
  <?php

    $f_a=(float)(3.1415927);
    $i_a=(int)3.1415927;

    echo "$f_a $i_a";
  ?>
  </body>
</html>
```

Que devuelve:

```
3.1415927 3
```

Especifique el tipo correcto desde el principio y evite asignaciones dudosas.

En la declaración

Tiene derecho a dar un valor inicial o por defecto a una variable al declararla. En este caso, debe utilizar el operador de asignación al declararla.

```
PROGRAMA DECLARA2
VAR
  a←10:entero
  b←3.5,c←8.2347:reales
  título←"Mi título":cadena
verdadero←VERDADERO:booleano
INICIO
  Visualizar a
FIN
```

Con un valor por defecto, la variable ya tiene un contenido en cuanto se inicializa y se puede utilizar directamente.

1.4.2 Asignación de variables

El principio es exactamente el mismo, salvo que esta vez no se pone un valor a la derecha, sino otra variable, lo que tiene por efecto asignar el valor de la variable de la derecha a la variable de la izquierda.

```
PROGRAMA ASIG3
VAR
  a,b:enteros
INICIO
  a←10
  b←a
FIN
```

También en este caso hay que tener cuidado de no mezclar las cosas, no asignando variables de tipos incompatibles. El siguiente ejemplo es obviamente incorrecto.

```
PROGRAMA ASIG4
VAR
  a:entero
  b:real
INICIO
  b←3.1415927
  a←b
FIN
```

Una vez más, no olvide convertir a un lenguaje real y declarar correctamente sus variables en el tipo adecuado. El siguiente ejemplo de PHP no debería plantearte ningún problema.

```
<html>
  <head><meta/>
    <title>Igualdades variadas</title>
  </head>
  <body>
  <?php

  $a=10;
  $r1=3.1415927;
  $txt1="Hello World";

  $b=$a;
  $r2=$r1;
```

```
  $c=(int)($r2);
  $txt2=$txt1;

  echo "$r2<br />";
  echo "$c<br />";
  echo "$txt2<br />";

  ?>
  </body>
</html>
```

muestra:

```
3.1415927
3
Hello World
```

1.5 Entrada de datos y visualización

Para simular la visualización de un texto o un valor en la pantalla, utilice la pseudoinstrucción "**Visualizar**", que sigue a una cadena de texto o a una variable. Si mezcla texto y variables, sepárelos con comas. Cuando se visualicen, las comas se sustituirán por espacios.

```
PROGRAMA VISUALIZAR
VAR
  a:entero
  texto:cadena
INICIO
  a←10
  texto←"Hello World"
  Visualizar a
  Visualizar texto
  Visualizar "Hola amigos"
FIN
```

Para pedir al usuario que introduzca un valor desde el teclado, utilice la palabra **Introducir**. El algoritmo esperará entonces una entrada desde el teclado, que se validará pulsando la tecla Intro. El valor introducido se colocará en la variable indicada después de "**Introducir**".

```
PROGRAMA INTRODUCIR
VAR
  respuesta:cadena
INICIO
  Visualizar "¿Cómo se llama?"
  Introducir respuesta
  Visualizar "Se llama ",respuesta
FIN
```

Si necesita introducir varios valores, cada uno de los cuales se colocará en una variable, puede utilizar varios comandos "**Introducir**", pero es más sencillo colocar las distintas variables después de un único comando "Introducir", separadas por comas. El usuario entonces tendrá que introducir varios valores (según el idioma final: uno tras otro, separados por espacios, o pulsando la tecla [Intro] después de cada entrada).

```
PROGRAMA INTRODUCIR _MULTIPLE
VAR
  nombre,apellido:cadenas
INICIO
  Visualizar "¿Cómo se llama?"
  Introducir nombre,apellido
FIN
```

Ya habrá notado en el primer capítulo que los ejemplos PHP usan "echo" para mostrar algo en la consola de Windows, en el shell de Unix/Mac OS o en una página HTML para un navegador.

La entrada a través de la consola, si el script PHP se lanza desde un terminal, es muy sencilla:

```
<?php

  echo "Añada un texto: ";
  $entrada=fgets(STDIN);

  echo $entrada;

?>
```

La introducción de datos a través de un navegador web es completamente diferente, ya que hay que utilizar formularios. El siguiente ejemplo, cuyos principios se repetirán muchas veces en el futuro, siempre que sea posible y coherente, muestra cómo utilizar formularios HTML y recuperar los valores introducidos en PHP. Esta es la base de la potencia del lenguaje. Las estructuras de control (if) se explican en el siguiente capítulo. Este programa, ejecutado una vez, muestra el formulario de entrada. La segunda vez, muestra el resultado.

```
<html>
  <head><meta/>
    <title>Introducir datos en HTML</title>
  </head>
  <body>
  <?php
  if(!isset($_GET['txt'])) {
  ?>
    <form method="GET">
      Sus datos: <input type="text" size="15" name="txt" /><br />
      <input type="submit" name="OK" /><br />
    </form>
  <?php
  } else {
    $txt=$_GET['txt'];
    echo "Ha introducido $txt<br />\n";
  }

  ?>
  </body>
</html>
```

muestra:

Sus datos: Hola
Enviar

y después:

Ha introducido Hola

1.6 Las constantes

Puede decidir dar un valor a una variable y que este valor no cambie: debe permanecer fijo en el tiempo e inalterable, durante toda la duración del programa. Su valor debe permanecer constante. De ahí su nombre.

Una constante es un valor, representado del mismo modo que una variable por un valor, que no se puede modificar una vez inicializada. Es inmutable. Un ejemplo de constante sería el valor de PI.

Una constante se declara generalmente antes de las variables utilizando la palabra clave **CONST** También es de un tipo determinado. Algunos lenguajes de programación no especifican el tipo de constante.

```
PROGRAMA CONSTANTE
CONST
  PI←3.1415927:real
VAR
  R←5:entero
  Area:real
INICIO
  Area←2*PI*R
  Visualizar Area
FIN
```

Una constante se utiliza exactamente igual que una variable, salvo que no puede cambiar su valor. En PHP, una constante se declara con un subprograma "define". El primer valor es el nombre de la constante, el segundo es el valor asociado. Observe que no hay ningún $ delante del nombre de una constante, ni cuando se declara ni cuando se utiliza.

```
<html>
  <head><meta/>
    <title>Círculo con constante</title>
  </head>
  <body>
  <?php
    define("PI",3.1415927);
    $r=5.2;

    $superficie=PI*$r*$r;
    $perimetro=2*PI*$r;
```

```
    echo "$superficie $perimetro";
  ?>
  </body>
</html>
```

2. Operadores y cálculos

2.1 Asignaciones

El símbolo de asignación "←" forma parte de una gran familia conocida como operadores. Como su nombre indica, un operador se utiliza para y en operaciones. El símbolo "←" es un operador de asignación. Existen varios operadores que se utilizan para cálculos, asignaciones, comparaciones, rotaciones (de bits), agrupaciones, etc.

2.2 Operadores aritméticos

Para que los algoritmos puedan realizar cálculos, al menos deben poder realizar operaciones sencillas. Para ello, utilizarán los siguientes símbolos:

- **+**: adición,
- -: resta,
- * o **x**: multiplicación (es más fácil escribir una x de veces que una estrella),
- /: división,
- **%** o **mod**: módulo ;
- DIV: la división entera.

Observación

Un módulo es el resto de una división entera. Por ejemplo, 15/2 vale 7, pero el resto es 1. Decimos que 15 módulo 2 es 1.

Estos operadores se denominan binarios porque se utilizan con dos valores: uno antes del símbolo y otro después. Los valores antes y después pueden ser datos (del mismo tipo que la variable que recibe los resultados) o variables. He aquí un ejemplo de operaciones en un algoritmo sencillo que calcula el área y el perímetro de un círculo.

```
PROGRAMA CIRCULO
VAR
  r, PI, surperficie,perimetro:reales
INICIO
  PI←3,1415927
  r←5,2
  superficie←PI * r * r
  perimetro←2 * PI * r
  Visualizar superficie,perimetro
FIN
```

Aquí sólo hay multiplicaciones. Ya ve que puede encadenar perfectamente Sus cálculos y mezclar datos y variables. Simule los dos cálculos:

```
superficie←PI * r * r
superficie←3,1415927 * 5,2 * 5,2
superficie←84.948666608

perimetro←2 * PI * r
perimetro←2 * 3,1415927 * 5,2
perimetro←32.67256408
```

En PHP:

```
<html>
  <head><meta/>
    <title>Círculo</title>
  </head>
  <body>
  <?php
    $pi=3.1415927;
    $r=5.2;

    $superficie=$pi*$r*$r;
    $perimetro=2*$pi*$r;

    echo "$superficie $perimetro";
  ?>
  </body>
</html>
```

Los cálculos se pueden agrupar mediante corchetes "(...)". Éstos afectan a la prioridad de los cálculos. Los operadores tienen distintos grados de prioridad. Por ejemplo, la multiplicación es "más fuerte" que la suma.

Tomemos el siguiente ejemplo:

```
PROGRAMA PRIORIDAD
VAR
  x,y,z,total:enteros
INICIO
  x←3
  y←4
  z←5
  total←x + y * z
  Visualizar total
FIN
```

¿Cuánto valdrá total? Si hace el cálculo de izquierda a derecha, obtiene 3+4=7, 7*5=35. Si lo hace con la calculadora, no obtendrá este resultado porque la multiplicación tiene un orden de prioridad superior a la suma. El ordenador hará primero 4*5=20, luego 3+20=23. Así que el resultado es 23. Si quiere decirle al algoritmo, y por lo tanto en un lenguaje real, que cambie las prioridades, tiene que usar paréntesis.

```
PROGRAMA PRIO2
VAR
  x,y,z,total:entero
INICIO
  x←3
  y←4
  z←5
  total←(x + y) * z
  Visualizar total
FIN
```

Esta vez el resultado es (3+4)*5, que es igual a 35.

Aquí está el equivalente en PHP, que cubre ambos casos:

```
<html>
  <head><meta/>
    <title>Prioridades</title>
  </head>
  <body>
  <?php
    $x=3;
    $y=4;
    $z=5;

    $total=$x+$y*$z;
    echo "$total<br />";

    $total=($x+$y)*$z;
    echo "$total<br />";
  ?>
  </body>
</html>
```

He aquí un algoritmo sencillo para calcular los resultados de una ecuación de segundo grado. Una ecuación de segundo grado es de la forma:

$ax^2+bx+c=0$

Para resolver una ecuación de este tipo, necesitamos calcular un "discriminante" de la forma:

$\Delta=b^2-4ac$

Dependiendo del valor del discriminante, los resultados varían:

– si $\Delta>0$, hay dos soluciones;

– si $\Delta=0$, sólo hay una solución;

– si $\Delta<0$, la ecuación no tiene solución.

Para el ejemplo, el algoritmo supone que la ecuación se plantea deliberadamente como si tuviera dos soluciones. Se completará en el próximo capítulo sobre pruebas. Los resultados de una ecuación de segundo grado se llaman raíces. Para calcularlas, utilice las siguientes operaciones:

$$x_1 = \frac{-b+\sqrt{\Delta}}{2a} \quad \text{y} \quad x_2 = \frac{-b-\sqrt{\Delta}}{2a}$$

Para la raíz cuadrada, utilizará la sintaxis "raíz(x)" en el algoritmo, donde raíz es una función matemática que calcula la raíz cuadrada de x. Este es el equivalente de las funciones de una hoja de cálculo y en este libro verá cómo crear sus propias funciones.

```
PROGRAMA ECUACION
VAR
  a,b,c,delta,x1,x2 :reales
INICIO
  a←3
  b←6
  c←-10
  delta←( b * b ) - ( 4 * a * c )
  x1←( -b + raiz (delta) ) / ( 2 * a )
  x2←( -b - raiz (delta) ) / ( 2 * a )
  Visualizar "los resultados son:"
  Visualizar "x1=",x1
  Visualizar "x2=",x2
FIN
```

En PHP, observe el uso de funciones matemáticas incorporadas como sqrt (raíz cuadrada):

```
<html>
  <head><meta/>
    <title>Ecuación de segundo grado</title>
  </head>
  <body>
  <?php

    $a=3;
    $b=6;
    $c=-10;
    $delta=($b*$b)-(4*$a*$c);
```

```
    $x1=(-$b+sqrt($delta))/(2*$a);
    $x2=(-$b-sqrt($delta))/(2*$a);
    echo "los resultados son:";
    echo "x1=$x1<br />";
    echo "x2=$x2<br />";
  ?>
  </body>
</html>
```

Algunos lenguajes permiten operadores aritméticos unarios, es decir, operadores que sólo toman un valor:

- `++x`: aumenta la variable x en 1;
- `x++`: igual que antes, pero después del uso actual;
- `--x`: decrementa la variable x en 1;
- `x--` : igual que antes, pero después del uso actual.

PHP acepta estos operadores. Esto puede ser una sorpresa. He aquí un ejemplo:

```
PROGRAMA UNARIO
VAR
  a:entero
INICIO
  a←1
  Escribir ++a
  Escribir a++
  Escribir a
FIN
```

- La primera visualización muestra 2, por lo que la variable a se incrementa antes de ser utilizada.
- La segunda también indica 2, por lo que la variable a se incrementa después de ser utilizada.
- La última muestra 3.

Observación

Los operadores + y - también se pueden utilizar como operadores unarios: colocado delante de un escalar o variable, el signo "-" dará el valor opuesto a éste (- -1 es igual a 1).

2.3 Operadores booleanos

Los operadores no sólo se utilizan para realizar cálculos. En una expresión, un operador también puede evaluar booleanos. Ha visto que, para el ordenador, todo lo que es verdadero es diferente de 0 y todo lo que es falso es 0. Entonces, ¿qué hace si dos expresiones son una verdadera y la otra falsa, para averiguar el valor de las dos conjugadas? Tiene que utilizar operadores booleanos para indicar cuál se debe considerar verdadera: una u otra, ambas a la vez, etc.

- El operador **Y** indica que las dos expresiones anteriores y posteriores deben ser ambas verdaderas para que el conjunto sea verdadero.
- El operador **O** indica que sólo una de las dos expresiones, la anterior o la posterior, debe ser verdadera para que toda la expresión lo sea.
- **NO** es la negación. Si la expresión era verdadera, se convierte en falsa y viceversa.

Los operadores booleanos se rigen por la lógica booleana, que debe su nombre al inventor, no de la lógica en sí, sino del trabajo de George Boole, que en el siglo XIX reestructuró toda la lógica en un sistema formal (que se puede interpretar en palabras y frases comprensibles). Tomemos dos expresiones: "Hace buen tiempo y brilla el sol". La primera expresión "hace buen tiempo" es verdadera si hace buen tiempo. La segunda expresión "el sol brilla" es verdadera si el sol brilla de verdad. Si ambas expresiones son verdaderas, toda la expresión es verdadera. Por otro lado: "Ha nevado y hace buen tiempo". Si ha nevado, la primera expresión es verdadera. Sin embargo, si no hace buen tiempo, la segunda expresión es falsa. Por tanto, toda la expresión es falsa (si no lo es, ponte los esquís).

Los tres operadores lógicos Y, O y NO se pueden comprender de forma sencilla mediante pequeñas tablas denominadas a veces "**tablas de verdad**. Exp1 y Exp2 son expresiones booleanas verdaderas o falsas. Por ejemplo, la expresión a=1 es verdadera si a es realmente 1.

Y:

Exp2 / Exp1 (Y)	Verdadero (1)	Falso (0)
Verdadero (1)	Verdadero (1)	Falso (0)
Falso (0)	Falso (0)	Falso (0)

Tabla de verdad Y

Esta tabla se debe entender de la siguiente manera: si Exp1 es verdadera y Exp2 es verdadera, entonces el conjunto es verdadero. Más generalmente, Exp1 Y Exp2 son verdaderas. En el caso de Y, el conjunto es verdadero sólo si ambas expresiones son verdaderas: una Y la otra. En caso contrario, como al menos una de ellas es falsa, el resultado total es falso.

O:

Exp2 / Exp1 (O)	Verdadero (1)	Falso (0)
Verdadero (1)	Verdadero (1)	Verdadero (1)
Falso (0)	Verdadero (1)	Falso (0)

Tabla de verdad O

En el caso de O, al menos una de las dos expresiones debe ser verdadera para que el conjunto sea verdadero. Por lo tanto, sólo una afirmación es falsa, si ambas expresiones son falsas.

NO:

Exp1	NO Exp1
Verdadero (1)	Falso (0)
Falso (0)	Verdadero (1)

Tabla de verdad NO

NO es muy fácil de entender, porque la expresión booleana se invierte: lo que era verdadero se convierte en falso y viceversa.

¿Cuándo son útiles los operadores booleanos? Son útiles en expresiones utilizadas en condiciones múltiples (ejecutar una acción según tal o cual criterio). Por ejemplo, si quiere ejecutar una acción sólo si dos variables a y b son verdaderas (contienen algo distinto de 0).

```
PROGRAMA Y1
VAR
  a,b:enteros
  resultado:booleano
Inicio
  a←1
  b←2
  resultado←a Y b
  Visualizar resultado
Fin
```

Observación

Nótese que el algoritmo anterior no comprueba si a es 1 y b es 2. Realiza la operación lógica "a Y b". Como las variables a y b son ambas distintas de 0, se consideran verdaderas. Por lo tanto, la variable de resultado contiene "VERDADERO" y se mostrará como tal si el lenguaje lo permite o en forma del valor 1.

2.4 Operadores de comparación

El algoritmo anterior no comprueba los valores de las variables. Para ello es necesario utilizar otros operadores. Para evaluar una expresión, a veces es necesario comparar valores. ¿Cómo saber si un usuario de su software ha respondido sí o no a su pregunta? ¿Cómo saber si el número introducido en el juego de dados es el resultado correcto? Necesitará utilizar operadores de comparación. Existen varios. Son operadores binarios: reciben dos valores, uno antes y otro después. Estos valores pueden ser escalares (enteros, reales, cadenas de caracteres - dependiendo del lenguaje utilizado) directamente o su representación en forma de variable. El ordenador evaluará el resultado de esta comparación en forma booleana: el resultado será verdadero o falso.

Observación

Los lenguajes reaccionan de forma diferente según las comparaciones y los tipos de datos que se comparen. También en este caso, tenga cuidado de no mezclar tipos. Además, aunque las cadenas de caracteres se pueden comparar en pseudocódigo algorítmico utilizando todos los operadores, hay que tener cuidado con cómo las interpretan los lenguajes. En C, en particular, es necesario utilizar funciones especializadas.

2.4.1 Igualdad

El operador de igualdad se escribe con el signo "=" y se utiliza para comprobar si los dos valores de la derecha y de la izquierda son idénticos, es decir, tienen el mismo valor. En este ejemplo, la expresión a=b es verdadera, pero a=c es falsa.

```
PROGRAMA IGUAL
VAR
  a,b,c:enteros
```

```
INICIO
          a←5
          b←5
          c←10
          Visualizar a=b
          Visualizar a=c
FIN
```

En algoritmos y lenguajes de programación, el operador de asignación "←" no se debe confundir con el operador de igualdad "=". En matemáticas y en el lenguaje cotidiano, a=b puede tener dos significados: o bien a recibe el valor de b o bien estamos intentando comprobar si a y b son iguales. ¿Cuál es el correcto? En un lenguaje como BASIC, la interpretación del signo "=" depende del contexto. Con una variable delante y fuera del contexto de una condición, es una asignación. En una expresión condicional, es una comparación. Es difícil de entender. Por eso algunos lenguajes como C, C++, Java y PHP utilizan el operador de igualdad "==", dos veces igual, para no confundirlo con el operador de asignación "=".

En estos lenguajes:

```
a=b=c
```

es una expresión válida, lo que significa que a recibe el valor de b, que a su vez recibe el valor de c. La variable b se asigna primero, y luego a. Las tres variables tienen el mismo valor al final.

```
a=b==c
```

también es una expresión válida. El "==" tiene prioridad sobre el "=" y b==c es falso porque 5 y 10 son diferentes. Falso es 0. La variable a recibe el resultado de la expresión b==c, por lo que a recibe 0. La expresión total es falsa, vale cero. Si tuviera:

```
c=a==b
```

El valor de a es igual al de b, por lo que la expresión "a==b" es verdadera y vale 1. Por tanto, c vale 1 y la expresión es verdadera.

2.4.2 La dirección diferencia

El operador de diferencia se describe mediante los símbolos "**≠**" o "**!=**" (signo de exclamación e igual), que se debe entender como la negación (véase operador booleano) de la igualdad. A veces encontrará "<>", como equivalente de menor que o mayor que: si es menor que o mayor que, entonces no es igual. Observe que una expresión "a!=b" es verdadera si el valor de a es diferente de b.

```
PROGRAMA DIF
VAR
    a,b:enteros
INICIO
    a←10
    b←20
    Visualizar a!=b
    Visualizar NO(a=b)
FIN
```

Los resultados de este algoritmo son idénticos. Los valores de a y b son diferentes. En el primer caso, "a!=b" es verdadero. En el segundo caso, "a=b" es falso, pero la negación de este resultado es verdadera.

2.4.3 Inferior, superior

Se pueden utilizar cuatro operadores para comparar valores inferiores y superiores, con o sin igualdad:

- **<** : inferior,
- **≤** o **<=** : menor o igual que,
- **>** : superior,
- **≥** o **>=**: mayor o igual que.

Entender estos cuatro operadores no debería ser un problema. El resultado es verdadero si el valor de la izquierda es menor que, menor o igual que, mayor que, mayor o igual que el valor de la derecha.

```
PROGRAMA INFSUP
VAR
  a,b,c:entero
INICIO
           a←10
```

```
            b←10
            c←20
            Visualizar a<c
            Visualizar a<=b
            Visualizar c>b
            Visualizar c>=c

            Visualizar NO(c<=a)
            Visualizar c>a
FIN
```

Las cuatro primeras expresiones describen perfectamente los resultados esperados: todas son verdaderas. Las dos últimas son falsas y perfectamente equivalentes. Si el valor de c no es menor o igual que a, es necesariamente mayor que éste. Ésta es otra propiedad del álgebra booleana.

2.4.4 Tie Fighter

El operador <=>, también conocido como "operador de comparación de naves espaciales" u "operador de comparación de tres vías", se utiliza para comparar dos valores. Este operador devuelve uno de los tres valores siguientes:

- -1 si el primer valor es menor que el segundo.
- 0 si los dos valores son iguales.
- 1 si el primer valor es mayor que el segundo.

```
PROGRAMA TIE
VAR
  a,b:cntcro
INICIO
      a←5
      b←10
      resultado = a <=> b
      Si  resultado == -1 Entonces
            Visualizar "El primer valor es inferior al segundo.";
     Sino Si resultado == 0 Entonces
            Visualizar "Los dos valores son iguales."
     Sino
           Visualizar "El primer valor es superior al segundo."
     FinSi
FIN
```

En este ejemplo, el resultado tomará el valor -1 porque a (5) es menor que b (10).

2.5 El caso de las cadenas de caracteres

En los algoritmos de pseudocódigo, se pueden utilizar operadores de comparación con cadenas de caracteres. La comparación se basa entonces en el orden alfabético de las cadenas de caracteres. Este orden se basa en la numeración de los caracteres en la tabla ASCII o en la página Unicode. En este ejemplo, txt2 es superior a txt1 en el sentido de que en una ordenación alfabética de los dos, la b se sitúa después de la a.

```
PROGRAMA TXT
VAR
  txt1,txt2:cadenas
INICIO
  txt1←"a"
  txt2←"b"
  Escribir txt2>txt1
FIN
```

Estos operadores aplicados a cadenas de caracteres son un buen ejemplo de lo que puede ocurrir si accidentalmente se confunden los tipos y las asignaciones. En el siguiente ejemplo, se comparan las dos cadenas "1111" y "2", junto con dos enteros del mismo valor. ¿Cuál es mayor?

```
PROGRAMA TXTCOMP
VAR
  x,y :enteros
  txt1,txt2:cadenas
INICIO
  x←1111
  y←2
  Visualizar x>y

  txt1←"1111"
  txt2←"2"
  Visualizar txt1>txt2
FIN
```

En el primer caso, la expresión es verdadera. En el segundo caso, es falsa.

Las cadenas se pueden sumar. El resultado es la concatenación de las dos cadenas. Sin embargo, no es posible utilizar los demás operadores aritméticos. Para concatenar se puede utilizar el operador "**&**" o "+", pero es preferible utilizar el primero.

```
PROGRAMA CONCAT
VAR
  txt1,txt2:cadenas
INICIO
  Visualizar "¿Cómo se llama?"
  Escribir txt1
  txt2←"Se llama "&txt1
  Visualizar txt1
FIN
```

3. Para ir más allá

3.1 Números negativos

Un número con signo de 8 bits, por ejemplo, contiene un bit reservado para el signo. Al menos, así es como se lo presentamos, para facilitar su comprensión. Generalmente, el bit más significativo, el que está más a la izquierda, se utiliza para el signo: a 0 el número es positivo, a 1 es negativo.

Por ejemplo, $-9_{(10)}$ se debería representar por $10001001_{(2)}$. Sin embargo, esta representación práctica para el lector no lo es en absoluto para el ordenador. Si se suman -9 y 30, se obtiene 21.

En binario, 30 es igual a 00011110. La suma binaria se realiza del mismo modo que la decimal: 1+1=10, así que lleva 1 y así sucesivamente:

```
 00011110 (30)
+10001001 (-9)
=10100111 (-39)
```

Hay un problema. Deberías obtener 21, es decir, 00010101. En realidad, un número negativo no se representa así. El ordenador es "hábil" con las manipulaciones binarias. El truco consiste en tomar el complemento a uno del valor binario absoluto (-9 => 9) y sumarle uno (se obtiene un complemento a dos). El complemento a uno consiste en sustituir todos los ceros (0) por unos (1) y todos los unos por 0s.

```
 11111111 (complemento a uno)
00001001 (9)
=11110110 (todo se invierte)
```

```
+00000001 (+1)
=11110111 (equivale a -9 representación máquina)
```

Observación

Si suma un número a su complemento a dos, obtiene 0 (más un resto).

Ahora sume este resultado a 30:

```
 11110111 (equivale a -9 representación máquina)
+00011110 (30)
=00010101 (21 - más un resto)
```

Ya lo tiene. En la práctica, el microprocesador no realiza todos estos cálculos de conversión porque puede representar todos estos valores de forma nativa internamente.

3.2 Representación de los números reales

Mientras que es fácil representar un número entero en binario, parece más complejo con un número con punto decimal. El propio principio del binario significa que cada valor representa una potencia de 2 según su posición de 0 a n y, por tanto, es un valor entero. Además, los números reales nunca tienen el mismo tamaño: más o menos cifras antes de la coma, más o menos después. Tenemos que ver el problema al revés: ¿no es la coma decimal la que se mueve?

A continuación, ¿es posible representar un número real como el resultado de una manipulación de números enteros?

Tomemos un ejemplo sencillo: 1.2.

$1,2=12x0,1=12x10^{-1}=12E-1$

En verdadera notación científica, escribimos 1,2E0 o $1,2x10^{0}$.

Esto es muy interesante. Los números 12, 10 y 1 se podrían codificar perfectamente directamente en binario. Algunos ordenadores especializados, conocidos como calculadoras, funcionan de este modo. Compruébelo con un valor mayor: 182,1957:

```
182,195=182195x0,001=182195x10-3=182195E-3
```

En verdadera notación científica, escribimos 1,82195E2 o 1,82195x10^2.

Es el principio de la notación científica lo que tenemos que recordar, pero en binario, no en decimal. El microprocesador no maneja potencias de 10, sino potencias de 2, así que tenemos que encontrar la manera de transformar todo esto en binario, utilizando el mismo principio. En la parte anterior al punto decimal, se trata de potencias positivas de 2 (2^0, 2^1, 2^2, etc.). Después del punto decimal, hay que pasar a potencias negativas de 2 (2^{-1}, 2^{-2}, 2^{-3}, etc.). La primera parte no plantea ningún problema.

```
182(10)=10110110(2)
```

La segunda parte es más complicada. Se basa en las potencias negativas de 2. Como recordatorio matemático, $2^{-1}=1/2^1$, $2^{-2}=1/2^2$, etc.

```
0,195x2=0,390 <1,  se indica 0, 0,0...
0,390x2=0,780 <1,  se indica 0, 0,00...
0,780x2=1,560 >1,  se indica 1, 0,001...
0,560x2=1,120 >1,  se indica 1, 0,0011...
0,120x2=0,240 <1,  se indica 0, 0,00110...
0,240x2=0,480 <1,  se indica 0, 0,001100...
0,480x2=0,960 <1,  se indica 0, 0,0011000...
0,960x2=1,920 >1,  se indica 1, 0,00110001...
0,920x2=1,840 >1,  se indica 1, 0,001100011...
0,840x2=1,680 >1,  se indica 1, 0,0011000111...
0,680x2=1,360 >1,  se indica 1, 0,00110001111...
0,360x2=0,720 <1,  se indica 0, 0,001100011110...
0,720x2=1,440 >1,  se indica 1, 0,0011000111101...
0,440x2=0,880 <1,  se indica 0, 0,00110001111010...
0,880x2=1,760 >1,  se indica 1, 0,001100011110101...
0,760x2=1,520 >1,  se indica 1, 0,0011000111101011...
```

etc. Aquí se obtiene una precisión de 2^{-16}. Si suma los números en forma decimal ($2^{-3}+2^{-4}+2^{-8}+2^{-9}+2^{-10}$...) obtiene un total de 0,1949920654296875. Como ve, no obtiene el valor exacto. Incluso con más espacio y más cálculos, el resultado estaría cerca de 0,1949999999... sin llegar nunca a 0,195.

$0,195_{(10)}$=0011000111101011(2) redondeado a una precisión de 2^{-16}.

$182,195_{(10)}$=10110110,0011000111101011$_{(2)}$, redondeado.

10110110,0011000111101011=1,01101100011000111101011x2^7

Por último, como el 1 que precede a la coma está implícito, lo suprimimos. Esto produce lo que se conoce como una mantisa.

```
Mantisa=01101100011000111101011
```

Cuanto más fina quiera que sea la precisión, más abajo irá en las potencias de 2. Sin embargo, puede ver que en algún momento tiene que parar y conformarse con una precisión de compromiso. Este sistema también requiere mucho espacio. Existe una norma para representar números reales en binario, definida por el IEEE (*Institute of Electrical and Electronics Engineers*), para las llamadas precisión simple y doble. En precisión simple, el número real se codifica en 32 bits. En doble precisión, se codifica en 64 bits. También existe la precisión de 80 bits. El principio es el mismo en todos los casos. Se basa en la representación del signo "S" del número, una mantisa "M" y un exponente "E".

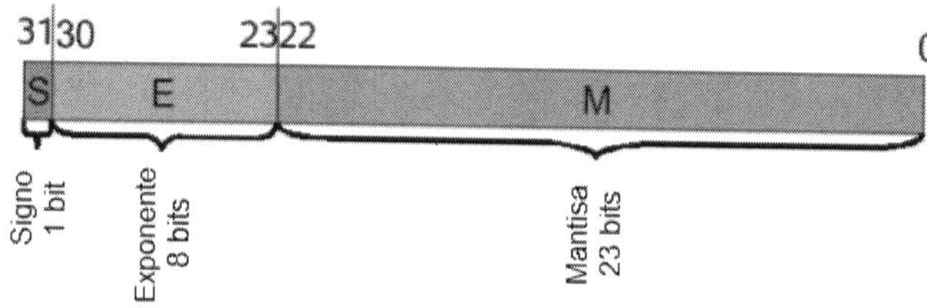

Representación binaria de 32 bits de un número real de precisión simple

En un número real de 32 bits de precisión simple, se reserva un bit para el signo, 8 para el exponente y 23 para la mantisa, en ese orden, siendo el bit más significativo el signo. El exponente se debe desplazar 2n-1-1, siendo n el número de bits utilizados. El desplazamiento es, por tanto, 127. Por último, no hay que mantener el 1 en la mantisa: está implícito.

```
Signo S:0
Exponente E: 7+127=134(10), es decir 10000111(2)
Mantisa: 182,195(10), en 23 bits 01101100011000111101011(2)
```

El resultado es el siguiente número de 32 bits:

S	E	E	E	E	E	E	E	E	M	M	M	M	M	M	M	M	M	M	M	M	M	M	M	M	M	M	M	M	M	M	M
0	1	0	0	0	0	1	1	1	0	1	1	0	1	1	0	0	0	1	1	0	0	0	1	1	1	1	0	1	0	1	1

Para hallar el valor decimal real a partir de este número de 32 bits, se aplica la siguiente fórmula:

$$-1^S \times (1+\frac{M}{2^{23}}) \times 2^{E-127}$$

Fórmula para calcular un número real a partir de su representación binaria

Retome los valores anteriores, convertidos a decimales para facilitar su uso:

- S=0
- E=137
- M=3551723

$$-1^0 \times (1+\frac{3551723}{2^{23}}) \times 2^{134-127}$$

$$\Leftrightarrow$$

$$(1+\frac{3551723}{8388608}) \times 2^7$$

$$\Leftrightarrow$$

$$182.1949920654296875$$

La codificación de un número real en 32 bits plantea dos cuestiones:

- El tamaño de la mantisa limita la precisión de los números grandes, porque cuanto más espacio ocupe el número antes de la coma decimal, menor será el tamaño restante en la mantisa para los dígitos después de la coma decimal. Esto también es cierto en menor medida para un número real de 64 bits.
- La precisión puede resultar insuficiente para determinadas aplicaciones. Si se envía un cohete a Júpiter calculando la trayectoria con una precisión simple para cada elemento de cálculo implicado, puede que el cohete no llegue al lugar correcto en esta escala, debido a la suma de imprecisiones.

El principio de la doble precisión real es exactamente el mismo, salvo que los tamaños del exponente y la mantisa se amplían. El exponente es de 11 bits, la mantisa de 52 bits. Si se repiten los cálculos, pero esta vez en doble precisión, se obtiene un total de 182,19499992847442626953125, redondeado a 224.

Un ejemplo concreto y sencillo de errores de redondeo se puede demostrar con una simple calculadora de bajo coste, aunque sólo sea dividiendo 1 entre 3. ¿Se obtiene 1,333333 o 1,333334? Al reutilizar este mismo valor, los cálculos siguientes suelen ser erróneos.

Dado el número de manipulaciones necesarias para gestionar los números reales, su manejo por el microprocesador es más lento que el de los números enteros. Afortunadamente, han aparecido componentes adicionales junto a los microprocesadores y después dentro de ellos. Se denominan FPU (*Flotting Point Units*) y su finalidad es poder manipular directamente los números y las funciones matemáticas asociadas, lo que acelera enormemente el tratamiento de los datos.

Es posible que haya oído hablar de los procesadores Intel 386 que equipaban los PC en torno a 1990. A menudo se podía añadir un coprocesador matemático llamado 80387 para acelerar las operaciones. Incluso a ordenadores personales como el Atari ST se les podía añadir un coprocesador de este tipo (68881). Hoy en día, estos coprocesadores ya no lo son: están integrados directamente en el microprocesador. El último microprocesador de tu PC contiene uno.

3.3 Las fechas

Las fechas se representan de dos formas en el ordenador. La primera es el formato BCD visto anteriormente y esto se utiliza casi exclusivamente en la bios de su ordenador (setup), por razones históricas. La segunda es el **timestamp** Unix, que representa el número de segundos que han transcurrido desde la medianoche UTC del 1 de enero de 1970. Se eligió esta fecha porque, aunque la idea de Unix apareció por primera vez en 1969, la era Unix (llegada de la primera versión y expansión) comenzó en la década de 1970.

El 11 de abril de 2024 a las 21 horas, 24 minutos y 43 segundos, el timestamp o marca de tiempo Unix es 1712863483 segundos.

La timestamp se codifica generalmente como un entero de 32 bits con signo. Si es negativo, representa una fecha anterior a 1970; si es positivo, representa una fecha posterior. Abarca un intervalo de 136 años, desde el 13 de diciembre de 1901, 20 horas 45 minutos 52 segundos, hasta el 19 de enero de 2038, 3 horas 14 minutos 8 segundos. ¿Qué ocurrirá después de esta fecha? Cualquier sistema operativo u ordenador que no haya previsto este problema se encontrará con un fallo importante digno del del año 2000, o peor: el fallo del año 2000 (que no se produjo o en poca medida, a pesar de las catastróficas predicciones) era esencialmente de software; la timestamp se define dentro del sistema operativo.

¿Qué se puede hacer? En primer lugar, aún quedan unos treinta años para cambiar las cosas y, en muchos casos, ya se ha hecho. Unix se diseñó hace casi 54 años y todavía se utiliza ampliamente. Es muy probable que dentro de 30 años se siga utilizando o uno de sus derivados. Es un sistema operativo probado y comprobado. La tecnología evoluciona y los ordenadores actuales pueden manejar números de 64 bits sin dificultad.

Un timestamp firmado en 64 bits se puede utilizar para representar fechas de la época en que el universo tal como lo conocemos no existía y, en el futuro, un período en que nuestro Sol no existirá desde hace mucho tiempo. Así que lo único que hay que hacer es poner el timestamp a 64 bits y, sabiendo que existe un tipo de timestamp en programación, recompilar todos los programas. Así que no hay de qué preocuparse.

3.4 Los caracteres

Los caracteres se suelen codificar en 8 bits, es decir, un byte, utilizando la tabla ASCII. En esta tabla, los 128 primeros valores representan no sólo caracteres para el inglés, sino también diversos códigos no visualizables utilizados para controlar la pantalla de un terminal. Los caracteres del 0 al 31 contienen elementos como el retorno de carro, el avance de línea, el tabulador, etc. El carácter 32 es el carácter de espacio y el 127 es el carácter de borrado. La "A" mayúscula empieza en el 65, la minúscula en el 97 y los números del 0 al 48. El resto son signos de puntuación, signos diversos como símbolos monetarios, operadores aritméticos y comparadores, etc. Normalmente, la cadena "¡Hola Mundo!" se representa de la siguiente manera.

Código ASCII	72	101	108	108	111	32	87	111	114	108	100	33	
Carácter	H	e	l	l	o		W	o	r	l	d	!	

Todos los caracteres de una cadena ocupan celdas de memoria contiguas. El ordenador, o más bien los lenguajes que utilizan cadenas de caracteres, deben saber dónde empieza la cadena (lo indica internamente la propia variable) y dónde termina. Es el carácter de código especial 0, que representa un carácter vacío, el que indica el final de una cadena. Cuando el ordenador necesita recuperar una cadena, lee todos los caracteres contiguos hasta que encuentra el carácter en blanco de código 0.

Los 128 caracteres siguientes representan el ASCII ampliado, que permite codificar los caracteres semigráficos utilizados habitualmente en los terminales: líneas horizontales y verticales, ángulos, etc., así como los caracteres propios de cada país. Estos 128 caracteres se sitúan dentro de páginas de códigos, la mayoría de las cuales están normalizadas. Cuando se cambia de país, se cambia de página de códigos.

Sin embargo, este sistema tiene dos desventajas:

- Los archivos de texto y los nombres de archivo escritos en idiomas distintos del inglés no se interpretarán correctamente en sistemas que no utilicen la misma página de códigos. Normalmente, si utiliza una página de códigos noruega en archivos en castellano, obtendrá caracteres sorprendentes.
- 128 bytes no siempre son suficientes para codificar todos los caracteres de un idioma concreto, por ejemplo, todos los ideogramas chinos o japoneses. En este caso, el alfabeto de estas lenguas está restringido o los hablantes nativos de estos países (y de otros) tienen que utilizar varias páginas de código o utilizar programas y sistemas que gestionen específicamente su idioma.

Para superar estos inconvenientes, hubo que encontrar un sistema de codificación de caracteres diferente. La aparición de ordenadores con gran capacidad de memoria y una gestión avanzada de la visualización de caracteres, ha permitido disponer de fuentes de caracteres (un archivo que contiene todos los diseños de caracteres para la pantalla o la impresora) que pueden contener los alfabetos de la mayoría de los idiomas. Por ejemplo, la fuente Arial puede contener caracteres europeos, así como hebreos, árabes, chinos, japoneses, etc.

Pero, ¿cómo representar estos miles de caracteres diferentes en la memoria?

Un estándar llamado Unicode reconocido por la mayoría de sistemas operativos y programas informáticos, sobre todo Unix y Windows, elimina esta limitación. Cada carácter tiene un nombre y un identificador numérico, de forma unificada y sea cual sea el sistema de destino. En otras palabras, cualquier producto que sepa interpretar los caracteres Unicode mostrará las cadenas escritas con este estándar con los caracteres correctos.

El texto Unicode en chino se mostrará en chino si su procesador de textos es compatible con Unicode y dispone de la fuente de caracteres Unicode que contiene ideogramas chinos. Tenga en cuenta que no tiene que preocuparte por cómo escribe el texto: el sistema operativo y el software lo hacen por usted: usted sigue escribiendo su texto como siempre.

Unicode es un estándar para la representación interna de caracteres y ofrece varios formatos de almacenamiento en memoria. Actualmente, Unicode representa más de 245.000 números, letras, símbolos, signos de puntuación, sílabas, reglas de representación, etc. Para representar todo esto se necesita espacio. El método más común, utilizado por defecto en Linux, es UTF-8 (*Universal Transformation Format*). Esto va más allá del alcance de este libro y ocuparía varias páginas. Sin embargo, el modelo Unicode es un modelo por capas.

La primera capa es el conjunto abstracto de caracteres, de hecho, una lista de caracteres y sus nombres precisos. Por ejemplo, "Ç" significa "letra latina mayúscula c cedilla".

El segundo es el índice numérico del carácter codificado, llamado punto de código, anotado U+XXXX donde XXXX está en hexadecimal. Sin entrar en detalles, "Ç" está representado por el punto de código U+00C7. Hay varios niveles después de éste. Java utiliza una codificación de caracteres Unicode de 16 bits. El primer byte desde la izquierda representa el conjunto de caracteres, el segundo el número de carácter en ese conjunto. Por eso el tipo de carácter en Java utiliza dos bytes, mientras que en C sólo utiliza uno.

4. Tipos y lenguajes

4.1 Lenguajes tipados y no tipados

Algunos lenguajes son muy flexibles con las variables. Primero puede poner números en ellas, luego texto, luego números otra vez. Estos lenguajes se denominan "no tipados". Algunos llevan el razonamiento bastante lejos: una variable puede contener el número 3 y la otra el texto "3 cerditos" y será capaz de sumarlos (lo que debería dar 6). Por ejemplo, es el caso de PHP: el tipo de la variable depende del contexto en el que se utilice y el lenguaje intenta convertir su contenido siempre que sea posible.

Por el contrario, otros lenguajes tienen "tipado fuerte", en el que todas las variables se deben declarar de forma extremadamente precisa: el tipo, el signo, la longitud y cualquier conversión deben ser explícitos.

En los algoritmos, basta con dar el nombre, el tipo y, posiblemente, el tamaño de la variable, que conservará sus propiedades a lo largo del algoritmo, aunque, por supuesto, su valor puede cambiar.

4.2 Gestión de la memoria

La gestión de la memoria es el calvario de los programadores en lenguajes de bajo nivel, o incluso de alto nivel, cuando éstos dejan que sea el propio programador quien gestione la memoria. Es el caso de lenguajes como C o C++. Imaginemos una cadena de caracteres llamada "Hello World! ". Está formada por 12 caracteres, incluidos los signos de puntuación y el espacio. Como la cadena termina con un carácter nulo, se necesitan 13 bytes para almacenar esta cadena en la memoria, según el principio de que un carácter se codifica en ASCII.

En algoritmos, no tiene que preocuparse de ocupar memoria para sus variables y cadenas. Tampoco en Java o PHP: estos lenguajes tienen mecanismos llamados "recolectores de basura" que lo hacen por usted. Pero en C, por ejemplo, tendría que declarar su variable de forma que su contenido pudiera contener hasta 13 bytes declarando, de hecho, 13 celdas de memoria de un byte. Es el llamado método estático:

```
char texto[13] ;
```

o el método dinámico:

```
char *texto=malloc(13*sizeof(char));
```

Pero eso no es todo. Con esta última sintaxis, lo malo es que además de la compleja tarea de asignar memoria, tiene que liberarla usted mismo, pues de lo contrario su programa seguirá consumiéndola hasta el final de su ejecución. Pero, ¿es realmente un inconveniente este sistema de gestión de la memoria? Considere estas pocas afirmaciones:

- La gestión dinámica de la memoria requiere un conocimiento avanzado del tamaño de las variables utilizadas, la cantidad de memoria necesaria y la memoria física de la máquina.
- Para acceder a la memoria se utilizan variables especiales llamadas punteros, porque no representan un valor sino la dirección de una celda. Una vez dominadas, estas variables pueden ser muy potentes y prácticas.
- La asignación dinámica permite utilizar sólo la cantidad de memoria que necesita en cada momento. Esto puede ser insignificante para unos pocos bytes, pero si maneja imágenes o películas de gran tamaño, cuenta.
- La memoria no utilizada se puede liberar en cuanto deje de ser necesaria. Con los métodos estáticos, sólo se libera al final del programa (o de un bloque de instrucciones).
- La asignación de memoria es la mayor fuente de errores en un programa, desde simples fallos de funcionamiento hasta caídas completas del programa, e incluso graves problemas de seguridad (hacking) en aplicaciones críticas.

Basado en el principio de que un lenguaje de alto nivel no debe molestar al programador con ninguna gestión de hardware, PHP gestiona la memoria por usted, por lo que no tiene que preocuparse de liberar memoria de una forma aparentemente tan compleja.

5. Ejercicios

Ejercicio 1

¿Cuáles serán los valores de las variables A y B después de ejecutar las siguientes instrucciones?

```
VAR
A,B:enteros
INICIO
A←2
B←A+4
A←4
FIN
```

Ejercicio 2

¿Cuáles serán los valores de las variables A, B y C después de ejecutar las siguientes instrucciones?

```
VAR
A,B,C:enteros
INICIO
A←1
B←3
C←A+B
A←5
C←B-A
FIN
```

Ejercicio 3

¿Cuáles serán los valores de las variables A y B después de ejecutar las siguientes instrucciones?

```
VAR
A,B:enteros
INICIO
A←2
B←A+3
A←A+5
B←A-4
FIN
```

Ejercicio 4

¿Cuáles son los valores de A y B al final del siguiente código? Adapte el algoritmo para intercambiar los valores de A y B.

```
VAR
A,B:enteros
INICIO
A←1
B←3
A←B
B←A
FIN
```

Ejercicio 5

¿Qué muestra el siguiente algoritmo?

```
VAR
A,B:cadena
INICIO
A←"12"
B←"34"
Visualizar A+B
FIN
```

Ejercicio 6

¿Qué muestra el siguiente algoritmo?

```
VAR
A,B:cadena
INICIO
A←"12"
B←"34"
Visualizar A&B
FIN
```

Ejercicio 7

¿Qué muestra el siguiente algoritmo?

```
VAR
A,B:reales
C:entero
INICIO
A←3.2
B←4.6
C←A+B
Visualizar C
FIN
```

Ejercicio 8

Cree un algoritmo para intercambiar los valores de A, B y C de forma que el valor de A esté en B, el valor de B esté en C y el valor de C esté en A.

Capítulo 3
Pruebas y lógica booleana

1. Pruebas y condiciones

1.1 Consideraciones iniciales

En el capítulo anterior ha podido familiarizarse con las expresiones que utilizan operadores, ya sean de cálculo, de comparación o booleanos. Estos operadores y expresiones cobran todo su sentido cuando se utilizan en condiciones (también conocidas como ramas condicionales). Una expresión evaluada es verdadera (el resultado es distinto de cero) o falsa. Dependiendo del resultado, el algoritmo realizará una acción u otra. Este es el principio de la condición.

Mediante operadores booleanos, la expresión se puede componer: se enlazan varias expresiones mediante un operador booleano, posiblemente agrupadas con paréntesis para cambiar su prioridad.

```
(a=1 O (b*3=6)) Y c>10
```

es una expresión perfectamente válida. Será verdadera si cada uno de sus componentes cumple las condiciones impuestas. Esta expresión es verdadera si a es 1 y c es mayor que 10 o si b es 2 (2*3=6) y c es mayor que 10.

Tomemos el algoritmo del capítulo anterior que calcula los dos resultados posibles de una ecuación de segundo grado. El enunciado simplificado decía que, por razones prácticas, sólo funciona el caso en que la ecuación tiene dos soluciones. En otras palabras, el algoritmo no es erróneo en este caso, pero es incompleto. Le faltan condiciones para comprobar el valor del determinante: ¿es positivo, negativo o cero? Y en estos casos, ¿qué debemos hacer y cómo debemos hacerlo?

Imagine un segundo algoritmo para ir del punto A al punto B. En realidad, no lo hará aquí, porque es una tarea muy compleja en una gran red de carreteras. Hay muchos sitios web que permiten establecer una ruta con indicaciones. Lo interesante es el resultado. Las indicaciones son sencillas: siga recto, gire a la derecha en el siguiente cruce, conduzca tres kilómetros y, en la rotonda, tome la tercera salida en dirección B. En la mayoría de los casos, si sigue esta ruta llegará sano y salvo. ¿Pero qué pasa con los imprevistos? ¿Adónde irá si la carretera de la derecha en el siguiente cruce se ha convertido en una calle de sentido único (esto puede ocurrir a veces, incluso con un GPS, así que tenga cuidado) o si unas obras le impiden tomar la tercera salida de la rotonda?

Siga la misma ruta: siga recto. Si, en el siguiente cruce, la carretera a su derecha es de sentido único, siga recto, gire a la derecha en el siguiente cruce y de nuevo a la izquierda durante dos kilómetros hasta llegar a la rotonda. En caso contrario, gire a la derecha y recorra tres kilómetros hasta la rotonda. En la rotonda, si la salida hacia B está libre, tome esa salida. De lo contrario, diríjase hacia C y, pasados trescientos metros, gire a la derecha hacia B.

Esta breve ruta no sólo pone de manifiesto la complejidad de un itinerario en caso de desvío, sino también las numerosas condiciones que permiten establecer una ruta en caso de problema. Si se dispone de uno, algunos programas de navegación GPS ofrecen la opción de una ruta alternativa, una vía de evasión en un tramo concreto o incluso una forma de evitar las autopistas de peaje. ¿Se imagina la cantidad de expresiones que hay que evaluar en todos estos escenarios, además de la velocidad autorizada en cada carretera para optimizar el tiempo de llegada?

1.2 Qué probar

Los operadores se pueden aplicar a casi cualquier tipo de datos, incluidas las cadenas de caracteres, al menos en pseudocódigo algorítmico. Así que puede probar casi cualquier cosa. Por prueba, nos referimos a evaluar una expresión que es una condición. Una condición es el acto de realizar pruebas para que, en función del resultado, se realicen unas acciones u otras.

Una condición es, por tanto, una afirmación: el algoritmo y el programa determinarán entonces si es verdadera o falsa.

Una condición que devuelve VERDADERO o FALSO tiene un resultado **booleano**.

Por regla general, una condición es una comparación, aunque en programación una condición se puede describir mediante una simple variable (o incluso una asignación), por ejemplo. Como recordatorio, una comparación es una expresión formada por tres elementos:

- un primer valor: variable o escalar,
- un operador de comparación,
- un segundo valor: variable o escalar.

Los operadores de comparación son:

- igualdad: **=**,
- la diferencia: **!=** o **<>**,
- inferior : **<**,
- menor o igual que: **<=**,
- superior: **>**,
- mayor o igual que: **>=**.

El pseudocódigo algorítmico no prohíbe la comparación de cadenas de caracteres. Obviamente, sólo debe comparar variables de tipos compatibles. En una condición, una expresión siempre se evaluará como verdadera o falsa.

■ Observación

El operador de asignación también se puede utilizar en una condición. En este caso, si asigna 0 a una variable, la expresión será falsa y si asigna cualquier otro valor, será verdadera.

En el lenguaje cotidiano, puede decir "elige un número entre 1 y 10". En matemáticas, se escribe así:

```
1 ≤ número ≤ 10
```

Si escribe esto en tu algoritmo, espere algunos resultados sorprendentes el día que lo convierta en un programa real. Esto se debe a que los operadores de comparación tienen prioridad, cosa que ya sabe, pero la expresión que forman también suele evaluarse de izquierda a derecha. Si la variable número contiene el valor 15, esto es lo que ocurre:

- Se evalúa la expresión 1 <= 15: es verdadera.
- ¿Qué ocurre después? Todo depende del lenguaje. La siguiente expresión verdadero <= 10 también puede ser verdadera.
- Se ha comprobado la condición y se ejecutará el código asociado.

Por lo tanto, debe evitar esta forma de expresión. He aquí las adecuadas:

```
numero>=1 Y numero<=10
```

O:

```
1<=numero Y numero<=10
```

1.3 Pruebas SI

1.3.1 Forma simple

En algoritmos, sólo hay una instrucción de prueba, "**Si**", pero adopta dos formas: una simple y otra compleja. La prueba SI se utiliza para ejecutar código si la condición (la expresión o expresiones que la componen) es verdadera.
La forma simple es la siguiente:

```
Si booleano Entonces
  Bloque de instrucciones
FinSi
```

Observación

Observe que el booleano es la condición. Como se mencionó anteriormente, la condición también puede ser representada por una sola variable. Si contiene 0, representa el booleano FALSO, en caso contrario el booleano VERDADERO.

¿Qué ocurre si la condición es verdadera? El bloque de instrucciones después de la sentencia "**Entonces**" se ejecuta. Su tamaño (el número de instrucciones) es irrelevante: de una a n líneas, sin límite. En caso contrario, el programa continúa con la instrucción que sigue al "**FinSi**". El siguiente ejemplo muestra cómo obtener el valor absoluto de un número utilizando este método.

```
PROGRAMA ABS
VAR
  Numero :entero
INICIO
  numero←-15
  Si numero<0 Entonces
    numero←-numero
  FinSi
  Visualizar numero
FIN
```

En PHP, el "if" se debe utilizar con la expresión booleana entre paréntesis. La sintaxis es la siguiente:

```
if(boolean) { /*código */ }
```

Si el código PHP sólo tiene una línea, se pueden eliminar los corchetes, como en el ejemplo del valor absoluto. Este ejemplo también muestra una segunda posibilidad que ofrecen las librerías de funciones de PHP.

```
<html>
  <head><meta/>
    <title>ABS</title>
  </head>
  <body>
  <?php
    $number=-15;
    if($number<0) $number=-$number;
    echo $number;

    echo "<br />";
  // segunda posibilidad
```

```
    $number2=-32;
    $number2=abs($number2);
    echo $number2;
  ?>
  </body>
</html>
```

1.3.2 Forma compleja

La forma compleja sólo es compleja de nombre. Hay casos en los que necesita ejecutar algunas instrucciones si la condición es falsa, pero no quiere ir directamente a la instrucción después del FinSi. En este caso, utilice la siguiente forma:

```
Si booleano Entonces
  Bloque de instrucciones
Sino
  Bloque de instrucciones
FinSi
```

Si la condición es verdadera, se ejecuta el bloque de instrucciones que sigue a Entonces. Esto no difiere en absoluto de la primera forma. Sin embargo, si la condición es falsa, esta vez se ejecuta el bloque de instrucciones después de Sino. El programa reanuda entonces su curso normal de ejecución después de FinSi.

Fíjese en que podría perfectamente haber hecho un equivalente de la forma compleja utilizando dos formas simples: la primera con la condición verdadera, la segunda con la negación de esta condición. Pero no es muy bonito, aunque sea correcto. Recuerde que:

- Si, en una forma compleja, uno de los dos bloques de instrucciones está vacío, transfórmelo a una forma simple: modifique la condición en consecuencia.
- No se recomienda dejar vacío un bloque de instrucciones en un formulario complejo: es un error de programación importante que se puede evitar fácilmente. Sin embargo, algunos lenguajes lo permiten, por lo que no es un error ni siquiera grave, pero eso no es motivo.

El siguiente algoritmo es una ilustración de la forma compleja. Comprueba si tres valores introducidos con el teclado están ordenados de forma ascendente:

```
PROGRAMA ORDENAR
VAR
  x,y,z:enteros
INICIO
  Visualizar "Escriba tres valores enteros distintos"
  Escribir x,y,z
  Si z>y Y y>x Entonces
    Visualizar "Ordenados en orden creciente"
 Sino
    Visualizar "Estos números no están ordenados"
 FinSi
FIN
```

El siguiente código en PHP no es muy difícil de entender.

```
<html>
  <head><meta/>
    <title>¿Ordenado?</title>
  </head>
  <body>
  <?php
  if(!isset($_GET['x'])) {

  //si existe una variable x en la URL
  ?>
    <form method="GET">
      x : <input type="text" size="4" name="x" /><br />
      y : <input type="text" size="4" name="y" /><br />
      z : <input type="text" size="4" name="z" /><br />
      <input type="submit" name="OK" /><br />
    </form>
  <?php
  } else { //en caso contrario
    $x=$_GET['x'];
    $y=$_GET['y'];
    $z=$_GET['z'];

      //si x > y e y > x
    if($z>$y && $y>$x)
      echo "Ordenados en orden creciente";
    else
      echo "Estos números no están ordenados";
 }
 ?>
 </body>
</html>
```

1.4 Pruebas anidadas

Imagine una acumulación de condiciones: "si hace buen tiempo y calor y no se ha estropeado el coche, nos vamos al mar; si se estropea el coche, cogemos el tren; si hay huelga, hacemos autostop; si todo va mal, nos quedamos en casa". Es un poco exagerado, pero ¿a quién no se le ha ocurrido alguna vez hacer planes dudosos en los que hay que comprobar varias condiciones con escenarios de reserva?

A veces se encontrará con el mismo problema en programación. Las dos formas de Si anteriores pueden ayudar sin duda, pero la sintaxis puede llegar a ser muy engorrosa. Puede anidar sus pruebas colocando Si en cascada en los bloques de instrucciones después del Entonces y el Sino. Tomemos el siguiente ejemplo: hay que adivinar si un número introducido en el teclado se aproxima o no a un valor predefinido. Para averiguarlo, el programa muestra frío, tibio, caliente o hirviendo en función de la diferencia entre el valor introducido y el valor predefinido. Esta diferencia se calcula mediante una simple resta y, a continuación, determinando su valor absoluto.

```
PROGRAMA ANIDAR
VAR
  numero,entrada,diferencia :enteros
INICIO
  Numero←63
  Visualizar "Escriba un valor entre 0 y 100:"
  Introducir entrada
  diferencia←numero-entrada
  Si diferencia < 0 Entonces
    Diferencia ←-diferencia
  FinSi
  Si diferencia=0 Entonces
    Visualizar "Bravo"
  Sino
    Si diferencia<5 Entonces
      Visualizar "Hirviendo"
    Sino
      Si diferencia<10 Entonces
        Visualizar "Caliente"
      Sino
        Si diferencia<15 Entonces
          Visualizar "templado"
```

```
        Sino
          Visualizar "Frio"
        FinSi
      FinSi
    FinSi
  FinSi
FIN
```

Puede que esta sintaxis le parezca demasiado larga y, sobre todo, difícil de leer. Un truco consiste en trazar líneas verticales de Si a FinSi para no perderse. Esto es lo que recomiendan algunos profesores de algoritmos, incluidos los bucles (de los que hablaremos en un capítulo posterior). El algoritmo anterior es perfectamente válido y sintácticamente correcto. Sin embargo, es posible ser más conciso con la siguiente forma.

```
Si booleano Entonces
  Bloque de instrucciones 1
SinoSi booleano Entonces
  Bloque de instrucciones 2
SinoSi booleano Entonces
  Bloque de instrucciones n
Sino
  Bloque de instrucción final
FinSi
```

Este formulario es más limpio, más fácil de leer y evita cualquier confusión. Se comprueban varias condiciones. Si la primera no es cierta, se pasa a la segunda, luego a la tercera y así sucesivamente, hasta que se verifica una condición. Si no, se ejecuta el último bloque de instrucciones. Por lo tanto, las pruebas del ejemplo anterior se deberían reescribir de la siguiente manera:

```
Si diferencia=0 Entonces
  Visualizar "Bravo"
SinoSi diferencia<5 Entonces
  Visualizar "Hirviendo"
SinoSi diferencia<10 Entonces
  Visualizar "Caliente"
SinoSi diferencia<15 Entonces
  Visualizar "Templado"
Sino
  Visualizar "Frio"
FinSi
```

Aquí está el código correspondiente en PHP:

```
<html>
  <head><meta/>
    <title>Anidar</title>
  </head>
  <body>
  <?php
  if(!isset($_GET['entry'])) {
  ?>
    <form method="GET">
      Escriba un número entero: <input type="text"
size="4" name="entry" /><br />
      <input type="submit" name="OK" />
    </form>
  <?php
  } else {
    $number=63;

    $entry=$_GET['entry'];

    $gap=$number-$entry;
    if($gap<0) $gap=-$gap;

    if($gap==0) echo "Bravo";
    else if($gap<5) echo "Hirviendo";
    else if($gap<10) echo "Caliente";
    else if($gap<15) echo "Templado";
    else echo "Frio";
  }
  ?>
  </body>
</html>
```

¡Qué buena manera de ahorrar espacio y hacer las cosas más claras y concisas! Ya tiene casi todo lo que necesita para resolver una ecuación de segundo grado, pero aún le quedan dos casos por resolver:

– Si $\Delta=0$, sólo hay una solución que es:

$$x_0 = \frac{-b}{2a}$$

– Si $\Delta<0$, la ecuación no tiene solución.

Aquí está el algoritmo completo:

```
PROGRAMA ECUACION2
VAR
  a,b,c,delta,x1,x2:reales
INICIO
  a←3
  b←6
  c←-10
  delta←( b * b ) - ( 4 * a * c )
  Si delta>0 Entonces
    x1←←( -b + raiz(delta) ) / ( 2 * a )
    x2←( -b - raiz(delta) ) / ( 2 * a )
    Visualizar "Las dos soluciones son x1=",x1, "x2=",x2
  SinoSi delta=0 Entonces
    x1← -b / (2 * a)
    Visualizar "La única solución es:",x1
  Sino
    Visualizar "La ecuación no tiene solución"
  FinSi
FIN
```

En PHP, el programa se ha modificado ligeramente para permitir la entrada de a, b y c:

```
<html>
  <head><meta/>
    <title>ecuación de segundo grado</title>
  </head>
  <body>
  <?php
  if(!isset($_GET['a'])) {
  ?>
```

```
    y=ax*x+bc+c <br />
    <form method="GET">
      a : <input type="text" size="4" name="a" /><br />
      b : <input type="text" size="4" name="b" /><br />
      c : <input type="text" size="4" name="c" /><br />
      <input type="submit" name="OK" /><br />
    </form>
  <?php
  } else {
    $a=$_GET['a'];
    $b=$_GET['b'];
    $c=$_GET['c'];
    $delta=($b*$b)-(4*$a*$c);
    if($delta>0) {
      $x1=(-$b+sqrt($delta))/(2*$a);
      $x2=(-$b-sqrt($delta))/(2*$a);
      echo "Dos soluciones:";
      echo "x1=$x1";
      echo "x2=$x2";
    }
    else if ($delta==0) {
      $x1=-$b/(2*$a);
      echo "Una sola solución x1=$x1";
    }
    else echo "Sin solución";
  }
  ?>
  </body>
</html>
```

1.5 Opción múltiple

Aunque las pruebas anidadas a veces pueden simplificar las cosas, se pueden volver demasiado complejas cuando su número aumenta considerablemente. Algunos lenguajes han encontrado una solución interesante a este problema proponiendo estructuras de prueba basadas en si una expresión dada es verdadera, otra verdadera y así sucesivamente. En lugar de utilizar Si o SinoSi anidados, simplemente se indica qué hacer cuando se encuentra un valor dado. En términos algorítmicos, esto se traduce en la pseudoinstrucción "**SegunQue**".

```
SegunQue:
  Condicion 1 : bloque 1
  Condicion 2 : bloque 2
  Condicion n : bloque n
  Sino : bloque final
FinSegunQue
```

Una sentencia "SegunQue" se puede convertir fácilmente en sentencias Si anidadas. Las condiciones se comprueban una tras otra, en el orden indicado. Cuando una condición es verdadera, se ejecuta el bloque de instrucciones asociado y, a continuación, el algoritmo continúa tras el "FinSegunQue". Si no se verifica ninguna condición, se ejecuta el bloque final "Sino".

He aquí una sencilla aplicación que permite colocar el nombre de un mes en una variable en función de su número (entre 1 y 12):

```
Variable mes en Numerico
Variable etiqueta_mes en Alfanumerico
Inicio
  mes←11
  SegunQue:
    mes=1 : etiqueta_mes←"enero"
    mes=2 : etiqueta_mes←"febreo"
    mes=3 : etiqueta_mes←"marzo"
    mes=4 : etiqueta_mes←"abril"
    mes=5 : etiqueta_mes←"mayo"
    mes=6 : etiqueta_mes←"junio"
    mes=7 : etiqueta_mes←"julio"
    mes=8 : etiqueta_mes←"agosto"
    mes=9 : etiqueta_mes←"septiembre"
    mes=10 : etiqueta_mes←"octubre"
    mes=11 : etiqueta_mes←"noviembre"
    mes=12 : etiqueta_mes←"diciembre"
  FinSegunQue
Fin
```

En PHP, la estructura equivalente es "**switch() ... case**".

```
switch(variable) {
  case valor1 : <instrucciones> ; break ;
  case valor2 : ... ; break ;
  ...
  default : <instrucciones> ;
}
```

Cada valor **case** corresponde a un posible valor de la variable **switch**. Si hay varias instrucciones, es preferible encerrarlas entre llaves. El **break** es útil y muy recomendable. Si PHP encuentra una coincidencia, por ejemplo valor1 y no hay un break presente, entonces ejecutará todas las instrucciones, hasta el final o hasta que encuentre un break. En la práctica, se ejecutan las instrucciones para valor2, valor3, etc. El **default** es la acción por defecto si no coincide ningún valor de **case**.

```
<html>
  <head><meta/>
    <title>Año Bisiesto</title>
  </head>
  <body>
  <?php
    $mes=5;

    switch($mes) {
      case 1: $etiqmes="Enero"; break;
      case 2: $etiqmes="Febrero"; break;
      case 3: $etiqmes="Marzo"; break;
      case 4: $etiqmes="Abril"; break;
      case 5: $etiqmes="Mayo"; break;
      case 6: $etiqmes="Junio"; break;
      case 7: $etiqmes="Julio"; break;
      case 8: $etiqmes="Agosto"; break;
      case 9: $etiqmes="Septiembre"; break;
      case 10: $etiqmes="Octubre"; break;
      case 11: $etiqmes="Noviembre"; break;
      case 12: $etiqmes="Diciembre"; break;
      default: $etiqmes="???";
    }
    echo $etiqmes;
  ?>
  </body>
</html>
```

1.6 Ejemplos completos

1.6.1 El día después de una cita

Ya puede utilizar las estructuras que ha aprendido para realizar una serie de pequeños algoritmos. Ahora va a calcular el día después de una fecha según los siguientes criterios:

- La fecha se descompone en tres variables: año, mes y día.
- Tiene que gestionar:
  - cambios de mes,
  - el número de días del mes,
  - el cambio de año,
  - años bisiestos para el mes de febrero.

A título informativo, un año es bisiesto si cumple plenamente dos reglas:

- el año es divisible por 4 y
- el año es divisible por 400 pero no por 100.

El algoritmo para indicar si un año es bisiesto o no es el siguiente. Nótese que decir que un año es divisible por n es decir que el resto de la división por n es cero.

```
PROGRAMA BISIESTO
VAR
Anio :entero
INICIO
  Visualizar "Escriba el año"
  Introducir anio
  Si (anio%4=0) Y ((anio%400=0) O (anio%100>0)) Entonces
    Visualizar anio, " es bisiesto."
  Sino
    Visualizar anio, " no es bisiesto."
  FinSi
FIN
```

En PHP:

```
<html>
  <head><meta/>
    <title>bisiesto</title>
  </head>
  <body>
  <?php
  if(!isset($_GET['year'])) {
  ?>
    <form method="GET">
      Año: <input type="text" size="4" name="year" />
      <input type="submit" name="OK" />
  </form>
  <?php
  } else {
    $anio=$_GET['year'];
    if(($year%4==0) && (($year%400==0) || ($year%100>0)))
      echo "$year es bisiesto";
    else
      echo "$year no es bisiesto";
  }
  ?>
  </body>
</html>
```

Esta prueba del año bisiesto sólo entra en juego al calcular el último día de febrero, para determinar si el día posterior al 28 es el 29 o el 1 de marzo. Del mismo modo, es necesario tratar los casos en que los meses tienen 30 o 31 días, así como el cambio de año en diciembre. El algoritmo utiliza estructuras "Según" e "Si".

```
PROGRAMA DIASIGUIENTE
VAR
  anio,mes,dia:enteros
INICIO
  Visualizar "Fecha inicial"
  Introducir dia, mes, anio
  SegunQue:
    mes=1 O mes=3 O mes=5 O mes=7 O mes=8 O mes=10:
      Si dia=31 Entonces
        dia←1
        mes←mes+1
      Sino
```

```
        Dia←dia+1
      FinSi
    mes=4 O mes=6 O mes=9 O mes=11:
      Si dia=30 Entonces
        dia←1
        mes←mes+1
      Sino
        dia←dia+1
      FinSi
    Mes=2:
    Si (anio%4=0) Y ((anio%400=0) O (anio%100>0)) Entonces
      Si dia=29 Entonces
        dia←1
        mes←mes+1
      Sino
        dia←dia+1
      FinSi
    Sino
      Si dia=28 Entonces
        dia←1
        mes←mes+1
      Sino
        dia←dia+1
      FinSi
    FinSi
    Mes=12:
      Si dia=31 Entonces
        dia←1
        mes←1
        anio←anio+1
      Sino
        dia←dia+1
      FinSi
  FinSegunQue
  Visualizar "El día siguiente es el ",dia, mes, anio
Fin
```

El programa PHP asociado refleja lo que ya se ha explicado anteriormente: un **case** sin **break** continúa la ejecución hasta la siguiente pausa o hasta el final. También es posible tener una serie de "case" en la misma línea: es como si los pusiera uno debajo del otro. Por lo demás, el código es muy parecido al algoritmo.

```
<html>
  <head><meta/>
    <title>Años meses días: el día siguiente</title>
  </head>
  <body>
  <?php
  if(!isset($_GET['day'])) {
  ?>
    <form method="GET">
      dia : <input type="text" size="4" name="day" />
      <br />
      mes : <input type="text" size="4" name="month" />
      <br />
      anio : <input type="text" size="4" name="year" />
      <br />
      <input type="submit" name="OK" /><br />
    </form>
  <?php
  } else {
    $dia=$_GET['day'];
    $mes=$_GET['month'];
    $anio=$_GET['year'];
    switch($month) {
      case 1:case 3:case 5:case 7:case 8:case 10: {
        if($day==31) {
          $day=1;
          $month++;
        } else $day++;
          break;
      }
      case 4:case 6:case 9:case 11: {
        if($day==30) {
          $day=1;
          $month++;
        } else $day++;
        break;
      }
      case 2: {
        if( ($year%4==0) && (($year%400==0) || ($ayear%100>0)) ) {
          if($day==29) {
            $day=1;
            $month++;
          } else $day++;
        } else {
```

```
          if($day==28) {
            $day=1;
            $month++;
          } else $day++;
        }
        break;
      }
      case 12: {
        if($day==31) {
          $day=1;
          $month=1;
          $year++;
        } else $day++;
      }

    }
    echo "El día siguiente es el $day/$month/$year";
  }

  ?>
  </body>
</html>
```

1.6.2 La validez de una fecha

El cálculo de fechas es una fuente inagotable de algoritmos. Por ejemplo, ¿sabría utilizar el algoritmo anterior para comprobar la validez de una fecha introducida con el teclado? Basta con comprobar para cada mes que el día introducido es correcto, siendo la trampa, como en el caso anterior, para los años bisiestos y febrero. El algoritmo siguiente introduce una novedad: la presencia de una **bandera** o indicador. La bandera es una variable inicializada a un valor predefinido al inicio del programa, cuyo valor se modifica en función de los resultados de las pruebas. Después de todas las pruebas, comprobamos el valor de la bandera. ¿Ha cambiado? Entonces ha habido un problema. La bandera está representada por la variable "error". Al final del script, si contiene algo distinto de 0, entonces la fecha no es válida. Su valor se cambia a 1 cuando una prueba no es concluyente.

```
Variables error, anio, mes, dia en Numerico
Inicio
  error←0
  Escribir "Fecha inicial"
```

```
    Leer dia, mes, anio
    Si dia<0 O mes<0 O mes>12 Entonces
      error←1
    Sino Si Mes=1 O mes=3 O mes=5 O mes=7 O mes=8 O mes=10
O mes=12 Entonces
      Si dia>31 Entonces
          error←1
      FinSi
    Sino Si mes=4 O mes=6 O mes=9 O mes=11 Entonces
      Si dia>30 Entonces
        error←1
      FinSi
    Sino SI mes=2 Entonces
      Si (anio%4=0) Y ((anio%400=0) O (anio%100>0)) Entonces
        Si dia>29 Entonces
          error←1
        FinSi
      Sino
        Si dia>28 Entonces
          error←1
        FinSi
      FinSi
    FinSi
    Si error=1 Entonces
      Escribir "Fecha incorrecta"
    Sino
      Escribir "Fecha correcta"
    FinSI
Fin
```

1.6.3 La hora en n segundos

¿Es mejor lo sencillo?

El objetivo del algoritmo esta vez es determinar qué hora será dentro de n segundos. Para ello, el usuario debe introducir la hora actual, desglosada en horas (más de 24 horas), minutos y segundos. Por supuesto, hay que tener en cuenta el cambio de día, hora y minuto, sin olvidar que hay 60 minutos en una hora y 60 segundos en un minuto. Por ejemplo, si suma 147 segundos a 23 horas, 58 minutos y 12 segundos, ¿qué hora será? Será medianoche, 0 minutos y 39 segundos del día siguiente. El algoritmo utiliza valores enteros.

De esta forma, el resultado de las divisiones será un número entero y no un número real (por ejemplo 159/60=2,65 pero con un número entero sólo obtendrás 2).

- Primero, sume los segundos: 147+12=159.
- A continuación, convierta estos segundos en minutos. Para ello, basta con dividir por 60 para obtener los minutos y, a continuación, obtener el resto de la división entera (el módulo) para los segundos sobrantes (159/60 da 2 minutos con un resto de 39 segundos). Ahora ya sabe que el final son 39 segundos.
- Sume los minutos: 58+2=60. Si el número es mayor o igual que 60, proceda como para los segundos. 60/60=1, es decir, una hora más y un resto de 0, es decir, 0 minutos. Ahora ya sabe que el valor medio es 0 minutos.
- Sume las horas: 23+1=24 o medianoche. También en este caso, lo mejor es contar los días. Así pues, 24/24=1 (es decir, +1 día), lo que deja 0 horas: medianoche.

Por lo tanto, será medianoche y 39 segundos.

```
PROGRAMA hora
VAR
  dias,horas,minutos,segundos,numsec:enteros
INICIO
  horas←17
  minutos←55
  segundos←48
  Visualizar "¿Cuánto segundos en más?"
  Introducir numsec
  segundos←←segundos+numsec

  minutos←minutos+(segundos / 60)
  segundos←segundos % 60

  horas←horas+(minutos / 60)
  minutos←minutos % 60
  dias←horas / 24
  horas←horas % 24

  Visualizar dias, horas, minutos, segundos
FIN
```

La implementación de PHP no requiere ningún comentario específico.

```
<html>
  <head><meta/>
    <title>cálculo de horas</title>
  </head>
  <body>
  <?php
  if(!isset($_GET['numsec'])) {
  ?>
    <form method="GET">
      num de segundos que se deben añadir: <input type="text"
size="4" name="numsec" /><br />
    <input type="submit" name="OK" />
    </form>
  <?php
  } else {
    $hours=17;
    $minutes=55;
    $seconds=48;

    $numsec=$_GET['numsec'];

    $seconds+=$numsec;
    $minutes+=(int)($seconds/60);
     $seconds=$seconds%60;

    $hours+=(int)($minutes/60);
    $minutes=$minutes%60;

    $days+=(int)($hours/24);
    $hours=$hours%24;

    echo "$days $hours $minutes $seconds";
  }
  ?>
  </body>
</html>
```

Pruebas para optimizar

¿Le sorprende la forma que adopta este algoritmo? Probablemente, porque no se han realizado pruebas. La pregunta es: ¿son realmente necesarias en este caso? La respuesta no es obvia. Recuerde que no basta con que un algoritmo funcione, sino que funcione rápido, bien y de forma económica. ¿Es así? Este algoritmo realiza nueve cálculos: suma, división y módulo. Si añade pruebas, añade instrucciones y el algoritmo se hace más largo. Como verá en capítulos posteriores, la complejidad de los algoritmos no está relacionada con su longitud. Algunos son muy cortos (como éste) y, sin embargo, consumen muchos recursos. Por el contrario, otros son largos y parecen complicados, pero el resultado es muy rápido.

Una prueba bien colocada puede evitar cálculos innecesarios. Los cálculos ocupan mucho tiempo de máquina: el microprocesador trabaja más haciendo divisiones y módulos que comparando dos valores: si son iguales o no y, en el caso de los números, basta con hacer Y para ver si devuelve el mismo valor, una operación elemental muy rápida, mucho más rápida que cualquier cálculo. En otras palabras, le conviene utilizar pruebas cuando pueden ayudarle a evitar cálculos pesados.

```
PROGRAMA HORA2
VAR
  dias,horas,minutos,segundos,numsec:entero
INICIO
  horas←17
  minutos←55
  segundos←48
  Visualizar "¿Cuántos segundos en más?"
  Introducir numsec
  segundos←segundos+numsec


  Si segundos>59 Entonces
    minutos←minutos+(segundos / 60)
    segundos←segundo % 60

    Si minutos>59 Entonces
      horas←horas+(minutos / 60)
      minutos←minutos % 60
```

```
      Si horas>23 Entonces
        dias←horas / 24
        horas←horas % 24
      FinSi
    FinSi
  FinSi
  Visualizar dias, horas, minutos, segundos
FIN
```

En el mejor de los casos, sólo se hará un cálculo. En el peor, nueve. Entre medias, toda una gama. Si, por ejemplo, añadimos 60 segundos, entonces aumentamos necesariamente un minuto y se hacen tres cálculos más. Si aumentamos una hora, entonces se hacen tres cálculos más y por un día, dos cálculos finales. En el peor de los casos, se realizan nueve cálculos. Pero la complejidad media es mucho menor que con el primer algoritmo. Esto sería calculable mediante un intervalo aleatorio pero acotado de n valores relevantes.

Aquí está el programa PHP modificado:

```
<html>
  <head><meta/>
    <title>Cálculo de horas 2</title>
  </head>
  <body>
  <?php
  if(!isset($_GET['numsec'])) {
  ?>
    <form method="GET">
      num de segundos que se deben añadir: <input type="text"
size="4" name="numsec" /><br />
      <input type="submit" name="OK" />
    </form>
  <?php
  } else {
    $horas=17;
    $minutos=55;
    $segundos=48;

    $numsec=$_GET['numsec'];

    $segundos+=$numsec;
```

```
    if($segundos>59) {
      $minutos+=(int)($segundos/60);
      $segundos=$segundos%60;

      if($minutos>59) {
        $horas+=(int)($minutos/60);
        $minutos=$minutos%60;
        if($horas>23) {
          $dias+=(int)($horas/24);
          $horas=$horas%24;
        }
      }
    }

    echo "$horas $minutos $segundos";
  }
  ?>
  </body>
</html>
```

Sabiendo que Unix cuenta el número de segundos transcurridos desde la medianoche del 1 de enero de 1970 para calcular la fecha actual, ya sabes cómo la proporciona el sistema operativo. Y luego tiene que convertir los días en años, teniendo en cuenta los años bisiestos. Ahora tiene todo lo que necesita para crear usted mismo las piezas del algoritmo que te faltan. Si lo desea, puede incluso crear un algoritmo adicional para gestionar las zonas horarias basado en UTC, por ejemplo. No tiene ninguna dificultad.

2. Álgebra booleana

2.1 El origen de las pruebas

Las pruebas que se realizan tanto en algoritmos como en programación son pruebas lógicas o, mejor dicho, pruebas que hacen uso de la lógica. En el capítulo dedicado a las variables y los operadores ya se abordó brevemente este punto al hablar de los operadores booleanos. Los operadores lógicos Y, O y NO son representaciones de la lógica. ¿De qué tipo de lógica estamos hablando?

Básicamente, la lógica es la misma para todos, aunque obviamente la interpretación de los resultados puede variar de un individuo a otro (en estadística, por ejemplo). La lógica es universal. Pero, hasta hace poco, no había forma de representarla en términos reales, en forma de símbolos, afirmaciones, etcétera. No existía una representación formal de la lógica.

Pero un ordenador es lógico (aunque pueda pedirle que haga cosas ilógicas; al fin y al cabo, es usted quien lo programa). La lógica es incluso la base de muchas aplicaciones matemáticas, electrónicas y de inteligencia artificial.

En informática, el hardware es electrónico y depende de la lógica y los programas dependen de pruebas y cálculos que apelan a la lógica y tienen que funcionar en circuitos electrónicos. Sin lógica, no puede haber electrónica ni ordenadores ni programas.

Por eso, los operadores, las condiciones y las pruebas no se deben poner de cualquier manera. No hay nada más lógico que un ordenador, pero tampoco hay nada más estúpido: ejecutará ingenuamente exactamente lo que le pida, aunque el resultado conduzca a un error o sea falso, siempre que las pruebas estén bien planteadas y se pueda deducir de ellas una respuesta lógica. Así que:

```
PROGRAMA ESTUPIDO
VAR
  calor, gorro, salir en Booleano
INICIO
  calor←VERDADERO
  gorro←VERDADERO
  Si calor=VERDADERO Y gorro=VERDADERO Entonces
    Salir←VERDADERO
  FinSi
FIN
```

Este algoritmo se puede interpretar así: "Si hace calor fuera y me pongo un sombrero, entonces puedo salir". Para usted y para mí, seres humanos, este algoritmo es falso. No va a salir con sombrero si hace calor, sería mejor que pusiera Salir a FALSO o que invirtiera la condición calor o sombrero. Es muy obvio. Pero al ordenador no le importa: no tiene forma de saber que se ha equivocado en sus pruebas.

El programa es lógico desde el punto de vista matemático: todas las pruebas analizadas son correctas, por lo que se cumplen las condiciones para establecer la variable de salida en VERDADERO.

La siguiente sección trata de puntos teóricos. No se trata de dar una conferencia sobre el álgebra de Boole, sino de proporcionar una comprensión básica del funcionamiento de la lógica desde el punto de vista de la informática. Si desea ir más lejos, existe una importante bibliografía sobre el tema disponible en bibliotecas y librerías (por ejemplo, *Álgebra de Boole* de Masson). Si un día le interesa ir mucho más allá y explorar los mecanismos de la lógica y el pensamiento humano o la inteligencia artificial, existe una obra de referencia importante, utilizada por muchos científicos, informáticos, etc., llamada *Gödel, Escher, Bach: Strands in an Eternal Garland*, de Douglas Hofstadter.

2.2 Pequeños errores, grandes consecuencias

¿Comprende ahora la importancia de la lógica formal y de escribir correctamente pruebas y condiciones en un algoritmo?

He aquí dos ejemplos de programas mal redactados y sus desastrosas consecuencias.

2.2.1 Ariane 5

El 4 de junio de 1996, un fallo en el programa del primer cohete Ariane 5 provocó su destrucción tras 40 segundos de vuelo. El programa en cuestión controlaba los giroscopios del cohete (que indican la orientación). Procedía de Ariane 4 y no había sido probado ni modificado para Ariane 5. Básicamente, se convirtió un número de 64 bits a 16 bits. Obviamente, esto no "encajaba" y los valores devueltos por este programa resultaban aberrantes. Este programa era crítico y nunca debería haber devuelto valores imposibles. Los datos devueltos no fueron comprobados ni verificados por el programa central de cálculo de vuelos, que los tomó al pie de la letra y los interpretó tal cual. En un número con signo, el último bit corresponde al signo. Cuando se llenaron los 16 bits, el último bit cambió a uno. El programa recibió la indicación de que el cohete había cambiado de dirección (apuntaba hacia abajo) y orientó al máximo las toberas de los reactores para rectificar una situación totalmente falsa.

En algún momento, el empuje y la posición del cohete le hicieron experimentar fuerzas aerodinámicas que hicieron inevitable su destrucción. ¿El colmo? El programa del giroscopio sólo se debía utilizar durante la cuenta atrás y únicamente en los modelos Ariane 3. En otras palabras, nunca debió estar presente ni funcionar en vuelo.

2.2.2 Mars Climate Orbiter

El otro ejemplo se refiere al espacio. El 11 de diciembre de 1998, la NASA lanzó la sonda Mars Climate Orbiter (MCO) para estudiar el clima marciano. La sonda llegó a la inserción orbital (puesta en órbita alrededor de Marte) el 23 de septiembre de 1999. La sonda debía encender su motor principal durante unos quince minutos, pasar por detrás del planeta (perdiendo el contacto con la Tierra) y volver a situarse por delante (recuperando el contacto). El contacto nunca se reanudó. ¿Por qué? Porque durante los cálculos necesarios para esta puesta en órbita, el MCO utilizó un programa de otro proveedor (Lockheed Martin). Sin embargo, el MCO programado por la NASA utilizaba el sistema métrico decimal (Newtons por segundo) y el programa de Lockheed Martin utilizaba el sistema de medida imperial inglés (Libras por segundo). Nadie lo comprobó ni lo probó. El resultado fue que la sonda se aproximó a una velocidad muy elevada a 57 km la superficie, en lugar de 150 km, y se quemó en la atmósfera marciana.

Ahora imagine las consecuencias de estos dos errores de programación (simples pruebas de conversión), si hubiera habido astronautas en estas misiones.

2.3 George Boole

Como ya se mencionó en el capítulo sobre Variables y operadores, fue el lógico, matemático y filósofo inglés George Boole (1815-1684) el primero en sentar las bases de la formalización de la lógica al proponer un análisis matemático de la misma. En 1847 publicó un libro titulado *Mathematical Analysis of Logic* (análisis matemático de la lógica) y después, en 1854 *An Investigation Into the Laws of Thought, on Which are Founded the Mathematical Theories of Logic and Probabilities* (una búsqueda sobre las leyes del pensamiento, sobre las que se fundan las teorías matemáticas de la lógica y las probabilidades).

En estos trabajos, George Boole desarrolló una nueva forma de lógica. El formalismo combina la lógica simbólica y la matemática. Las ideas deben traducirse matemáticamente en ecuaciones. A continuación, éstas pueden transformarse en leyes y los resultados traducirse en términos lógicos.

Boole creó un álgebra basada en dos valores numéricos, 0 y 1, es decir, binaria, que se formalizaría y pondría en práctica en el tratamiento de la información el siglo siguiente con Claude Shannon.

Durante su vida, los trabajos de Boole se quedaron en la fase teórica. Sin embargo, su álgebra es la base de muchas aplicaciones cotidianas, como la electrónica (circuitos lógicos), la informática (procesadores y programas), la probabilidad, la electricidad (relés), la telefonía (conmutadores), diversos proyectos de investigación científica, etc. Nacido muy pobre y autodidacta, George Boole acabó siendo miembro de la ilustre Royal Society y realizó numerosos trabajos sobre ecuaciones diferenciales.

2.4 Álgebra

2.4.1 Establecer una comunicación

George Boole desarrolló el álgebra que lleva su nombre. Se utiliza en matemáticas, lógica, electrónica e informática. Sirve para realizar operaciones con variables lógicas. Como su nombre indica, permite utilizar técnicas algebraicas para procesar estas variables lógicas.

Tomemos la siguiente frase absolutamente lógica: "Una proposición puede ser verdadera O falsa, pero no puede ser verdadera Y falsa". En otras palabras, una variable lógica sólo tiene un estado en un momento dado: verdadero o falso. Tomando varias afirmaciones, podemos aplicar fórmulas algebraicas entre ellas.

El primer uso de esta álgebra fue establecer comunicaciones telefónicas mediante la conmutación telefónica desarrollada por Claude Shannon. Tomemos este sencillo ejemplo de establecimiento de una llamada telefónica entre dos partes. Una llamada requiere un emisor (que hace la llamada) y un receptor (que recibe la llamada).

Esto da:

```
Comunicación=Emisor Y receptor
```

La comunicación se establece si el emisor llama y el receptor contesta. En otras palabras, la comunicación es VERDADERO si el emisor es VERDADERO y el receptor es VERDADERO. En caso contrario, la comunicación no se establecerá y, por tanto, será FALSO. Si se llama a alguien (VERDADERO) pero no descuelga (FALSO) o se descuelga (VERDADERO) sin realizar la llamada (FALSO) o nadie llama ni descuelga (FALSO en ambos casos), no hay comunicación establecida. De ello se deduce la siguiente tabla:

Transmisor	Receptor	Comunicación
FALSO (no hay llamada)	FALSO (no descuelga)	FALSO (no hay comunicación)
FALSO (no hay llamada)	VERDADERO (descuelga)	FALSO (no hay comunicación)
VERDADERO (llamada)	FALSO (no descuelga)	FALSO (no hay comunicación)
VERDADERO (llamada)	VERDADERO (descuelga)	VERDADERO (comunicación)

¿No se parece mucho esta tabla al operador lógico Y? Sí, es un ejemplo concreto de la aplicación del álgebra de Boole. Esta tabla, en la que se enumeran todas las variables lógicas con sus resultados, se denomina tabla de verdad.

Cada celda recibe un valor VERDADERO o FALSO y la columna final el resultado esperado, a su vez VERDADERO o FALSO. Sustituya VERDADERO y FALSO por los valores binarios 1 y 0 respectivamente:

Transmisor	Receptor	Comunicación
0	0	0
0	1	0
1	0	0
1	1	1

Hay ocasiones en las que obviamente hay más de dos variables lógicas. Tomemos el siguiente ejemplo. ¿Cuándo coge el teléfono? ¿Cuándo suena? ¿Cuándo quiere llamar a alguien? Si suena, ¿realmente quiere contestar (si tiene identificador de llamadas, quizá quiera filtrarlas)?

¿Qué suposiciones hace? Coge el teléfono si:

- Suena el teléfono Y quiere contestar.
- Quiere llamar a alguien.

En otras palabras:

```
Descolgar=(Sonido Y quiero responder) O desea llamar a alguien
```

Descolgar es VERDADERO si su teléfono suena (VERDADERO) Y quiere contestar (VERDADERO) O si quiere llamar a alguien (VERDADERO).

2.4.2 La verdad

Arriba ha visto una tabla de verdad. Para establecerla, necesita variables lógicas que reciban sólo dos valores: VERDADERO o FALSO, a lo que llamamos **valores de verdad**. Estos valores forman un conjunto llamado B. VERDADERO y FALSO sólo necesitan dos dígitos para ser representados: 1 y 0. El conjunto B se escribe de la siguiente manera:

```
B={1,0}
```

En matemáticas, probablemente esté familiarizado con otros conjuntos, como el conjunto N de números naturales. A estos conjuntos se les aplican leyes, teoremas y transformaciones. Lo mismo ocurre con el conjunto B, que se rige por leyes y transformaciones. A partir de ellas se puede deducir un gran número de propiedades y derivaciones.

2.4.3 La ley Y

Ya estará familiarizado con ella por el capítulo sobre Variables y operadores y el operador lógico asociado. La ley Y también se denomina **conjunción** Se expresa de la siguiente manera:

a Y b son VERDADEROS si y sólo si a es VERDADERO y b es VERDADERO

La Ley Y utiliza una notación específica que difiere según el ámbito de aplicación:

- "." (el punto): a.b;
- "^" : a^b;
- "&" o "&&" en programación, según el lenguaje.

En el resto de este capítulo se utilizará la primera notación con el punto. Esta ley se asocia a menudo con la multiplicación verdadera, porque 0*n es siempre 0. Sin embargo, algunas propiedades no se aplican del mismo modo en absoluto.

La ley Y se puede describir en forma de tabla, que no se debe confundir con una tabla verdadero-falso. Se parece más a una tabla de multiplicar.

Ley Y		
a\b	0	1
0	0	0
1	0	1

2.4.4 La ley O

También estará familiarizado con esta ley, encontrada en el capítulo Variables y operadores con el operador lógico asociado O. La ley O también se denomina **disyunción**. A veces también se denomina "**disyunción inclusiva**" para distinguirla de otro operador. Se expresa de la siguiente manera:

a O b es VERDADERO si y sólo si a es VERDADERO o b es VERDADERO

Tenga en cuenta que, dado que O es inclusivo (como acabamos de ver), si a y b son ambos VERDADEROS, entonces a O b también es VERDADERO. Mientras al menos uno de ellos sea verdadero, a O b es VERDADERO.

Se utilizan las siguientes notaciones:

- "+" (signo más): a+b;
- "∨" : a∨b ;
- "|", "||", "OR" según el lenguaje de programación.

En este libro utilizaremos la primera notación con el signo "+". La ley O se asocia a menudo con la suma, pero esto es completamente falso. De hecho, 1+1 (suma binaria) es 0 con un acarreo de 1. 1+1 es VERDADERO, así que 1...

La ley O se puede describir en forma de tabla.

Ley O		
a\b	0	1
0	0	1
1	1	1

2.4.5 Lo contrario

Lo contrario, también llamado **negación**, se define del siguiente modo:

Lo contrario de a es VERDADERO sólo si a es FALSO.

Ya ha visto lo contrario con el operador NO. Lo contrario se escribe así:

- no-a,
- $\bar{a}$,
- $\neg$a,
- ", "NOT", "~" en función del lenguaje de programación.

Por ejemplo, basta con recordar que $\neg 1=0$ y $\neg 0=1$. partir de ahí, se utilizarán las formas $\bar{a}$ o $\neg \bar{a}$, según convenga (por ejemplo, $\neg \bar{a}$ para no a).

2.4.6 Las propiedades

Asociativa

Es idéntica al álgebra clásica. En algunos casos, los paréntesis son innecesarios. Por ejemplo:

a+(b+c)=(a+b)+c=a+b+c

Y de nuevo:

a.(b.c)=(a.b).c=a.b.c

Conmutativa

Indica que el orden de las variables lógicas es irrelevante:

a+b=b+a

Y de nuevo:

a.b=b.a

Distributiva

Tenga en cuenta que esta vez hay una diferencia importante con respecto al álgebra clásica y a la distribución vinculada a los operadores + y *. Por eso se ha explicado que no se deben confundir con los símbolos lógicos. De hecho, si:

a.(b+c)=(a.b)+(a.c)

es idéntico,

a+(b.c)=(a+b).(a+c)

no lo es en absoluto, pero es perfectamente correcto en álgebra booleana.

Idempotencia

Idempotencia significa que, si aplica la misma operación una o más veces, siempre obtienes el mismo resultado. Por ejemplo, 3/1 es siempre 3, aunque divida n veces por 1. Esta propiedad se aplica a ambos operadores. Así que:

a.a.a.a.a.a.a.a.a (etc.)=a

y

a+a+a+a+a+a (etc.)=a

Complementariedad

La negación de la negación de una variable lógica es igual a la variable lógica. Así, la frase "La vida es bella" equivale a "La vida no es no bella". En términos lógicos a=no no a:

$a=\neg\bar{a}$

Lo mismo ocurre con:

$a+\neg a=1$

La expresión "La vida es bella O la vida no es bella" equivale a 0+1, que es VERDADERO según la ley O, ya que al menos una de las variables es cierta. Y, por último,

$a.\neg a=0$

equivale a decir que "la vida es bella Y la vida no es bella", lo que obviamente es imposible. Por tanto, según la ley Y, 1,0=0 es, FALSO.

La prioridad

En aritmética clásica, si hace 1+2*3, obtiene 7 porque la multiplicación tiene prioridad sobre la suma. En el álgebra booleana, las prioridades también se aplican. Y tiene prioridad sobre O. Sin embargo, puede influir en las prioridades con paréntesis. Aquí tiene dos ejemplos. En ambos casos, a es FALSO (0), b es VERDADERO (1) y c es VERDADERO (1).

Ejemplo 1:

a+b.c=?

- Y tiene prioridad, empezando por b.c: 1.1=1.
- Entonces O: 0+1=1.
- Entonces a+b.c=VERDADERO.

Ejemplo 2:

a.b+c= ?

– Y tiene prioridad, empezando por a.b: 0.1=0.

– Entonces O: 0+1=1.

– Esto da a.b+c=1, VERDADERO.

Teorema de De Morgan

Como cualquier álgebra, el álgebra booleana también tiene sus teoremas. El teorema de De Morgan establece dos bonitas verdades que suelen ser útiles para reducir los cálculos booleanos y también para establecer pruebas y condiciones. Se trata, de hecho, de las propiedades asociadas al opuesto (NO, negación). Tomemos la siguiente tabla de verdades:

a	**b**	**a+b**	**¬(a+b)**
0	0	0	1
0	1	1	0
1	0	1	0
1	1	1	0

Ahora tome esta segunda tabla de verdad:

a	**b**	**¬a**	**¬b**	**¬a. ¬b**
0	0	1	1	1
0	1	1	0	0
1	0	0	1	0
1	1	0	0	0

Compare las últimas columnas y obtendrá la siguiente igualdad:

¬(a+b)=¬a.¬b

En ambos casos, el resultado será VERDADERO sólo si a **Y** b son FALSOS.

Del mismo modo, con una tabla de verdad más completa:

a	b	a.b	¬(a.b)	¬a	¬b	¬a+¬b
0	0	0	1	1	1	1
0	1	0	1	1	0	1
1	0	0	1	0	1	1
1	1	0	0	0	0	0

Compara la columna central con la final y obtendrá:

¬(a.b)=¬a+¬b

En ambos casos, el resultado será VERDADERO sólo si a O b son FALSOS.

2.4.7 Algunas funciones lógicas

Las funciones lógicas no son ni leyes ni teoremas: se pueden deducir de estos dos últimos en forma de fórmulas que, a menudo, se pueden reducir y a las que se ha dado un nombre para abreviarlas y hacerlas más prácticas. A menudo están "cableadas" en los microprocesadores y las ofrecen algunos lenguajes de programación.

El O exclusivo XOR

En el O (llamado O inclusivo) el resultado es VERDADERO si a o b o ambos son verdaderos. En O exclusivo, el resultado es VERDADERO sólo si a o b son verdaderos, pero no ambos a la vez. Traduzca esto al álgebra booleana:

(a O b) Y NO (a Y b) es decir (a+b).¬(a.b)

Amplíelo para obtener:

- (a+b).(¬a+¬b) (el último término procede del teorema de De Morgan),
- a.¬a+a.¬b+b.¬a+b.¬b,
- a.¬a y b.¬b son siempre 0 (FALSO), elimínelos, dejando,
- a.¬b+¬a.b.

Aquí está su tabla de verdad:

a	b	a⊕b
0	0	0
0	1	1
1	0	1
1	1	0

El O exclusivo se denota **XOR** (la X significa eXclusivo). Lo encontrará en las siguientes notaciones:

"≠": diferente de, de hecho XOR es perfectamente equivalente.

"⊕": un + redondeado, a⊕b

Aunque XOR no se utiliza (o no mucho) en programación algorítmica, muchos lenguajes de programación la ofrecen, lo que permite sustituir una condición larga por otra más corta. Los programadores no suelen tener el reflejo de utilizarla. La mayoría de los microprocesadores incorporan directamente una instrucción XOR, accesible desde el lenguaje ensamblador asociado. Por último, en electrónica, existen numerosas aplicaciones en forma de puertas lógicas.

Equivalencia EQV

La equivalencia tiene un nombre muy apropiado. Denominada **EQV**, significa que a EQV b es VERDADERO si y sólo si a y b tienen el mismo valor. En álgebra booleana:

NO (a O b) O (a Y b) es decir ¬(a+b)+(a.b)

Amplíelo para obtener:

- (¬a+¬b)+(a.b) (el primer término procede del teorema de De Morgan),
- (¬a+a).(¬a+b).(¬b.a).(¬b+b),
- (¬a+a) y (¬b+b) son siempre 1 (VERDADERO), elimínelos, dejando,
- **(¬a+b).(¬b+a)**.

Aquí está la tabla de verdad para EQV:

a	**b**	**a⇔b**
0	0	1
0	1	0
1	0	0
1	1	1

Tenga en cuenta que la equivalencia es lo contrario de XOR. En otras palabras:

a EQV b = ¬(a XOR b)

Si desarrolla aún más la negación de (¬a+b).(¬b+a) utilizando las propiedades y el teorema de De Morgan, encontrará la fórmula algebraica de XOR.

El VEC se suele representar con el símbolo "⇔": a⇔b.

Implicación e inhibición

La mayoría de los lenguajes no ofrecen estas funciones. La implicación indica que a es condición suficiente para b, mientras que b es condición necesaria para a. Esto significa que si b es verdadera o si a y b son idénticas, la expresión es siempre verdadera:

La implicación viene dada por a **IMP** b.

a IMP b = ¬a+b

a	**b**	**a⇒b**
0	0	1
0	1	1
1	0	0
1	1	1

La inhibición es lo contrario de la implicación, y se expresa como una **INH** b.

a INH b = a.¬b

a	**b**	**a⇐b**
0	0	0
0	1	0
1	0	1
1	1	0

2.4.8 Con más de dos variables

Por el contrario, nada impide utilizar más de dos variables lógicas en las expresiones del álgebra booleana. Tomemos el ejemplo de establecer una llamada telefónica. Tiene tres variables:

- sonar que se llamará a,
- responder, que se llamará b y,
- llamar que se llamará c.

El resultado (descolgar) será d, pero no se utiliza en los cálculos. ¿Cuál es la tabla correspondiente? Hay una trampa. VERDADERO se representa por 1, FALSO por 0.

a (sonar)	**b (responder)**	**c (llamar)**	**d (recoger)**
0	0	0	0
0	**0**	**1**	**1**
0	1	0	0
0	**1**	**1**	**1**
1	0	0	0
1	**0**	**1**	**1**
1	**1**	**0**	**1**
1	**1**	**1**	**1**

¿Has encontrado la trampa? Suena el teléfono, no quiere cogerlo, pero quiere llamar (llamar). En este caso, no va a descolgar: esperará a que el teléfono deje de sonar o por encima lo hace de todos modos. Así que la tabla anterior no es correcta. Una línea está mal. Aquí tiene la tabla correcta:

a (sonar)	b (responder)	c (llamar)	d (descolgar)
0	0	0	0
0	**0**	**1**	**1**
0	1	0	0
0	**1**	**1**	**1**
1	0	0	0
1	0	1	0
1	**1**	**0**	**1**
1	**1**	**1**	**1**

Encontrar la expresión mínima

La dificultad reside ahora en encontrar cómo, a partir de esta tabla de verdad, definir una expresión booleana que devuelva VERDADERO. Se puede ver que sólo cuatro líneas de la tabla de verdad son verdaderas, lo que significa que la persona realmente va a coger el teléfono.

El resultado es 1 cuando a, b y c son:

- 0, 0, 1
- 0, 1, 1
- 1, 1, 0
- 1, 1, 1

También se puede escribir que d es verdadera cuando (a,b,c)=(0,0,1) o (0,1,1) o (1,1,0) o (1,1,1). Convierte esta afirmación en una expresión booleana:

```
d=¬a.¬b.c+¬a.b.c+a.b¬c+a.b.c
```

Es interesante observar que los dos primeros términos de la expresión se pueden factorizar por ¬a.c y los dos últimos por a.b utilizando la propiedad distributiva. El resultado es:

d=(¬a.c).(b+¬b)+(a.b).(c+¬c)

Del mismo modo, como la propiedad de complementariedad indica que a+¬a=1, las expresiones b+¬b y c+¬c son siempre verdaderas. Se pueden suprimir. El resultado final es:

d=¬a.c+a.b

Por desgracia, no siempre es tan obvio. Con cuatro, cinco o seis términos, las expresiones se hacen mucho más largas y complejas. Siempre hay que intentar que las cosas sean lo más sencillas posible, con el menor número posible de términos y variables, aunque eso signifique dividir las expresiones booleanas.

Aplicación en el algoritmo

En términos algorítmicos, la expresión booleana anterior se traduciría de la siguiente manera en una prueba:

```
PROGRAMA TELEFONO
VAR
  a,b,c,d:booleanos
INICIO
  a←VERDADERO
  b←VERDADERO
  c←FALSO
  Si ((NO a) Y c) O (a Y b)
    Entonces d←VERDADERO
  Sino
    d←FALSO
  FinSi
  Si d=VERDADERO Entonces
    Visualizar "Descuelgo"
  Sino
    Visualizar "No descuelgo"
  FinSi
FIN
```

En pocas palabras, no hay nada que te lo impida:

```
PROGRAMA TEL2
VAR
  a,b,c,d :booleanos
INICIO
  a←VERDADERO
  b←VERDADERO
  c←FALSO
  d←((NO a) Y c) O (a Y b)
  Si d Entonces
    Visualizar "Descuelgo"
  Sino
    Visualizar "No descuelgo"
  FinSi
FIN
```

"Si d" equivale a "Si d=VERDADERO".

2.5 Una última aclaración

Con las siguientes condiciones: "Si hace calor y no llueve, voy a dar un paseo", a veces tendrá la tentación de hacer lo siguiente:

```
PROGRAMA CALOR
VAR
  calor,llover:booleanos
INICIO
  calor←VERDADERO
  llover←FALSO
  Si calor=VERDADERO Entonces
    Si llover=FALSO Entonces
      Visualizar "Paseo"
    Sino
      Visualizar "Regreso a casa"
    FinSI
  Sino
    Visualizar "Regreso a casa"
  FinSI
Fin
```

Es posible, funciona, pero no es óptimo. Dos pruebas, dos condiciones y repeticiones innecesarias. ¿Por qué no hacer esto?

```
PROGRAMA MEJORCALOR
VAR
  calor,llover :booleanos
FIN
  calor←VERDADERO
  llover←FALSO
  Si calor=VERDADERO Y llover=FALSO Entonces
    Visualizar "Paseo"
  Sino
    Visualizar "Regreso a casa"
  FinSI
FIN
```

Funciona exactamente igual, pero sólo hay una prueba y no hay repeticiones. Es más corto. ¿Por qué no sustituir la prueba por?

```
...
Si calor Y NO llover Entonces..
.
```

3. Ejercicios

Ejercicio 1

Escriba un algoritmo que utilice el teclado para leer tres nombres comunes y le diga si están en orden alfabético.

Ejercicio 2

Utilizando comparaciones, escriba un algoritmo que lea las horas y los minutos del teclado y muestre la hora un minuto después. Por ejemplo, si el usuario teclea **20** y luego **33**, el algoritmo debería responder:

"Dentro de un minuto, serán 20 hora(s) 34 minuto(s)".

Nota: se supone que el usuario introduce una hora válida.

Ejercicio 3

Escriba el mismo algoritmo, pero utilizando dos variables booleanas para comprobar si los minutos son iguales a 60 y las horas a 24, sin comparaciones en los SI.

Ejercicio 4

Escriba un algoritmo que determine la categoría deportiva de un usuario en función de su edad:

18 a 19 años: junior

De 20 a 22 años: promesa

23 a 39 años: senior

40 años o más: veterano

Escribe el programa PHP equivalente.

Ejercicio 5

Una compañía de seguros de coche debe aplicar un recargo en función de la edad, el sexo y el número de años de carné de conducir del interesado.

Los hombres mayores de 22 años pagan la prima adicional.

Las mujeres de entre 20 y 30 años pagan la prima adicional

Las personas con más de 5 años de experiencia al volante no pagan la prima adicional.

Escriba un algoritmo para determinar si la persona debe o no pagar la prima adicional.

Escribe el programa PHP equivalente.

Ejercicio 6

Escriba un algoritmo para calcular el día después de un día dado (día, mes, año). Se ignorarán los años bisiestos y febrero siempre tendrá 28 días.

Escriba el programa PHP equivalente.

Capítulo 4
Los bucles

1. Estructuras iterativas

1.1 Definición

Como se ha indicado en el primer capítulo, el bucle es la cuarta gran estructura básica de la algoritmia y, por tanto, de la programación. Después de este capítulo, todo lo demás es una aplicación o derivación de estas cuatro estructuras básicas. Los bucles son estructuras iterativas. Una **iteración** o **estructura iterativa** es una secuencia de instrucciones destinada a ser ejecutada varias veces. También es la acción de ejecutar esta instrucción. A veces oirá referirse a esto como **estructuras repetitivas**, que es lo mismo, pero de una forma diferente. El propósito de un bucle es repetir un bloque de instrucciones varias veces. Según el tipo de bucle, este bloque se repetirá un número fijo de veces (n veces) o según un cierto número de criterios (una prueba de una o varias condiciones) que ya conoce muy bien.

El bucle es un elemento muy sencillo a primera vista. Los primeros ejemplos que encuentre le resultarán obvios. Sin embargo, rápidamente se convierte en algo molesto para los programadores novatos, debido a los famosos criterios de salida. Si las pruebas ejecutan una acción determinada (estructura SI) en caso de éxito o de fracaso, un error en una condición de salida puede hacer que el número de bucles sea incorrecto, que nunca entren o, peor aún, que nunca salgan.

El bucle es aún más difícil de asimilar porque es probable que nunca se haya encontrado con una estructura de este tipo fuera de los lenguajes algorítmicos y de programación. En el lenguaje cotidiano, no hablamos de bucles cuando recitamos una tabla de multiplicar. En los algoritmos, sin embargo, tendrá que utilizar uno para calcular esta tabla. Del mismo modo, en el uso cotidiano del ordenador, no se utiliza esta estructura y, sin embargo, todos los programas lo hacen. ¿Cómo se lee un archivo completo de tratamiento de textos? ¿Cómo se reproduce un MP3 o un vídeo? Con la ayuda de bucles, por supuesto.

1.2 Algunos usos sencillos

Un ejemplo sencillo es cuando un usuario tiene que responder a una pregunta a partir de una lista de respuestas impuestas, como o (sí) o n (no). Si el usuario responde otra cosa (cualquier cosa), hay que volver a hacerle la pregunta, hasta que realmente responda sí o no.

Para crear una tabla de multiplicar, de 3 por ejemplo, procederá como si la estuviera recitando:

- 3*1=3
- 3*2=6
- 3*3=9
- ...
- 3*9=27
- 3*10=30

Así que va a multiplicar 3 sucesivamente por los números del 1 al 10. En algoritmia, conoce las variables. ?Cómo asigna sucesivamente un valor del 1 al 10 a una variable¿ Con un bucle.

¿Y si ahora quisiera crear todas las tablas de multiplicar: tablas de 1, 2, etc., hasta 10, incluso más? Tendrá que anidar dos bucles.

Si quiere calcular cualquier potencia, un factorial, obtener el número mayor de una lista de números introducidos (mientras espera las tablas), etc. sigue siendo necesario utilizar bucles.

En el capítulo anterior ha visto cómo calcular las soluciones de un polinomio de segundo grado. ¿Y si quisiera trazar su curva gráfica mediante un programa (en PHP o Java, por ejemplo)? Seguirá necesitando usar un bucle (y algunos trucos más).

Verá que con bucles puede incluso extraer raíces cuadradas.

Estos sencillos ejemplos ponen de relieve al menos tres cosas:

- Hay varios tipos de bucle: algunos tienen un número fijo de iteraciones, otros dependen de condiciones de salida que tendrás que definir.
- Se pueden anidar varios niveles de bucles: puede hacer bucles dentro de bucles, tantas veces como quieras.
- Hay infinidad de usos para los bucles, lo que los convierte en una estructura de programación esencial incluso para las aplicaciones más complejas.

2. Mientras

2.1 Estructura general

El bucle de tipo "MientrasQue" permite repetir un bloque de instrucciones siempre que se verifique la condición bajo prueba, es decir, que sea verdadera. Su sintaxis es la siguiente:

```
MientrasQue booleano Hacer
  Bloque de instrucciones
FinMientrasQue
```

Cuando el programa se ejecuta, llega a la instrucción "MientrasQue". Evalúa la expresión booleana (una o más condiciones o una única variable). Si la expresión devuelve VERDADERO, el programa ejecuta las siguientes instrucciones hasta llegar a la instrucción "FinMientrasQue".

Si es VERDADERO, entonces ejecuta las instrucciones de nuevo y así sucesivamente mientras la expresión devuelva VERDADERO. Si la expresión se vuelve falso, entonces el programa salta a la instrucción justo después de "FinMientrasQue". He aquí un ejemplo sencillo contando del 1 al 10:

```
PROGRAMA MQUE1
VAR
  Contador:entero
INICIO
  Contador←1
  MientrasQue Contador<=10 Hacer
    Visualizar Contador
    Contador←Contador+1
  FinMientrasQue
FIN
```

En PHP, el bucle "MientrasQue" se representa mediante "while()", con la expresión booleana entre paréntesis.

```
while(booleen) {
  /* bloque de instrucciones */
}
```

Si sólo hay una instrucción en el bucle, los corchetes son innecesarios.

```
while(booleano) instrucción;
```

Aquí está el código PHP correspondiente al algoritmo MQUE1:

```
<html>
  <head><meta/>
    <title>mque1</title>
  </head>
  <body>
   <?php

  $cpt=1;
  while($contador<=10) {
    echo "$contador<br />";
    $contador++;
  }
  ?>
  </body>
</html>
```

2.2 Bucles infinitos y break

Asegúrese siempre de que su bucle tiene una condición de salida. No hay nada que te impida hacer bucles infinitos. En el caso de una estructura iterativa "MientrasQue", todo lo que necesita es que la condición sea siempre VERDADERO, por ejemplo:

```
MientrasQue VERDADERO Hacer
  ...
FinMientrasQue
```

O también,

```
MientrasQue a=a
  ...
FinMientrasQue
```

En PHP esto se traduce como:

```
...
while(true) {
...
}
```

En ambos casos, la expresión booleana es siempre verdadera, por lo que el programa nunca sale del bucle. La mayoría de los lenguajes (C, C++, Java, PHP, etc.) tienen instrucciones especiales que permiten salir de un bucle desde cualquier punto del bloque de instrucciones (instrucción **break**) o incluso reiniciar el bucle (volver directamente a la sentencia MientrasQue) sin ejecutar el resto de las instrucciones (sentencia **continua**). Una de las primeras cosas que hay que aprender sobre los bucles en programación algorítmica es que, sin ánimo de parecer excesivo, el uso de las sentencias break y continue es **muy desaconsejable**: muchos programadores salpican el interior de sus bucles con condiciones de salida adicionales, que suelen denominar "casos especiales". El objetivo no es multiplicar estas condiciones, sino combinarlas todas dentro de la única expresión booleana de MientrasQue. Por tanto, todas las condiciones para detener el bucle se deben cumplir en un único punto.

El "break" existe tal cual en PHP. Aquí tiene un ejemplo de lo que, teóricamente, no debería hacer:

```
<html>
  <head><meta/>
    <title>Break</title>
  </head>
  <body>
  <?php

    $contador=1;
    while(true) {
      echo "$contador <br />";
      if($contador==10) break;
      $contador++;
    }
  ?>
  </body>
</html>
```

Observación

En los algoritmos, siempre es posible encontrar una expresión booleana, aunque sea larga y compleja, que evite el uso de "break" y "continue".

Sin embargo, hay que matizar estos comentarios. Interrumpir un bucle en medio de él no es desde luego aconsejable. Pero, como en todo, hay que desconfiar de las generalizaciones. Evidentemente, hay casos en los que resulta demasiado complicado crear bucles sólo para respetar este principio. Si tiene que crear una expresión booleana larga y juguetear (esa es la palabra, a veces) con su bloque de instrucciones utilizando métodos enrevesados (banderas por todas partes, por ejemplo), sobre todo porque ya ocupa un gran número de líneas, es mejor que utilice un break. Por el contrario, no se recomienda utilizar pausas indiscriminadamente.

El truco está en encontrar un equilibrio entre las condiciones de salida y la legibilidad del algoritmo.

Por último, no se trata de crear bucles cuyo bloque de instrucciones se extienda a lo largo de cientos de líneas. En este caso, es ciertamente inteligente reunir todas las condiciones de salida en un solo punto: esto mejora la legibilidad. Sin embargo, corre el riesgo de perderse en su propio programa (de ahí las sangrías). Más adelante, en el capítulo dedicado a los subprogramas, conocerá la noción de funciones y procedimientos, que le permitirán dividir con más precisión sus bloques de instrucciones.

2.3 Algunos ejemplos

2.3.1 Una tabla de multiplicar

¿Por qué no aborda los ejemplos anteriores y otros más, para practicar? Empiece por la tabla de multiplicar. Después de introducir el número de la tabla solicitada, se pone un contador a 1. Mientras este contador sea menor o igual que 10, se multiplica por el número de la tabla y, después de mostrar el resultado, se incrementa. En el último bucle, el contador se incrementa de 10 a 11. Una vez que se vuelve al MientrasQue, la expresión se convierte en falsa: el bucle finaliza y el programa termina.

```
PROGRAMA MUTLI1
VAR
  tabla,contador,resultado:enteros
INICIO
  Visualizar "¿Qué tabla desea multiplicar?"
  Introducir tabla
  contador←1
  MientrasQue contador<=10 Hacer
    resultado←contador*tabla
    Visualizar tabla,"x",contador,"=",resultado
    contador←contador+1
  FinMientrasQue
FIN
```

Esto da en PHP:

```
<html>
  <head><meta/>
    <title>Tabla de multiplicación</title>
  </head>
  <body>
```

```
  <?php
  if(!isset($_GET['tabla'])) {
  ?>
    <form method="GET">
      Tabla de multiplicación: <input type="text"
size="4" name="tabla" />
      input type="submit" name="OK" />
    </form>
  <?php
  } else {
    $tabla=$_GET['tabla'];

    $contador=1;
    while($contador<=10) {
      $result=$tabla*$contador;
      echo "${tabla}x${contador}=$result <br />";
      $contador++;
    }
  }
  ?>
  </body>
</html>
```

2.3.2 Un factorial

En la misma línea, he aquí un pequeño algoritmo que calcula un factorial. Como recordatorio, el factorial de n se escribe n! y se calcula multiplicando todos los valores de 1 a n. Por ejemplo, 10!=10*9*8*7*6*5*4*3*2*1, o 3628800. Cada vez que se pasa el bucle, el contador se multiplica por el resultado de la multiplicación anterior. Observe que es inútil multiplicar por uno: esto no cambia el resultado y el programa realiza un bucle de más. Del mismo modo, esta vez el algoritmo contará hacia atrás: empezará por n y bajará hasta dos.

```
PROGRAMA FACT
VAR
  contador,resultado:enteros
INICIO
  Visualizar "¿Qué factorial?"
  Introducir contador
  resultado←contador
  MientrasQue contador>2 Hacer
    contador←contador-1
    resultado←contador*resultado
```

```
  FinMientrasQue
  Visualizar resultado
FIN
```

Esto da en PHP:

```
<html>
  <head><meta/>
    <title>Factorial</title>
  </head>
  <body>
  <?php
  if(!isset($_GET['contador'])) {
  ?>
    <form method="GET">
      Factorial de: <input type="text" size="4" name="contador" />
      <input type="submit" name="OK" />
    </form>
  <?php
  } else {
    $contador=$_GET['contador'];
    $result=$contador;

    while($contador>2) {
      $contador--;
      $result=$result*$contador;
    }
    echo $result;
  }
  ?>
  </body>
</html>
```

2.3.3 x a la potencia y

Esta vez, se trata de elevar un valor a cualquier potencia. Como recordatorio, xn es igual a x*x*x*x... n veces. Así que es muy sencillo: un bucle MientrasQue contando de 1 a n, en el que el resultado de la multiplicación anterior se multiplica por x.

```
PROGRAMA potencia
VAR
  x,n,contador,resultado:enteros
INICIO
```

```
  Visualizar "x,n ?"
  Introducir x,n
  contador←1
  resultado←1
  MientrasQue contador<=n Hacer
    resultado←resultado*x
    contador←contador+1
  FinMientrasQue
  Visualizar resultado
FIN
```

Este algoritmo funciona bien, pero no sirve para todos los casos. De hecho, sólo funciona si la potencia es mayor o igual que cero. Si n es cero, el programa ni siquiera entra en el bucle y el resultado es 1. Si n es 1, el resultado es x. ¿Y las potencias negativas? x-n es igual a 1/xn .

Así que tiene que determinar el signo de la potencia y hacer alguna división. También es necesario recuperar el valor absoluto de la potencia, que ya sabe cómo hacer. En el siguiente algoritmo, se utiliza un indicador de "signo" para determinar si n es negativo o no, de forma que al final se pueda realizar la división.

```
Variables x,n,signo,contador,resultado en Numerico
Inicio
  Signo←0
  Escribir "x,n ?"
  Leer x,n
  Si n<0 Entonces
    Signo←1
    n←-n
  FinSI
  contador←1
  resultado←1
  MientrasQue contador<=n Hacer
    resultado←resultado*x
    contador←contador+1
  FinMientrasQue
  Si signo=1 Entonces
    Resultado←1/resultado
  FinSi
  Escribir resultado
Fin
```

Esto da en PHP:

```
<html>
  <head><meta/>
    <title>Factorial</title>
  </head>
  <body>
  <?php
  if(!isset($_GET['x'])) {
  ?>
    <form method="GET">
      x,y ? <input type="text" size="4" name="x"
/> <input type="text" size="4" name="y" />
      <input type="submit" name="OK" />
    </form>
  <?php
  } else {
    $x=$_GET['x'];
    $n=$_GET['y'];
    if($n<0) {
      $n=-$n;
      $signo=true;
    }
    $contador=1;
    $resultado=1;

    while($contador<=$n) {
      $resultado=$resultado*$x;
      $contador++;
    }
    if($signo) $resultado=1/$resultado;
    echo $resultado;

  }
  ?>
  </body>
</html>
```

2.3.4 Todas las tablas de multiplicar

Al igual que con las pruebas, es perfectamente posible anidar bucles, es decir, poner un bucle dentro de otro bucle, en tantos niveles como se desee. Podría prever 1, 2, 3, n niveles, pero esto podría resultar difícil de leer. He aquí un ejemplo con dos niveles. Simplemente necesitamos calcular y mostrar todas las tablas de multiplicar del 1 al 10. Para ello, es necesario utilizar dos bucles. El primero representará la tabla a calcular, del 1 al 10. El segundo dentro del primero multiplicará la tabla dada de 1 a 10. Así que tienes dos bucles de 1 a 10.

- primer bucle, tabla de 1's. Segundo bucle: ejecuta 1*1, 1*2, 1*3 ... 1*10,
- primer bucle, tabla de 2. Segundo bucle: ejecutar 2*1, 2*2, 2*3 ... 2*10,
- primer bucle, tabla de 3. Segundo bucle: ejecutar 3*1, 3*2, 3*3 ... 3*10,
- ... ;
- Primer bucle, tabla de 10. Segundo bucle: ejecutar 10*1, 10*2, 10*3 ...

He aquí el algoritmo correspondiente. Cada vez que se pasa por el primer bucle, el contador del segundo bucle vuelve a uno. La tabla de multiplicar se calcula y se muestra en el segundo bucle.

```
PROGRAMA MULTI2
VAR
  tabla,contador,resultado :enteros
INICIO
  tabla←1
  MientrasQue tabla<=10 Hacer
    Visualizar "Tabla del ",tabla
    contador←1
    MientrasQue contador<=10 Hacer
      resultado←contador*tabla
      Visualizar tabla,"x",contador,"=",resultado
      contador←contador+1
    FinMientrasQue
    Tabla←tabla+1
  FinMientrasQue
Fin
```

Lo mismo se aplica a PHP:

```
<html>
  <head><meta/>
    <title>Factorial</title>
  </head>
  <body>
  <?php
    $tabla=1;
    while($tabla<=10) {
      echo "tabla del $tabla <br />";
      $contador=1;
      while($contador<=10) {
        $resultado=$tabla*$contador;
        echo "${tabla}x${contador}=$resultado<br />";
        $contador++;
      }
      $tabla++;
    }
  ?>
  </body>
</html>
```

2.3.5 Introducción de notas y cálculo de medias

El objetivo del siguiente algoritmo es pedir al usuario que introduzca las notas de los alumnos entre 0 y 20, determinar la nota más baja, la nota más alta y calcular una media. Mientras el usuario no haya introducido la nota negativa -1, la introducción no se detiene. A continuación, se muestran los resultados. Si el usuario introduce una nota distinta de -1 a 20, se vuelve a plantear la pregunta, teniendo en cuenta que -1 corresponde al final de la introducción. Se procede por etapas.

Comience con esta parte del algoritmo: introducir las notas. Para ello, necesita utilizar un bucle cuya única condición de salida sea una nota de -1.

```
PROGRAMA NOTA
VAR
  nota:entero
Inicio
  Visualizar "Escriba una nota"
  Introducir nota
  MientrasQue nota>-1 Hacer
    Si nota >20 Entonces
      MientrasQue nota<-1 o nota>20 Hacer
        Visualizar "Error (0->20, -1 salida) :"
        Escribir nota
      FinMientrasQue
    FinSi
    Si nota<>-1 Entonces
      Visualizar "Escriba una nota"
      Introducir nota
    FinSi
FinMientrasQue
Fin
```

Para ejecutar un script PHP desde una consola, abra un símbolo del sistema de Windows (cmd), vaya a la carpeta que contiene el script y ejecútelo escribiendo: php script.php.

En PHP, a partir de una consola:

```
<?php

echo "Nota (-1:salida) ?";

$nota=fgets(STDIN);
while($nota>-1) {
  if($nota>20) {
    while($nota <=-1 || $nota>20) {
      echo "Error ! Nota (-1:salida) ?";
      $nota=fgets(STDIN);
    }
  }
  if($nota>-1) {
    echo "Nota actual:$nota";
    echo "Nota (-1:salida) ?";
    $nota=fgets(STDIN);
  }
}

?>
```

Este algoritmo demuestra que la simple repetición de una entrada es más compleja de lo que parece. Al principio, al usuario se le hace la pregunta una vez; si responde "-1" directamente, ni siquiera entra en el bucle. En el primer bucle, se comprueba la validez de la puntuación introducida: ¿es superior a 20? Si lo es, hay que hacer una nueva entrada y repetir la pregunta en el bucle tantas veces como sea necesario, es decir, hasta que la puntuación introducida esté entre -1 y 20. Teniendo en cuenta que -1 es una condición de salida, en este caso no se debe realizar ningún procesamiento, incluida la introducción de una nueva puntuación. Este es un muy buen ejemplo de un caso en el que realmente se podría haber utilizado un 'break'. He aquí un ejemplo (incompleto) que sustituye al último 'Si' del algoritmo anterior:

```
...
MientrasQue nota>-1 Hacer
  ...
    Si nota=-1 Entonces
      break
    FinSi
    Escribir "Escriba una nota"
    Leer nota
FinMientrasQue
```

El bucle principal se puede interrumpir directamente en cuanto se encuentre una nota de -1. En este caso, incluso sería posible ir más allá tratando el primer bucle como infinito y realizando todas las entradas y la condición de salida dentro de él:

```
Variable nota en Numerico
Inicio
  MientrasQue VERDADERO Hacer
    Escribir "Escriba una nota"
    Leer nota
    Si nota<-1 o nota>20 Entonces
      MientrasQue nota<-1 o nota>20 Hacer
        Escribir "Error (0->20, -1 salida) :"
        Leer nota
      FinMientrasQue
    FinSi
    Si nota=-1 Entonces
      break
    FinSi
  FinMientrasQue
Fin
```

En PHP, a través de una consola:

```
<?php
  while(true) {
    echo "Nota (<-1:salida) ?";
    $nota=fgets(STDIN);
    if($nota>20) {
      while($nota<-1 || $nota>20) {
        echo "Error ! Nota (-1:salida) ?";
        $nota=fgets(STDIN);
      }
    }
    if($nota==-1) break;
    echo "$nota";
  }
?>
```

En PHP se puede ir aún más lejos con la instrucción "continue". En lugar de crear un nuevo bucle en caso de error de entrada, ¿por qué no reiniciar el bucle desde el principio?

El programa se convierte en:

```
<?php
  while(true) {
    echo "Nota (<-1:salida) ?";
    $nota=fgets(STDIN);
    if($nota>20) {
      echo "Error : nueva entrada...\n";
      continue;
    }
    if($nota==-1) break;
    echo $nota;
  }
?>
```

Como puede ver, este algoritmo es un poco más corto que el original, con una entrada menos, una expresión booleana menos (en la condición del primer bucle) y un 'sino' menos. Sin embargo, este algoritmo es menos "limpio". Como ya se ha dicho, la ruptura no es recomendable en principio y es mejor que el propio bucle tenga una condición de salida para evitar una catástrofe si se modifica el bloque de instrucciones que contiene.

Ahora tenemos que añadir nuestras variables al algoritmo original:

- un contador del número de notas,
- la nota con el valor más bajo,
- la nota con el valor más alto,
- la suma de todos los valores,
- la media.

La media se calcula al final del bucle principal, una vez introducidas todas las puntuaciones. Hay que asegurarse de que se ha introducido al menos una nota, de lo contrario el algoritmo dividirá por cero, lo que obviamente es imposible. Dentro del bucle, y sólo si la nota introducida es distinta de -1, el algoritmo compara la nota más baja con la nota actual, que pasa a ser la más baja si procede, se hace lo mismo con la nota más alta (hay que tener cuidado de inicializar correctamente estos valores desde el principio) y se calcula el total de las notas. Al final del bucle, sólo queda dividir.

```
Variables nota,contador,min,max,sum,med en Numerico
Inicio
  min←20
  max←0
  contador←0
  sum←0
Escribir "Escriba una nota"
Leer nota
MientrasQue nota>-1 Hacer
    Si nota >20 Entonces
      MientrasQue nota<-1 o nota>20 Hacer
        Escribir "Error (0->20, -1 salida) :"
        Leer nota
      FinMientrasQue
    FinSi
    Si nota<>-1 Entonces
      contador←contador+1
      sum←sum+nota
      Si nota<min Entonces
        min←nota
      FinSI
      Si nota>max Entonces
        max←nota
      FinSI
```

```
        Escribir "Escriba una nota"
        Leer nota
      FinSi
FinMientrasQue
Si contador>0 Entonces
    med←sum/contador
    Escribir "Número de notas: ",contador
    Escribir "Nota más baja: ",min
    Escribir "Nota más alta: ",max
    Escribir "Media: ",med
Sinon
    Escribir "No se ha introducido ninguna nota."
FinSI
Fin
```

El siguiente programa PHP es una adaptación del anterior. No verás un bucle o, mejor dicho, no es explícito: se hace un bucle al confirmar la entrada de una nota con el botón **OK**. La dificultad con PHP y HTML es conservar los valores de una página a otra. Existen varios métodos. El que se muestra en este ejemplo consiste en conservar los valores de los campos ocultos del formulario.

```
<html>
  <head><meta/>
    <title>media max 3</title>
  </head>
  <body>
  <?php
  $min=20;
  $max=0;
  $contador=0;
  $sum=0;
  $nota=0;
  if(isset($_GET['nota'])) {
    $nota=$_GET['nota'];
    $contador=$_GET['contador'];
    $min=$_GET['min'];
    $max=$_GET['max'];
    $sum=$_GET['sum'];
    $contador++;
  }

  if($nota>20) {
    echo "Error: nueva entrada...";
    $contador--;
```

```
  }
  else if($nota!=-1) {
    $sum=$sum+$nota;
    if($nota<$min) $min=$nota;
    if($nota>$max) $max=$nota;

    echo $nota;
    if($contador!=0) {
      $med=$sum/$contador;

      echo "contador:$contador";
      echo "min:$min";
      echo "max:$max";
      echo "moy:$med";
    }
  }
  ?>
    <form method="GET">
    nota (-1 = salida) ? : <input type="text" size="4" name="nota" /
>
      <input type="hidden" name="contador" value="<?=$contador ?>" /
>
      <input type="hidden" name="sum" value="<?=$sum ?>" />
      <input type="hidden" name="min" value="<?=$min ?>" />
      <input type="hidden" name="max" value="<?=$max ?>" />

      <input type="submit" name="OK" />
    </form>

  </body>
</html>
```

2.3.6 Dar cambio

El objetivo de este algoritmo es calcular el cambio que hay que dar en función del valor de las monedas y billetes, determinando cuántos billetes de un valor dado o monedas de un valor dado hay que dar. En otras palabras, transforma una suma de dinero en las denominaciones correspondientes. Por ejemplo, 1.898,67 euros pueden descomponerse en:

- 3 billetes de 500 euros,
- 1 billete de 200 euros,
- 1 billete de 100 euros,
- 1 billete de 50 euros,
- 2 billetes de 20 euros,;
- 1 billete de 5 euros,
- 1 moneda de 2 euros,
- Moneda de 1 euro,
- 1 moneda de 50 céntimos,
- 1 moneda de 10 céntimos,
- 1 moneda de 5 céntimos,
- 1 moneda de 2 céntimos.

Mejor lo digo de entrada: este algoritmo es un paraíso de bucles. Necesitará uno para cada denominación de billete o moneda. El principio es muy sencillo. Dentro de un bucle, reste el valor facial del billete, por ejemplo 500 euros, del importe total, siempre que este importe sea superior o igual al valor del billete. Cada vez que un billete pasa por el bucle, se cuenta. Luego se pasa al siguiente billete, y así sucesivamente. He aquí un ejemplo para 1.700 euros utilizando sólo billetes de 500 euros.

```
Variables cantidad, num500 en Numerico
Inicio
  cantidad←1700
  num500←0
  MientrasQue cantidad>=500 Hacer
    num500←num500+1
    cantidad←cantidad-500
  FinMientrasQue
```

```
  Escribir num500, cantidad
Fin
```

El resultado es PHP:

```
<html>
  <head><meta/>
    <title>500 euros</title>
  </head>
  <body>
  <?php

    $cantidad=1700;
    $num500=0;

    while($cantidad>=500) {
      $num500++;
      $cantidad=$cantidad-500;
    }
    echo "Número de billetes de 50: $num500 <br />";
    echo "Resto: $cantidad";
  ?>
  </body>
</html>
```

¿Qué ocurre al final del bucle? num500 es 3 y cantidad es 200: eso es el resto. Así que tenemos que generalizar el algoritmo para todos los valores.

```
Variables cantidad,num500,num200,num100,num50,num20,num10,num5 en Numerico
Variables num2,num1,num05,num02,num01,num005,num002,num001 en Numerico
Inicio
  cantidad←1700
  num500←0
  num200=0
  num100=0
  num50=0
  num20=0
  num10=0
  ...
  num002=0
  num001=0
  MientrasQue cantidad>=500 Hacer
    num500←num500+1
    cantidad←cantidad-500
  FinMientrasQue
  MientrasQue cantidad>=200 Hacer
    num200←num200+1
```

```
    cantidad←cantidad-200
  FinMientrasQue
  MientrasQue cantidad>=100 Hacer
    num100←num100+1
    cantidad←cantidad-100
  FinMientrasQue
  MientrasQue cantidad>=50 Hacer
    num50←num50+1
    cantidad←cantidad-50
  FinMientrasQue
  MientrasQue cantidad>=20 Hacer
    num20←num20+1
    cantidad←cantidad-20
  FinMientrasQue
  ...
  MientrasQue cantidad>=0.02 Hacer
    num002←num002+1
    cantidad←cantidad-0.02
  FinMientrasQue
  MientrasQue cantidad>=0.01 Hacer
    num001←um001+1
    cantidad←cantidad-0.01
  FinMientrasQue
  Si num500>0 Entonces
    Escribir num500," billetes de 500 euros"
  FinSI
  Si num200>0 Entonces
    Escribir num200," billetes de 200 euros"
  FinSI
  ...
  Si num002>0 Entonces
    Escribir num002," monedas de 2 céntimos"
  FinSI
  Si num001>0 Entonces
    Escribir num001," monedas de 1 céntimo"
  FinSI
Fin
```

Este algoritmo es desalentador. Aunque es impecable en cuanto a funcionamiento y lógica, es extremadamente largo, proporcional al número de denominaciones disponibles en cada país. De hecho, es tan largo que algunas secciones perfectamente obvias han sido sustituidas por "...". ¿Es posible hacerlo más conciso? Es evidente que se puede acortar. Lo veremos en el próximo capítulo, con las tablas y en el siguiente, con las funciones.

2.3.7 Tres bucles

Un último ejemplo de bucle "MientrasQue" le mostrará una integración con tres bucles. El objetivo de este algoritmo inofensivo es averiguar para qué valores de A, B y C, $ABC=A^3+B^3+C^3$, A representando las centenas, B las decenas y C las unidades. La búsqueda se limitará a cada valor entero entre 1 y 10 (por supuesto, se puede aumentar el intervalo, pero no se ha elegido al azar). El algoritmo requiere tres bucles para cada valor. Por supuesto, es en el último bucle donde se calculan los valores y se muestran los resultados en caso de igualdad.

```
Variables a,b,c,num1,num2 en Numerico
Inicio
  a←1
  b←1
  c←1
  MientrasQue a<=10 Hacer
    MientrasQue b<=10 Hacer
      MientrasQue c<=10 Hacer
        num1←a*100+b*10+c
        num2←a³+b³+c³
        Si num1=num2 Entonces
          Escribir num1,a,b,c
        FinSI
        c←c+1
      FinMientrasQue
      b←b+1
    FinMientrasQue
    a←a+1
  FinMientrasQue
Fin
```

Si convierte este programa a PHP, debería obtener sólo dos posibilidades: 153 y 371. De hecho, $3^3+7^3+1^3=27+343+1=371$.

Aquí está el programa equivalente en PHP:

```
<html>
  <head><meta/>
    <title>Tres bucles</title>
  </head>
  <body>
  <?php
```

```
    $x=1;
    $y=1;
    $z=1;
    while($x<=10) {
      while($y<=10) {
        while($z<=10) {
          $num1=$x*100+$y*10+$z;
          $num2=pow($x,3)+pow($y,3)+pow($z,3);
          if($num1==$num2) {
            echo "$num1=$num2, $x $y $z <br />";
         }
          $z++;
        }
        $y++;
      }
      $x++;
    }
  ?>
  </body>
</html>
```

3. Repetir ... Hasta

3.1 Diferencias fundamentales

A pesar de la abundancia de ejemplos vistos hasta ahora, la estructura iterativa "MientrasQue" no es la única. Aunque es posible programar todo con este tipo de bucle, aún faltan dos, entre ellos la estructura "Repetir ... Hasta". Su pseudocódigo es el siguiente:

```
Repetir
  Bloque de instrucciones
Hasta booleano
```

"Repetir" es muy similar a "MientrasQue", pero con dos diferencias importantes:

- Pase lo que pase, siempre habrá al menos una pasada por el bucle: el bloque de instrucciones se ejecutará al menos una vez.

– La expresión booleana final se invierte. Un "mientras a !=1" se convierte en un "hasta que a=1".

El "hasta" se entiende como "hasta que se verifique la condición". Para hacer un bucle infinito, hay que hacer:

```
Repetir
  Bloque de instrucciones
Hasta FALSO
```

Volviendo al algoritmo para introducir la transcripción de los registros, que había causado algunos problemas, ahora es un poco más sencillo:

```
PROGRAMA REPITE
VAR
  Nota:entero
Inicio
  Repetir
    Escribir "Escriba una nota"
    Leer nota
    Si nota<-1 O nota>20 Entonces
      Repetir
        Escribir "Error (0->20, -1 salida) :"
        Leer nota
      Hasta nota>=-1 Y nota <=20
    FinSI
    Si nota!=-1 Entonces
      ...
    FinSI
  Hasta nota=-1
Fin
```

El lenguaje PHP ofrece una estructura "Repetir ... MientrasQue". Todo lo que tieneque hacer es invertir la condición de salida del "Hasta".

```
do {
/* bloque de instrucciones */
}while(condición);
```

El programa PHP con algunas facilidades podría ser:

```
<?php

  do{
    echo "Nota (<-1:salida) ?";
```

```
    $nota=fgets(STDIN);
    if($nota>20) {
      echo "Error : nueva entrada...";
      continue;
    }
    if($nota>-1) echo $nota;
  }while($nota>-1);
?>
```

Observe atentamente la condición central de salida: la nota debe ser mayor o igual que -1 Y menor o igual que 20 para salir de la entrada. Con "MientrasQue", el bucle continuaba mientras la nota fuera menor que -1 O mayor que 20. Había una diferencia importante.

Estos matices son una de las razones por las que los estudiantes y programadores, incluso los experimentados, se pierden en ellos. También es una de las razones por las que el bucle "Repetir ... Hasta" no está presente en ciertos lenguajes como C. En Java o PHP, sin embargo, encontrará un bucle equivalente al bucle "Repetir ... Hasta", el bucle "do ... while", que utiliza la iteración obligatoria, pero con las mismas expresiones booleanas que el "MientrasQue" inicial.

3.2 Algunos ejemplos adecuados

3.2.1 El factorial

El bucle debe salir cuando el contador llegue a 2.

```
Variables contador, resultado en Numerico
Inicio
  Escribir "¿Qué factorial?"
  Leer contador
  resultado←contador
  Repetir
    contador←contador-1
    resultado←contador*resultado
  Hasta contador=2
  Escribir resultado
Fin
```

3.2.2 Los tres bucles

Este es de nuevo el mismo programa, pero con un estilo diferente. Nótese que aquí los contadores parten de 0 para ser incrementados al principio del bucle, con el fin de hacer más legible la condición de salida (igual a 10).

```
Variables a,b,c,num1,num2 en Numerico
Inicio
  a←0
  b←0
  c←0
  Repetir
    a←a+1
    b←0
    Repetir
      b←b+1
      c←0
      Repetir
        c←c+1
        num1←a*100+b*10+c
        num2←a³+b³+c³
        Si num1=num2 Entonces
          Escribir num1,a,b,c
        FinSI
      Hasta c=10
    Hasta b=10
  Hasta a=10
Fin
```

En PHP:

```
<html>
<head><meta/>
<title>Tres bucles 2</title>
</head>
<body>
<?php
$x=0;
$y=0;
$z=0;
 do {
    $x++;
    $y=0;
```

```
    do {
        $y++;
        $z=0;
        do {
            $z++;
            $num1=$x*100+$y*10+$z;
            $num2=pow($x,3)+pow($y,3)+pow($z,3);
            if($num1==$num2) {
               echo "$num1=$num2, $x $y $z <br />";
            }
        } while($z<10);
    } while($y<=10);
} while($x<=10);
```

4. Para ... FinPara

4.1 Una estructura para contar

La tercera y última estructura iterativa en algoritmos es el bucle "**Para ... FinPara**", que se utiliza casi exclusivamente para contadores. Cada vez que se pasa por el bucle, se incrementa o decrementa un contador, según corresponda. Esto se conoce como una **estructura incremental**.

Su sintaxis en pseudocódigo es la siguiente:

```
Para variable De inicio a fin [PASO paso] Hacer
  Bloque de instrucciones
FinPara
```

Cada vez que pase por el bucle, la variable tomará sucesivamente cada uno de los valores del intervalo [a;b] (incluyendo a y b). El tamaño del paso es opcional y es 1 por defecto. El siguiente pseudocódigo cuenta de 1 a 10:

```
Variable contador en Numerico
Inicio
  Para contador De 1 hasta 10 Hacer
    Escribir contador
  FinPara
Fin
```

Puede encontrar sintaxis ligeramente diferentes, pero todas son equivalentes:

```
Para variable Yendo Desde inicio hasta fin [PASO paso] Hacer
  Bloque de instrucciones
FinPara
```

O:

```
Para contador ← inicio a fin [Paso paso]
  Bloque de instrucciones
contado siguiente
```

En esta última forma, es interesante observar que, es más fácil orientarse en el caso de bucles que contienen un gran bloque de instrucciones, ya que la variable se repite en la sintaxis de fin de bucle. Por último, es posible encontrar sintaxis alternativas derivadas de estas tres formas.

4.2 ... pero no imprescindible

Se habrá dado cuenta rápidamente de que este bucle sólo se utiliza para los contadores. Es decir, todo lo que hace ya es posible con las estructuras "MientrasQue" y "Repetir". Sólo que con "Para" no tiene que calcular tú mismo el contador. Así que es una simplificación.

Observación

No hay ningún caso en el que la estructura "Para FinPara" sea estrictamente necesaria. Simplemente simplifica las otras estructuras iterativas cuando se utilizan contadores.

4.3 ¿Qué estructura elegir?

Pero, ¿cuándo hay que utilizar una estructura determinada? Una estructura "Para" se utiliza cuando se conoce de antemano el número de iteraciones necesarias para el tratamiento. Este número puede ser fijo o calculado con antelación al bucle, no importa. El bucle "Para" es determinista: su número de iteraciones se fija de una vez por todas y, en principio, es invariable (aunque aún es posible hacer trampas).

Utilizamos las estructuras "Mientras Que" o "Repetir" cuando no sabemos necesariamente de antemano cuántas iteraciones serán necesarias para obtener el resultado deseado. El ejemplo más concreto es la introducción de notas: podemos introducir una, 200 o ninguna, pero no lo sabemos de antemano. Pero también puede ser la lectura de líneas de un archivo (no sabemos el número de antemano), registros en una base de datos, un cálculo complejo que debe devolver una precisión determinada, un número de rondas en un juego (el primero que gana sale del bucle), etc.

4.4 Una trampa a evitar

Del mismo modo que debe evitar los bucles infinitos (a menos que lo haga deliberadamente), también debe evitar algunos errores que pueden ser muy sorprendentes en algunos casos (recuerde la Ley de Murphy). He aquí un ejemplo de lo que no se debe hacer:

```
Variable x en Numerico
Inicio
  Para x yendo desde 1 hasta 31 Hacer
    Escribir x
    x←x*2
  FinPara
Fin
```

El error (a menos que esto sea lo que usted quería explícitamente) es modificar el contador utilizado por el bucle usted mismo, dentro del propio bucle. ¿Qué ocurre en este ejemplo? Pasa de 1 a 2, luego... ¿Qué? ¿3? ¿6? ¿7? ¿14? Esto se vuelve incoherente y no se puede predecir el número de iteraciones. Ya no sabe cuándo va a salir del bucle, ni siquiera el nuevo valor del contador en cada iteración. Dependiendo del lenguaje, en el mejor de los casos acabará con algo parecido a lo que esperaba y, en el peor, con un completo desastre. En informática, "casi" es inaceptable.

Observación

Nunca modifique el contador de un bucle "Para" dentro de un bucle. Si realmente lo necesita, modifique su bucle para utilizar una estructura "MientrasQue" o "Repetir".

4.5 Algunos ejemplos

4.5.1 Tres bucles de nuevo

Prometido para convertirse en un clásico, ya que es la tercera vez que lo ve en tres formas diferentes, aquí tiene el ejemplo de los tres bucles, pruebe por si hiciera falta que el 'Para FinPara' es muy práctico pero totalmente opcional. El objetivo aquí es, obviamente, producir un código más reducido que sea aún más fácil de leer.

```
Variables a,b,c,num1,num2 en Numerico
Inicio
  Para a De 1 hasta 10 Hacer
    Para b De 1 hasta 10 Hacer
      Para c De 1 hasta 10 Hacer
        num1←a*100+b*10+c
        num2←a³+b³+c³
        Si num1=num2 Entonces
          Escribir num1,a,b,c
        FinSI
      FinPara
    FinPara
  FinPara
Fin
```

En PHP, esto da:

```
<html>
  <head><meta/>
    <title>Tres bucles</title>
  </head>
  <body>
  <?php
    for($x=1;$x<=10;$x++) {
      for($y=1;$y<=10;$y++) {
        for($z=1;$z<=10;$z++) {
          $num1=$x*100+$y*10+$z;
          $num2=pow($x,3)+pow($y,3)+pow($z,3);
          if($num1==$num2) {
            echo "$num1=$num2, $x $y $z <br />";
          }
        }
      }
    }
  ?>
  </body>
</html>
```

4.5.2 El factorial

Otro clásico: con un factorial de n, se sabe de antemano el número de iteraciones necesarias: n. Así que es la aplicación ideal para la estructura "Para ... FinPara".

```
Variables contador, i, resultado en Numerico
Inicio
  Escribir "¿Qué factorial?"
  Leer contador
  resultado←1
  Para i De 2 Hasta contador
    resultado←i*resultado
  FinPara
  Escribir resultado
Fin
```

En PHP:

```
<html>
  <head><meta/>
    <title>Factorial 3</title>
  </head>
  <body>
  <?php
  if(!isset($_GET['contador'])) {
  ?>
    <form method="GET">
      Factorial de: <input type="text" size="4" name="contador" />
      <input type="submit" name="OK" />
    </form>
  <?php
  } else {
    $contador=$_GET['contador'];
    $resultado=1;

    for($i=2;$i<=$contador;$i++) $resultado=$resultado*$i;

    echo $resultado;
  }
  ?>
  </body>
</html>
```

4.5.3 Raíz cuadrada con precisión

He aquí una innovación: calcular una raíz cuadrada. ¿Puede extraer una raíz cuadrada a mano? Antes de la llegada de las calculadoras, los alumnos y estudiantes utilizaban tablas o reglas de cálculo o las calculaban ellos mismos. Sería posible describir el método utilizado, pero aún faltan algunos conceptos. Un método más matemático es el algoritmo de Herón de Alejandría. Este hombre, también conocido como Herón el Viejo, fue un matemático, mecánico e ingeniero griego nacido en Alejandría en el siglo I de nuestra era. Escribió numerosos tratados y dejó varias fórmulas, entre ellas una para calcular el área de un triángulo en función de la longitud de sus lados y otra para aproximar recursivamente el valor de una raíz cuadrada.

He aquí cómo encontrar la fórmula:

$x=\sqrt{a}$

entonces $x^2=a$

entonces $2x^2=x^2+a$

entonces $2x=\frac{x^2+a}{x}$

entonces $x=\frac{x^2+a}{2x}$

entonces $x=\frac{x(x+\frac{a}{x})}{2x}$

entonces $x=\frac{x+\frac{a}{x}}{2}$

Al final, obtenemos la sucesión $x_{i+1}=\frac{1}{2}(x_i+\frac{a}{x_i})$

Fórmula de Herón de Alejandría

La secuencia final calcula la raíz cuadrada en función de un valor inicial arbitrario x0. En principio, utilizamos el valor entero aproximado de la raíz cuadrada, ya que la fórmula inicial nos permite obtener rápidamente los números después del punto decimal. Así, si buscamos la raíz cuadrada de 40, sabiendo que 6x6 es 36 y 7*7 es 49, la raíz cuadrada está entre los dos, por lo que pondríamos 6. En la práctica, sin embargo, cualquier valor es válido y con un gran número de iteraciones siempre obtendrá el resultado esperado, tanto si pone 1 como 10.000.

Sin embargo, es muy interesante poder optimizar el cálculo recuperando el entero más próximo. El algoritmo será extremadamente preciso. Contendrá dos bucles. El primero es un bucle "MientrasQue", que calcula el entero x más próximo a la raíz cuadrada de a. El segundo, de tipo "Para", calculará los decimales. El número de iteraciones determinará la precisión. Por cierto, no tiene sentido ejecutar este segundo bucle si el resultado del primero corresponde a la raíz que buscas.

```
Variables i,x,a,contador en Numerico
Inicio
  x←1
  α←39
  contador←5
  MientrasQue (x*x)<a Hacer
    x←x+1
  FinMientrasQue
  Si (x*x) !=a Entonces
    x←x-1
    Para i De 1 Hasta contador Hacer
      x←0.5*(x+a/x)
    FinPara
  FinSi
  Escribir "La raíz de ",a," es ",x
Fin
```

Le sorprenderá la pertinencia y precisión de los resultados. En sólo tres o cuatro iteraciones, la precisión es suficiente para la mayoría de las aplicaciones. Desafortunadamente, como verá en el resto del libro, esto es mucho trabajo por muy poco: los lenguajes se suministran con instrucciones especiales para realizar estos cálculos, especialmente porque los famosos FPUs (coprocesadores aritméticos) tienen una instrucción dura sólo para esto (FSQRT por ejemplo en un viejo Motorola MC68881).

Mientras tanto, aquí está la transcripción de este cálculo avanzado en PHP:

```
<html>
  <head><meta/>
    <title>Raíz</title>
  </head>
  <body>
  <?php
    $x=1;
```

```
      $a=39;
      $contador=5;
      while($x*$x<$a) {
        $x++;
      }
      if($x*$x!=$a) {
        $x--;
        for($i=1;$i<=$contador;$i++) {
          $x=0.5*($x+($a/$x));
        }
      }
      echo "$x<br />";
      echo pow($x,2)."<br />";
    ?>
  </body>
</html>
```

4.5.4 Calcular el número PI

Ahora que sabemos hacer casi todo utilizando bucles, incluido el cálculo de una raíz cuadrada, sería interesante encontrar una aplicación aún más precisa. ¿Por qué no intentar aproximar el valor de PI? Hay varias formas de aproximar este valor. PI es la circunferencia de un círculo cuyo diámetro es 1. Sin entrar aquí en los detalles del método, debe saber que Leonhard Euler, el gran científico del siglo XVIII, resolvió un problema conocido desde hace mucho tiempo: determinar la suma de los inversos de los cuadrados de un número entero. La fórmula es la siguiente:

$$\frac{\pi^2}{6}=\frac{1}{1^2}+\frac{1}{2^2}+\frac{1}{3^2}+\frac{1}{4^2}+\frac{1}{5^2}+\frac{1}{6^2}...$$

Observe la presencia de una iteración sobre las potencias de cada denominador (divisor). Esta es una aplicación del bucle "Para". Además, observe que PI es al cuadrado. Así que tendrá que realizar una raíz cuadrada al final para obtener el resultado correcto.

Por lo tanto:

- realizar n divisiones sucesivas de $1/n^2$,
- multiplicar este resultado por 6,
- extraer la raíz cuadrada de este resultado para obtener PI.

```
Variables i,x,a,contador en Numerico
Inicio
  contador←100000
  a←2
  Para i De 2 Hasta contador Hacer
    a←a+1/(i*i)
  FinPara
  a←a*6
  x←1
  MientrasQue (x*x)<a Hacer
    x←x+1
  FinMientrasQue
  Si (x*x) !=a Entonces
    x←x-1
    contador←10
    Para i De 1 Hasta contador Hacer
      x←0.5*(x+a/x)
    FinPara
  FinSi
  Escribir "El valor de PI es ",x
Fin
```

Pregunta: ¿Cuántas iteraciones se necesitan para obtener siete decimales correctos? Aquí está el programa PHP correspondiente, que debería darle una idea del resultado:

```
<html>
  <head><meta/>
    <title>PI</title>
  </head>
  <body>
  <?php
    $contador=100000000;
    $a=1;
    for($i=2;$i<=$contador;$i++) {
      $a=$a+1/($i*$i);
    }
    $a=$a*6;
```

```
    $x=1;
    $contador=10;
    while($x*$x<$a) {
      x++;
    }
    if($x*$x!=$a) {
      $x--;
      for($i=1;$i<=$contador;$i++) {
        $x=0.5*($x+($a/$x));
      }
    }
    echo $x;
  ?>
  </body>
</html>
```

5. Ejercicios

Ejercicio 1

Escriba un algoritmo que pida un número inicial y luego calcule la suma de los enteros hasta ese número. Ejemplo con el número 6:

```
1+2+3+4+5+6 = 21
```

Escriba el programa PHP equivalente.

Ejercicio 2

Escriba un algoritmo que pida un número inicial y luego muestre la tabla de multiplicar de ese número. Ejemplo con el número 6:

```
Tabla del 6:
6 x 1 = 6
6 x 2 = 12
6 x 3 = 18
...
```

Escriba el programa PHP equivalente.

Ejercicio 3

Escriba un algoritmo que pida un número inicial y luego muestre el factorial de ese número. Ejemplo con el número 7:

1 x 2 x 3 x 4 x 5 x 6 x 7 = 5040

Escriba el algoritmo utilizando el bucle Para y luego el bucle MientrasQue.

Escribe el programa PHP equivalente.

Ejercicio 4

Escriba un algoritmo que pida un número y realice el siguiente cálculo (ejemplo con el número 9):

1 + 1/1 + 1/(1*2)+1/(1*2*3)+1/(1*2*3*4)+...+1/(1*2*3*4*5*6*7*8*9)

Escriba el programa PHP equivalente.

Ejercicio 5

Escriba un algoritmo que pida un número mayor que 100 y luego busque su mayor divisor entero entre 2 y 100. Por ejemplo, para 150, el mayor divisor entre 2 y 100 es 75.

Escriba el programa PHP equivalente.

Ejercicio 6

Escriba un algoritmo que pida un número y luego calcule la última ocurrencia de la sucesión de Fibonacci para ese número. La sucesión de Fibonacci es una sucesión de números enteros en la que cada término es la suma de los dos términos anteriores. Generalmente comienza con los términos 0 y 1 y sus primeros términos son:

0, 1, 1, 2, 3, 5, 8, 13, ...

Escriba el programa PHP equivalente.

Ejercicio 7

Escriba un algoritmo que pida un número a, después un número b y muestre el MCD (máximo común divisor) de estos números. Como recordatorio, el MCD de dos números a y b no es más que el mayor número que puede dividir tanto a como b.

Escriba el programa PHP equivalente.

Capítulo 5
Tablas y estructuras

1. Presentación

1.1 Conceptos principales y definiciones

1.1.1 Simplificar las variables

Hasta ahora, los tipos de datos que ha encontrado son escalares, excepto las cadenas de caracteres. Como recordatorio, un escalar es un tipo de datos que representa sólo una variable a la vez. Un entero, un carácter, un real, un booleano, etc., son escalares. Una cadena de caracteres no lo es: es una secuencia o lista de caracteres, uno detrás de otro. Por tanto, una cadena es una lista ordenada de escalares. Los lenguajes suelen proponer un tipo para las cadenas de caracteres, pero es una facilidad que ofrecen. Un lenguaje como C no lo hace. En algoritmos, se utiliza el tipo "alfanumérico", por lo que hay que tener cuidado al convertir a C.

Pero, ¿cómo se representa una cadena de caracteres con un tipo escalar? Debemos recordar cómo se almacena la información en la memoria. La memoria del ordenador está formada por celdas que pueden contener determinados tipos de información. Estas celdas están numeradas (lo que se conoce como dirección de celda) y contienen datos. Estos datos representan lo que se desee, dependiendo del contexto en el que se utilicen.

Por ejemplo, puede suponer que contienen escalares. Si una celda de memoria contiene el número 65, podría ser el valor entero 65 o el código ASCII del carácter "A". Una celda de memoria puede contener perfectamente la dirección de otra celda de memoria: es un poco más complicado de lo que parece y será objeto de una presentación más extensa más adelante en este libro.

Por tanto, una cadena de caracteres es una serie de escalares de tipo Carácter, uno tras otro en celdas de memoria, en principio, contiguas. Utilizando el mismo principio, si tomamos el ejemplo de la introducción de las notas de los alumnos, ¿no cree que sería más práctico poder conservar estas notas durante el resto del programa? Así sería posible reutilizarlas a voluntad para nuevos cálculos o incluso guardarlas en un fichero, imprimirlas, consultarlas, etc. Hasta ahora, la única forma de hacerlo era hacer un bucle en el que introducía las notas y luego intentaba hacer los cálculos sobre la marcha. La otra posibilidad era hacer la misma pregunta n veces y colocar los resultados en n variables diferentes. Imagínese esto:

```
...
Leer N1
Leer N2
...
Leer N20
Med←(N1+N2+...+N20)/20
...
```

Ridículo, ¿verdad? Ahora bien, si sabe que hay veinte alumnos en una clase y, por tanto, veinte notas que introducir, ¿no sería más sencillo sustituir todas las variables por una sola, pero que pudiera contener todas las notas? La idea sería tener un nombre de variable que pudiera asociar una nota a un número. Tomemos la variable "nota". Se podría decir simplemente que "la nota 1 vale 15, la nota 2 vale 17, la nota 3 vale 8, etc.".

Un conjunto de valores representados por el mismo nombre de variable y en el que cada valor se identifica por un número se denomina una tabla. El número utilizado para identificar un elemento (un valor) de la tabla se denomina índice. En la representación algorítmica, un elemento de la tabla se representa por el nombre de la variable, con el índice entre corchetes:

```
Nota[1]←15
```

Observación

Un array no es un tipo de datos, sino una lista de elementos de un tipo determinado. Hablamos de una tabla de n elementos de tipo numérico o alfanumérico, etc.

1.1.2 Dimensiones

Deja volar tu imaginación: ahora tiene tres clases de veinte alumnos. ¿Debería utilizar tres tablas? Lo bueno de las tablas es que puedes añadir índices a los índices. Es muy fácil de entender con dos índices.

```
Nota[1][10]←17
```

Esto se podría traducir (condicionalmente, ya que está sujeto a las restricciones de la numeración de los elementos) como: la 10ª nota de la 1ª clase.

Añadir un índice a una tabla se denomina añadir una dimensión a una tabla. Con una dimensión, la tabla se puede representar en filas. Con dos dimensiones, la tabla puede representarse en filas y columnas, como en una hoja de cálculo o cualquier otra matriz. ¿Y con tres dimensiones? En forma de cubo, con un eje de profundidad. Más allá de eso, es más difícil de representar, así que a veces tenemos que utilizar analogías con cosas cotidianas. Así, para las tres dimensiones, imaginemos una gran taquilla con x compartimentos de ancho y compartimentos de alto y cada cajón dividido sn z pequeños compartimentos. Estas representaciones siguen siendo totalmente virtuales, producto de la imaginación. La finalidad de muchas tablas no es en absoluto representar filas y columnas. Una tabla bidimensional puede representar perfectamente un juego de tres en raya, una matriz, una clase y las notas de los alumnos asociadas, etc. La trampa de las tablas multidimensionales es el tamaño que ocupan en la memoria. Imaginemos diez escuelas, cada una con diez clases de veinte alumnos. Queremos colocar las notas en una tabla. Aquí tenemos una tabla tridimensional:

```
Nota[1..10][1..10][1..20]
```

¿Cuántas notas caben en la tabla? 10x10x20: ¡2.000 notas! Si el elemento tiene un byte de longitud, se está acercando a los 2 KB. Pero si el elemento de la tabla contiene un número real de 64 bits, estamos hablando de 16 KB. Y sin embargo, los índices parecían pequeños.

1.1.3 Tipos

Una tabla no es un tipo de datos, sino un conjunto de valores que, a su vez, están tipificados, agrupados e indexados bajo un único nombre de variable. ¿Puede crear una tabla que contenga cualquier tipo de valor? Tenga cuidado al interpretar esta pregunta. ¿Una tabla contiene n valores del mismo tipo o n valores de tipos diferentes?

En algoritmia, el principio es sencillo: una tabla contiene n elementos del mismo tipo. En otras palabras, se declara una tabla de veinte notas numéricas, diez números reales, cinco cadenas de caracteres, etc.

Sin embargo, aparte del pseudocódigo algorítmico, la definición, declaración y uso de las tablas dependen en gran medida del lenguaje. Las tablas simples en Java o C, por ejemplo, sólo contienen un tipo posible de valor. En PHP, en cambio, puede mezclar y combinar lo que quiera, con el índice 1 conteniendo un entero, el índice 2 texto y así sucesivamente.

Esto puede ser un poco confuso de usar, pero estos lenguajes, a menudo llamados untyped (lo cual es discutible), son incomparablemente flexibles.

Mientras tanto, en términos algorítmicos, respeta el hecho de que una tabla normalmente tiene un número finito de índices y que se teclean de una vez por todas.

1.1.4 Declaración

En el pseudocódigo algorítmico, las tablas se declaran en el mismo lugar que las variables, justo antes de que comience el procesamiento propiamente dicho, de esta forma:

```
VAR
  MiTabla:tabla[1..numelementos] de enteros
  MiTab2:tabla[1..dim1][1..dim2] de reales
```

Entre los corchetes, introduzca el número de elementos de la tabla.

Es posible inicializar el contenido de la tabla cuando se crea de la siguiente manera:

```
VAR
 mes :array[1..12]<-{"enero",..., "diciembre"} de cadenas
```

Esta misma tabla se podría colocar en la sección CONST, lo que la convertiría en una constante.

Como se explicará más adelante, los índices de las tablas pueden empezar en 0 o en 1, según el lenguaje, el uso, el profesor, etc. Desgraciadamente, no existen reglas precisas en este ámbito. Lo evidente, desde el punto de vista de la organización de la memoria del ordenador, es empezar la numeración por cero: esto simplifica los cálculos de la posición de los distintos elementos de la tabla en la memoria. Pero, ¿cómo entender esta tabla?

```
Valores:array[1..10] de reales
```

Si esta tabla representa diez valores, entonces:

- Si la numeración empieza en 1, los índices van de valor[1] a valor[10].
- Si la numeración empieza en 0, los índices van de valor[0] a valor[9]. Este es el caso de C, Java y PHP.

Algunas notaciones algorítmicas son aún más sorprendentes: el valor indicado entre corchetes puede corresponder al número máximo de índices partiendo de cero. De este modo, la tabla de valores contendría once elementos. Este no será el caso aquí.

En lo que sigue, los índices empezarán en 1 y llegarán hasta n, siendo n el número de elementos de la tabla. Por tanto, la tabla valores[1..10] tendrá diez elementos, numerados del 1 al 10. Como ésta no es una regla absoluta en todos los lenguajes, debe tener cuidado de comprobarlo cuando escribas sus programas. Si es estudiante, siga la representación proporcionada por sus profesores y, si es necesario, especifique las reglas que aplica a los índices.

1.1.5 Uso

Un elemento de una tabla recibe un valor como una variable, se lee como una variable y se escribe como una variable. En las estructuras iterativas es donde las tablas adquieren todo su significado. Los índices de las dimensiones se pueden representar mediante variables.

```
PROGRAMA HERRAMIENTA
VAR
  notas:tabla[1..10] de reales
  i:entero
INICIO
```

```
  Para i De 1 Hasta 10 Hacer
    Escribir "¿Nota",i," ?"
    Leer nota[i]
  FinPara
  Para i De 1 Hasta 10 Hacer
    Escribir nota[i]
  FinPara
FIN
```

1.1.6 Tablas dinámicas

Si no conoce de antemano el número de elementos de su tabla, tiene dos opciones:

- fije con antelación un número suficientemente grande de elementos para estar seguro de tener suficientes;
- o, mejor aún, redimensione su tabla al tamaño correcto en cuanto conozca el número de elementos.

En el pseudocódigo algorítmico, existe una instrucción llamada "Redim" que se puede utilizar para redimensionar una tabla cuyo número de elementos no se conoce de antemano. Sin embargo, a menudo es aconsejable evitar su uso. Esta instrucción es útil porque, en pseudocódigo, las variables y las tablas se declaran antes del programa, lo que hace imposible inicializar el número de elementos de una tabla en función del valor de una variable. Sin embargo, lenguajes como Java disponen de mecanismos para declarar tablas sin conocer necesariamente su tamaño de antemano.

Si necesita utilizar tablas dinámicas, no es necesario especificar el número de elementos en la declaración. Esto se hará en la instrucción de redimensionamiento.

```
PROGRAMA REDIM
VAR
  Elementos :tabla[] de enteros
  Num:entero
INICIO
  Escribir "¿Cuántos elementos?"
  Leer num
  Redim elementos[1..num-1]
FIN
```

Observación

No se puede redimensionar una tabla que ya tiene el tamaño correcto, del mismo modo que no se puede superar el número de elementos declarado. Para obtener una tabla más grande, es necesario crear otra o utilizar el mecanismo de punteros, como se describe en el capítulo Nociones avanzadas.

1.2 PHP y tablas

PHP puede manejar tablas de 1 a n dimensiones. El principio es casi el mismo que para las variables, por lo que no es necesario declarar una tabla: si se utiliza uno de sus elementos, el array pasa a existir. Los índices no empiezan en 1 sino en 0, por lo que tendrá que adaptar el programa en consecuencia cuando ejecute el algoritmo en PHP. Debe utilizar corchetes cuando asigne valores y cuando los recupere. Éstos se colocan después del nombre del array o antes, unidos al tipo de array.

También puede asignar valores a una tabla utilizando una función (véase el capítulo sobre subrutinas) llamada array.

Una dimensión

Puede declarar una tabla con valores predefinidos de la siguiente manera:

```
$t=array(2,7,9,10,11,14,17,18,20,22);
```

o asignar índices diferentes.

```
$t=array(1=>2,2=>7,4=>9,6=>10,8=>"toto", "ref"=>"ref01");
```

o dar un valor a cada elemento independientemente de los demás. Se accede al contenido de cada elemento exactamente como cabría esperar, es decir, poniendo el número de índice entre los corchetes.

```
$t[2]=254;
$total=$total+$t[3];
```

Tenga en cuenta que ni el índice ni el contenido de una tabla están tipados. El índice (elemento) de una tabla puede ser una cadena de caracteres. Esto se conoce como array asociativo. Esta es una característica poderosa y práctica de PHP que es ampliamente utilizada en el desarrollo de sitios web dinámicos, particularmente para recuperar valores de una página a otra.

Puede obtener el número de elementos de una tabla utilizando una función especial llamada **count**.

```
$num=count($t);
```

Referencias de tablas

Tenga cuidado, puede haber un riesgo aquí, especialmente si viene del lenguaje Java. En Java, las tablas se copian por referencia. En Java, puede hacer lo siguiente:

```
int[] t={2,7,9,10,11,14,17,18,20,22};
int[] copia;
copia=t ;
```

La última línea da la impresión de que la tabla t se copia en la tabla copia. Java funciona por referencia. Este principio se explica en la próxima sección sobre la representación en memoria y en el capítulo Conceptos avanzados. Aquí, no es la tabla la que se copia, sino que copio recibe la referencia de la tabla t. **Las variables copia y t hacen referencia la misma tabla**: si modifica un elemento de copia, modifica el elemento correspondiente de t, ya que hacen referencia la misma tabla, al mismo lugar de la memoria. Este no es el caso en PHP, donde por defecto la asignación de tablas es por copia. El siguiente ejemplo muestra esto. La primera asignación es por copia, la segunda por referencia (forzada): se modifica un elemento de copia y luego se muestra el elemento correspondiente de t, que es el mismo.

```
<html>
  <head><meta/>
    <title>tablas y copias de tablas</title>
  </head>
  <body>
  <?php

  $t=array(2,7,9,10,11,14,17,18,20,22);
```

```
  // 1 por copia
  $copia=$t;

  echo "$t[2]<br />";
  $copia[2]=5;
  echo "$t[2]<br />";

  // 2 por referencia
  $copia=&$t;

  echo "$t[2]<br />";
  $copia[2]=5;
  echo "$t[2]<br />";

  ?>
  </body>
</html>
```

tablas n-dimensionales

PHP puede manejar tablas multidimensionales. De acuerdo con el principio anterior, el nombre de la tabla representa una referencia a la tabla en memoria. En una tabla n-dimensional, cada dimensión hace referencia a su propi tabla independiente en memoria. Cada índice de la primera dimensión hace referencia a una tabla por cada segunda dimensión. Esto significa que el número de índices de la segunda dimensión (o de la tercera, cuarta, etc.) puede no ser el mismo en función del índice de la primera dimensión. He aquí algunos consejos prácticos.

Para indicar el número de elementos, proceda como para una dimensión simple, colocando el número de índices entre los corchetes.

```
$t1[5][10]=254;
```

Para inicializar el contenido de una tabla con valores predefinidos, como en el caso de una tabla unidimensional, utilice la función **array**. Sólo que aquí es necesario anidar varios niveles, un nivel por dimensión, así:

```
$t1=array(0=>array(10,17,8,9,10,20,13,11,7,5), // 0,0 a 0,9
1=>(9,14,2,0,18,10,16,19,18,6), // 1,0 a 1,9
2=>(17,8,9,7,10,12,11,14,11)); // 2,0 a 2,8
```

El tamaño de cada dimensión de una tabla se puede obtener utilizando la función **count** Sin embargo, no obtendrá el número total de elementos de toda la tabla, sino el de cada dimensión. El siguiente ejemplo lo ilustra para una tabla bidimensional. Para obtener el número de elementos en cada dimensión, recupere la función **count** para cada dimensión. La segunda parte del ejemplo utiliza una estructura iterativa específica de PHP, **foreach**. Su función es recorrer cada elemento dela tabla, del primero al último y aislar tanto el índice como el valor. Aquí el valor es una tabla, ya que la segunda dimensión de un elemento dado de una tabla bidimensional es, a su vez, una tabla unidimensional.

```
<html>
  <head><meta/>
    <title>2 dimensiones</title>
  </head>
  <body>
  <?php
    $total=0;
    $t=array(0 => array ("a","b","c","d"), 1 => array
("e","f","g","h","i"), 2 => array("j","k","l","m","n","o"));
    echo count($t)."<br />";

    for($i=0;$i<count($t);$i++) {
      $total+=count($t[$i]); // calcula  el número total de elementos
      echo count($t[$i])."<br />";
    }
    echo $total;

    echo "<br />";
// segunda posibilidad
    $total=0;
    foreach($t as $key) {
      $total+=count($key); // calcula el número total de elementos
      echo count($key)."<br />";
    }
    echo $total;

  ?>
  </body>
</html>
```

1.3 Representación n memoria

1.3.1 Representación lineal

En principio, los elementos de una tabla se colocan en celdas contiguas de la memoria. Si tomamos una tabla de diez números, se podría representar de la siguiente manera:

Celda	13121	13122	13123	13124	13125	13126	13127	13128	13129	13130
Índice	1	2	3	4	5	6	7	8	9	10
Valor	15	17	8	13	10	6	9	13	14	11

La celda es el número de la celda de memoria, el índice el número en la tabla y el valor la nota asociada al índice. Una observación es evidente: los números de las celdas de memoria (las direcciones) no tienen nada que ver con el índice, aparte del hecho de que son contiguas.

Tan sencillo como es representar en memoria una tabla unidimensional de escalares (un solo índice), resulta un poco menos obvio representar dos o n dimensiones, sobre todo porque esta representación puede variar de un lenguaje a otro. Como el número máximo de índices se conoce de antemano (en el caso del pseudocódigo algorítmico), una tabla bidimensional se puede transponer fácilmente a una tabla unidimensional.

Consideremos una tabla nota[1..3][1..5]: dos dimensiones, que representan quince valores. Así es como se podría representar en memoria:

Dir	143	144	145	146	147	148	149	150	151	152	153	154	155	156	157
Ind	1,1	1,2	1,3	1,4	1,5	2,1	2,2	2,3	2,4	2,5	3,1	3,2	3,3	3,4	3,5
Val	10	7	14	8	12	11	5	12	13	18	20	2	0	17	16

La primera línea representa la dirección de la celda de memoria asociada a los distintos índices de la tabla. Este valor es, por supuesto, totalmente arbitrario y es conocido por el lenguaje que implementa la tabla.

La segunda línea representa los índices de los distintos elementos de la tabla. Observe que en esta representación empezamos por la primera dimensión, luego por la segunda y así sucesivamente. Por tanto, una tabla de n dimensiones se puede representar de forma completamente lineal. Al iniciarse en los algoritmos, es conveniente pensar en una tabla bidimensional en términos de filas y columnas. Pero esta visión es completamente errónea: la memoria como tal no se puede representar de este modo, es lineal (la famosa cinta). Por tanto, una tabla se distribuye linealmente en la memoria, de un modo u otro. Esta última observación es discutible, como se verá más adelante.

En el caso de una tabla bidimensional, ¿cómo puede un lenguaje que utilice este principio conocer la posición exacta de un elemento en memoria? Sea:

- m la posición conocida del primer elemento,
- x el índice de la primera dimensión menos 1,
- y es el índice de la segunda dimensión menos 1,
- My el tamaño máximo de la primera dimensión.

La posición p en la memoria es:

p=m+(x*My)+y

Tomemos el elemento con índice 3,4 de la tabla anterior: x es 2, y es 3, Mx es 5 y m es 143.

p=143+(2*5)+3=156

Dada una nueva matriz nota2[1..2][1..2][1..3], se podría representar de la siguiente manera:

Dir	1512	1513	1514	1515	1516	1517	1518	1519	1520	1521	1522	1523
Ind	1,1,1	1,1,2	1,1,3	1,2,1	1,2,2	1,2,3	2,1,1	2,1,2	2,1,3	2,2,1	2,2,2	2,2,3
Val	10	12	14	10	15	9	8	13	7	5	14	20

Para calcular la posición de un elemento de índice x,y,z con los mismos requisitos anteriores, siendo Mz el tamaño máximo de dimensión z y My el tamaño máximo de dimensión y, obtenemos la siguiente fórmula:

p=m+(x*My*Mz)+(y*Mz)+z

1.3.2 Representación por referencia

La representación lineal anterior es muy útil para la imaginación, pero tiene sus límites en ciertos casos. En concreto, ¿qué ocurre con los tipos que no son escalares? Tomemos el ejemplo más sencillo: una tabla de cadenas.

En memoria, como hemos visto antes, una cadena de caracteres se representa mediante una serie de valores numéricos: códigos ASCII (o Unicode, según el caso). Imaginemos la palabra francesa "Bonjour", que se representaría de la siguiente manera:

Letra	B	o	n	j	o	u	r
ASCII	66	111	110	106	111	117	114

Como no conocemos necesariamente de antemano la longitud de una cadena de caracteres, a menudo termina con un carácter nulo, dependiendo del idioma. Así, en memoria, obtendrá esto:

Dirección	1616	1617	1618	1619	1620	1621	1622	1623
Contenido	66	111	110	106	111	117	114	0

Este breve estudio pone de relieve dos problemas:

- En una tabla unidimensional, no es fácil representar los índices de las cadenas de caracteres. Un truco podría ser buscar caracteres nulos (0) para encontrar los siguientes índices (el siguiente carácter es el primero de la cadena con índice +1).
- Dado que la longitud de una cadena de caracteres no es fija, ¿cómo se reserva por adelantado el espacio contiguo necesario para almacenar n cadenas en una tabla de n elementos?

Por supuesto, se puede evitar este problema declarando arbitrariamente que las cadenas almacenadas en la tabla, tienen una longitud fija. Pero, qué desperdicio de espacio si su cadena sólo tiene dos caracteres para doscientos caracteres reservados. No es una solución que se deba adoptar. Algunos lenguajes, y no por ello los menos importantes, utilizan un método diferente para crear tablas n-dimensionales. En aras de la claridad, es mejor entender el principio primero con una tabla unidimensional y luego con una bidimensional.

Una cadena con una longitud de n caracteres suele ser una tabla unidimensional con n+1 índices, donde el último índice contiene un carácter nulo. Cada elemento de la tabla es el código ASCII (o Unicode) correspondiente al carácter en la posición dada (índice). Por tanto, las variables de tipo Alfanumérico son dependiendo del lenguaje, dispositivos o más bien facilidades diseñadas para simplificar la vida del desarrollador. Cuando se asigna una cadena de caracteres a este tipo de variable, el lenguaje conoce la longitud de esta cadena (a="Hola", la longitud de "Hola" es 5) y asignará el espacio de memoria contiguo necesario para almacenar esta cadena. ¿Qué representa la variable? Muy a menudo será la posición de la cadena de caracteres en la memoria, es decir, su dirección.

Por ejemplo, la cadena de caracteres "Bonjour" anterior comienza en la dirección de memoria 1616. Si la variable "txt" contiene esta cadena, txt hará referencia a la tabla de caracteres de la dirección 1616. Esto es obvio en lenguajes como C, que permiten manipular directamente las direcciones de memoria y su contenido.

Ahora toma una tabla de cinco cadenas:

```
PROGRAMA TABCDENAS
VAR
  Mensaje:tabla[1..5] de cadenas
INICIO
  Mensaje[1]←"No"
  Mensaje[2]←"hace"
  Mensaje[3]←"un"
  Mensaje[4]←"tiempo"
  Mensaje[5]←"soleado"
FIN
```

Para visualizar esto en la memoria, primero tenemos que visualizar la organización de las cadenas de caracteres. Consideremos la frase "no hace un tiempo soleado": queremos colocar cada una de las palabras en un elemento de una tabla:

Direcciones	2007->2009	2010->2014	2015->2017	2018->2023	2024->2030
Contenido	No	hace	un	tiempo	soleado

Fíjese en dos cosas:

- Se añade un byte para el carácter nulo al final de la cadena, por lo que una cadena de longitud n ocupa n+1 bytes de memoria.
- Es posible que las cadenas no se sucedan en la memoria si no hay suficientes posiciones contiguas libres disponibles cuando se escriben. Por lo tanto, las direcciones indicadas en esta tabla pueden no coincidir en absoluto con la realidad.

Por tanto, la tabla de cadenas de caracteres contendría las referencias de las direcciones de memoria donde se almacenan realmente las cadenas de caracteres:

Índice	0	1	2	3	4
Referencia	2007	2010	2015	2018	2023

2. Operaciones sencillas

2.1 Buscar un elemento

Tiene una tabla de n elementos que corresponden a los nombres de pila de sus amigos y quiere saber si uno de ellos está presente en su tabla. Para ello, tiene que buscarlo. La idea es recorrer toda la tabla utilizando una estructura iterativa y salir del bucle en cuanto se haya encontrado el elemento o se haya superado el número máximo de índices. Al salir del bucle, tendrá que comprobar de nuevo si se ha encontrado o no el elemento: puede que se haya escaneado toda la tabla y que ésta sea la razón para salir del bucle.

```
PROGRAMA BUSCAR
VAR
  Tabla nombres:tabla[1..10] de cadenas
  busq:cadena
  i:entero
INICIO
  i←1
  MientrasQue i<=10 y nombres[i]<> busq Hacer
    i←i+1
```

```
  FinMientrasQue
  i←i-1
  Si nombre[i]=Busq Entonces
    Visualizar "Encontrado"
  Sino
    Visualizar "Ausente"
  FinSi
FIN
```

Con una bandera se pueden hacer las cosas de otra manera:

```
PROGRAMA BUSCAR2
VAR
  Tabla nombres:tabla[1..10] de cadenas
  Busq:cadena
  i:entero
  encontrado:booleano
INICIO
  i←1
  encontrado←FALSO
  MientrasQue i<=10 y encontrado=FALSO Hacer
    Si nombre[1]=busq Entonces
      encontrado←VERDADERO
    FinSi
    i←i+1
  FinMientrasQue
  Si encontrado Entonces
    Visualiza "Encontrado"
  Sino
    Visualiza "Ausente"
  FinSi
FIN
```

En PHP:

```
<html>
  <head><meta/>
    <title>Buscar</title>
  </head>
  <body>
  <?php

  $t=array(10,20,14,25,17,8,10,12,15,5,41,19,2,6,21);
  $i=0;
  $encontrado=false;
```

```
  $busq=15;

  while($i<count($t) && !$encontrado) {
    if($t[$i]==$busq) $encontrado=true;
    $i++;
  }

  if($encontrado) echo "Encontrad en la posición ".($i-1)."\n";
  ?>
  </body>
</html>
```

2.2 Mayor/menor, media

En el capítulo anterior, tuvo la oportunidad de determinar el más pequeño y el más grande de una serie de notas introducidas por el usuario. Esta vez tiene que hacer lo mismo con tablas. El principio es el mismo, salvo que los datos no proceden de la entrada del usuario, sino de la tabla.

He aquí un ejemplo para una tabla de diez elementos:

```
PROGRAMA MINMAXMED
VAR
  Notas:tabla[1..10] de reales
  min,max,med:reales
  i:entero
INICIO
  min←notas[1]
  max←notas[1]
  med←0
  Para i De 1 Hasta 10 Hacer
    Med=med+nota[i]
    Si nota[i]>max Entonces
      Max←nota[i]
    FinSi
    Si nota[i]<min Entonces
      Min←nota[i]
    FinSi
  FinPara
  Med←med/10
  Visualizar min,max,med
Fin
```

En PHP:

```
<html>
  <head><meta/>
    <title>Min, max, med</title>
  </head>
  <body>
  <?php
  $notas=array(10,20,14,11,17,8,10,12,15,5,16,19,2,6,0);
  $min=$notas[0];
  $max=$notas[0];
  $med=0;

  for($i=0;$i<count($notas);$i++) {
    $med+=$notas[$i];
    if($notas[$i]>$max) $max=$notas[$i];
    if($notas[$i]<$min) $min=$notas[$i];
  }
  $med/=count($notas);

  echo "$min, $max, $med";
  ?>
  </body>
</html>
```

2.3 Tres en raya

El juego de las tres en raya consiste en alinear círculos o cruces en filas, columnas o diagonales sobre un tablero de 3x3 casillas. Gana el primer jugador que consigue alinear sus piezas. Sin crear una inteligencia artificial que juegue, el algoritmo pedirá a cada jugador por turno que indique las coordenadas x (fila) e y (columna) donde colocar su ficha y después, determinará si el jugador gana o no. Este algoritmo es un poco más complicado de lo que parece:

- La tabla tiene dos dimensiones, 3x3.
- Tiene que intercambiar jugadores dentro de un bucle.
- Si un puesto ya está ocupado, la pregunta se debe formular de nuevo.
- Después de cada movimiento, hay que comprobar todas las filas, columnas y diagonales.

- Si se completa una fila, columna o diagonal, se sale del bucle.
- Si gana, debe indicar qué pieza (x,o) ha ganado.
- Tenemos que gestionar el empate: nueve rondas y nadie ha ganado.

El siguiente programa no se ha optimizado deliberadamente para forzar la manipulación de los índices de tablas bidimensionales:

```
PROGRAMA TRESENRAYA
VAR
  p:tabla[1..3][1...3] de caracteres
  i,j,x,y,numturnos:enteros
  pieza :caracter
  gana:booleano
INICIO
  /* Inicialización del tablero: solo blancos */
  Para i Yendo de 1 Hasta 3 Hacer
    Para j Yendo de 1 Hasta 3 Hacer
      p[i][j]←" "
    FinPara
  FinPara

  gana←FALSO
  numturno←0
  /* Bucle de juego */
  Repetir

    /* Cambio de pieza (jugador) */
    Si pieza<>"o" Entonces
      Pieza←"o"
    Sino
      Pieza←"x"
    FinSi

    /* Mostrar tablero */
    Para i Yendo de 1 Hasta 3 Hacer
      Visualizar p[i][1],p[i][2],p[i][3]
    FinPara

/* Indicar las coordenadas */
Repetir
      Visualizar "¿Coordenadas? (x,y)"
      Introducir x,y
    Hasta x>=1 Y x<=3 Y y>=1 Y y<=3 Y p[x][y]=" "
```

```
    /* Sitúa la pieza */
    p[x][y] ←pieza

    /* Verificación de línea */
    i←1
    MientrasQue i<=3 Y NO gana
      Si p[i][1]!=" " Y p[i][1]=p[i][2] Y p[i][1]=p[i][3] entonces
        gana←VERDADERO
      FinSi
      i←i+1
    FinMientrasQue

    /* Verificación de columna */
    si NO gana Entonces
    i←1
      MientrasQue i<=3 Y NO gana
        Si p[1][i]!=" " Y p[1][i]=p[2][i] Y p[1][i]=p[3][i]
entonces
          gana←VERDADERO
        FinSi
        i←i+1
      FinMientrasQue
    FinSi

    /* Verificación de las diagonales */
    Si NO gana Entonces
      Si p[2][2]!=" " Y ((p[1][1]=p[2][2] Y p[1][1]=p[3][3]) O
(p[1][3]=p[2][2] Y p[1][3]=p[3][1])) Entonces
        Gana←VERDADERO
      FinSi
    FinSi
    numturnos←numturnos+1 ;
  Hasta gana=VERDADERO O numturno=9
Si gana Entonces
    Visualizar pieza," ha ganado."
  Sino
    Visualizar "Nadie gana."
  FinSi
FIN
```

Como se ha indicado, este programa no está optimizado. Los bucles y comprobaciones que determinan si las filas y columnas son ganadoras utilizan índices estáticos. Pero si quisiera ampliar este algoritmo a un 'Potencia 4', por ejemplo, que es básicamente lo mismo, tendría que hacer muchas más comprobaciones.

Aquí está el resultado en PHP, con la visualización ligeramente mejorada y las coordenadas adaptadas según los índices de las tablas que empiezan en 0.

```
<?php

  $x=0; $y=0; $numturnos=0;
  $pieza=' ';
  $tx=""; $ty="";

    /* inicialización de la tabla */
  for($i=0;$i<3;$i++) {
    for($j=0;$j<3;$j++) {
      $p[$i][$j]=' ';
    }
  }
  $gana=false;

  /* bucle principal */
  do {
    if($pieza!='o') $pieza='o'; else $pieza='x';

    /* rellena las coordenadas */
    do {
      /* tablero */
      echo "  1 2 3\n";
      for($i=0;$i<3;$i++) {
        echo
($i+1)."|".$p[$i][0]."|".$p[$i][1]."|".$p[$i][2]."|\n";
      }
      echo "Turno de $pieza\n";
      echo "Coordenadas x";
      $x=(int)fgets(STDIN)-1;
      echo "Coordenadas y";
      $y=(int)fgets(STDIN)-1;
    }while($x<0 || $x>2 || $y<0 || $y>2 || $p[$x][$y]!=' ');

    $p[$x][$y]=$pieza;
```

```
    /* línea */
    $i=0;
    while($i<3 && !$gana)  {
      if($p[$i][0]!=' ' && $p[$i][0]==$p[$i][1] &&
$p[$i][0]==$p[$i][2]) $gana=true;
      $i++;
    }

    /* columna */
    $i=0;
    while($i<3 && !$gana)  {
      if($p[0][$i]!=' ' && $p[0][$i]==$p[1][$i] &&
$p[0][$i]==$p[2][$i]) $gana=true;
      $i++;
    }

    /* dos diagonales */
    if($p[1][1]!=' ' &&
      (($p[0][0]==$p[1][1] && $p[0][0]==$p[2][2]) ||
      ($p[0][2]==$p[1][1] && $p[0][2]==$p[2][0]))) $gana=true;


      $numturnos+=1;

  }while(!$gana && $numturnos!=9);

  /* tablero */
  echo "  1 2 3\n";
  for($i=0;$i<3;$i++) {
    echo ($i+1)."|".$p[$i][0]."|".$p[$i][1]."|".$p[$i][2]."|\n";
  }

  if($gana) echo "$pieza gana.";
  else echo "nadie gana.";
?>
```

3. Algoritmos avanzados

3.1 Algoritmos de ordenación

3.1.1 Conceptos principales

En los ejemplos anteriores ha visto lo útiles que son las tablas para almacenar múltiples valores. Pero dependiendo del caso, puede necesitar obtener una lista ordenada de valores en orden ascendente o descendente. En otras palabras, quiere ordenar el contenido de la tabla. Tomemos el caso de un profesor que quiere ordenar las notas de sus alumnos de menor a mayor o los resultados de un sorteo de lotería para hacerlo más legible.

Imaginemos un sorteo de lotería de cinco números, todos diferentes, por supuesto, con valores comprendidos entre 1 y 49. Este es el estado inicial de la mesa después del sorteo:

48	17	25	9	34

Existen varios métodos para clasificar estos distintos valores. Todos tienen sus puntos fuertes y débiles. Un método será lento, otro requerirá más memoria y así sucesivamente. Es su complejidad lo que determina su uso, sobre todo para grandes rangos de valores.

En los algoritmos siguientes, la variable **Cnt** contiene el número de elementos de la tabla inicial y **t[]** es la tabla.

Es interesante tener en cuenta la complejidad de estos distintos algoritmos, aunque esta noción, presentada en el primer capítulo, no se suele abordar (o apenas) en los primeros años de los estudios de informática. Los algoritmos suelen tener una complejidad similar. Sin embargo, en la práctica, el uso de una ordenación Shell es más rápida que una ordenación por selección, dependiendo del número de elementos y de su orden inicial.

3.1.2 La ordenación por creación

La clasificación por creación sólo se tratará desde un punto de vista teórico. Aunque este método parece sencillo, en realidad es engorroso y complicado. Si pregunta a un principiante en programación cómo ordenar una tabla, casi seguro que le sugerirá que cree una segunda tabla en la que los elementos de la primera se coloquen en orden ascendente.

Es una muy mala idea por varias razones:

- Si se añade una segunda tabla, se duplica la memoria necesaria.
- La búsqueda del elemento más pequeño es más complicada de lo que se piensa, porque cada vez que se hace una pasada, no hay que volver a los elementos que ya se han sacado y eso no es fácil.
- El número de bucles y búsquedas es elevado. El algoritmo resultante también es más complejo que otros.

Por todas estas razones, nunca se debe utilizar la clasificación por creación.

3.1.3 La ordenación por selección

La ordenación por selección es muy sencilla: consiste en seleccionar el valor más pequeño de la tabla e intercambiarlo con el primer elemento de la tabla, luego el segundo valor más pequeño (excluyendo el primer elemento) e intercambiarlo con el segundo elemento de la tabla y así sucesivamente, para todos los elementos de la tabla. He aquí los pasos necesarios del ejemplo general:

48	17	25	9	34

- Paso 1: El valor más pequeño es 9, así que intercambiamos 9 y 48.

9	17	25	48	34

- Paso 2: El siguiente valor más pequeño es 17, ya en la posición correcta, así que pasamos al siguiente.

9	17	25	48	34

- Paso 3: El siguiente valor más pequeño es 25, ya en la posición correcta, así que pasamos al siguiente.

9	17	25	48	34

- Paso 4: El siguiente valor más pequeño es 34, así que intercambiamos 34 y 48. La tabla está ordenada.

9	17	25	34	48

Aunque el principio es sencillo, el algoritmo resultante exige, por desgracia, encontrar el valor más pequeño posible en toda la tabla o en parte de ella, lo que deja poco margen para la optimización. Sin embargo, es posible evitar intercambiar valores si no se ha encontrado un valor inferior. He aquí el algoritmo:

```
PROGRAMA SELECION
VAR
temp,i,j,min,Cnt:enteros
  t:tabla[1..5] de enteros
INICIO
  Cnt←5
  Para i De 1 Hasta Cnt-1 Hacer
    min←i
      Para j De i+ Hasta Cnt
        Si t[j]<t[min] entonces
          min←j
        FinSi
      FinPara
      Si min<>j Entonces
        temp←t[min]
        t[min] ←t[i]
        t[i] ←temp
      FinSi
    FinPara
FIN
```

Cada vez que pasamos por el bucle, hacemos una comparación menos que la vez anterior. El número total de pasadas es, por tanto, $(n-1)+(n-2)+(n-3)$ y así sucesivamente, lo que da una complejidad del algoritmo de $n(n-1)/2$, es decir, de orden $O(n^2)$.

Aquí está el código PHP correspondiente:

```
<html>
  <head><meta/>
    <title>ordenación por selección</title>
  </head>
  <body>
  <?php

  $t=array(27,44,12,18,23,19,101,54,29,77,52,88,10,32);

  $cnt=count($t);
  for($i=0;$i<$cnt-1;$i++) {
    $min=$i;
    for($j=$i+1;$j<$cnt;$j++) {
      if($t[$j]<$t[$min]) $min=$j;
    }
    if($min!=$i) {
      $temp=$t[$min];
      $t[$min]=$t[$i];
      $t[$i]=$temp;
    }
    for($j=0;$j<$cnt;$j++) echo $t[$j]." ";
    echo "<br />";
  }
  ?>
  </body>
</html>
```

3.1.4 La ordenación por burbujas

El objetivo es que, mediante permutaciones sucesivas de valores vecinos, los valores más altos asciendan a los últimos lugares de la tabla, MientrasQue los más bajos migren a los primeros. Para ordenar en orden ascendente, cada valor de un elemento de la tabla debe ser menor que el del elemento que le sigue (salvo el último, claro). He aquí una simulación paso a paso de la primera pasada:

– Paso 1: 48 es mayor que 17, así que intercambiamos:

17	48	25	9	34

– Paso 2: Si 48 es mayor que 25, se intercambia:

17	25	48	9	34

– Paso 3: Si 48 es mayor que 9, se intercambia:

17	25	9	48	34

– Paso 4: Si 48 es mayor que 34, se intercambia:

17	25	9	34	48

Al final de esta primera pasada, observará que el valor más alto ya está en el último lugar de la tabla, pero que la tabla no está completamente ordenada. Por lo tanto, es necesario realizar varias pasadas, comprobando cada vez si se ha producido alguna permutación. Cuando se ha producido al menos una permutación durante una pasada, es necesario realizar otra. Por lo tanto, hay que activar una bandera para indicar si se ha producido o no una permutación. Estos son los resultados tras las sucesivas pasadas:

– Paso 1:

17	25	9	34	48

– Paso 2:

17	9	25	34	48

– Paso 3:

9	17	25	34	48

Por tanto, la estructura general del algoritmo es:

```
PROGRAMA ORDENARBURBUJA
VAR
  Permuta :booleano
  temp,Cnt,i:enteros
  t:tabla[1..5] de enteros
INICIO
  Cnt←5
  Permuta←verdadero
  MientrasQue Permuta Hacer
    Permuta←Falso
    Para i De 1 Hasta Cnt-1 Hacer
      Si t[i]>t[i+1] Entonces
        temp←t[i]
        t[i]←t[i+1]
```

```
        t[i+1]←t[i]
        Permuta←Vrai
      FinSi
    FinPara
  FinMientrasQue
FIN
```

Sin embargo, si implementa este algoritmo en cualquier lenguaje verá que, en este caso concreto, hace una pasada de más. Después de la tercera pasada, la tabla está ordenada y, sin embargo, el programa continúa. Esto se debe a que durante esta pasada, el algoritmo permutó los dos primeros valores, 17 y 9. Como resultado, la permutación de los valores 17 y 9 se produjo y la bandera de permutación se pone a Verdadero y se inicia un nuevo bucle. Como no es posible predecir de antemano el número de permutaciones restantes, el algoritmo muestra sus limitaciones en este caso particular.

Si n es el número de elementos de la tabla, el algoritmo realiza $n-1$ bucles *MientrasQue* y $n-1$ bucles *Para*, es decir, $(n-1)^2$ bucles, que se pueden ampliar a n^2-2n+1. La complejidad es del orden $O(n^2)$. En otras palabras, la complejidad de este algoritmo es alta.

Observe también que este algoritmo escanea todos los valores de la tabla, aunque ya sabemos que en la primera pasada el último valor es el más alto, en la segunda pasada los dos últimos valores son los más altos y así sucesivamente. Por lo tanto, es posible optimizar el algoritmo disminuyendo el bucle **Para** en 1 con cada nueva pasada.

```
...
INICIO
...
Permuta←verdadero
Cnt←5
MientrasQue Permuta Hacer
  ...
  Para i De 1 Hasta Cnt-1
    ...
  FinPara
  Cnt←Cnt-1
FinMientrasQue
FIN
```

La complejidad de este algoritmo es ligeramente inferior. De hecho, se realiza un bucle menos en cada pasada. Sin embargo, la complejidad sigue siendo $O(n^2)$: en la primera pasada hay $(n-1)$ comparaciones, en la segunda $(n-2)$, en la tercera $(n-3)$ y así sucesivamente. El resultado es una complejidad de $(n-1)+(n-2)+(n-3)+...+1$, es decir, $n(n-1)/2$ y, por tanto, $n^2-n/2$. Esto es idéntico a la clasificación por selección.

El código PHP correspondiente es el siguiente:

```
<html>
  <head><meta/>
    <title>Ordenación por burbujas </title>
  </head>
  <body>
  <?php

  $t=array(14,13,12,11,10,9,8,7,6,5,4,3,2,1);

  $Permuta=true;

  $cnt=count($t)-1;

  while($Permuta) {
    for($i=0;$i<count($t);$i++) echo $t[$i]." ";
    echo "<br />";
    echo "->";
    Permuta=false;

    for($i-0;$i<$cnt;$i++) {
      if($t[$i]>$t[$i+1]) {
        $temp=$t[$i];
        $t[$i]=$t[$i+1];
        $t[$i+1]=$temp;
        $Permuta=true;
      }
    }
    $cnt--;
    for($i=0;$i<count($t);$i++) echo $t[$i]." ";
    echo "<br />";
  }
  ?>
  </body>
</html>
```

3.1.5 La ordenación por inserción

La clasificación por inserción consiste en seleccionar un elemento de la tabla e insertarlo directamente en la posición correcta en la parte de la tabla que ya se ha clasificado. Esto se hace en tres etapas:

- El elemento a ordenar se coloca en una variable temporal.
- Mientras los elementos de la tabla que preceden al elemento a ordenar sean mayores que él, estos elementos se desplazan una posición, recuperando el espacio vacío dejado por el elemento a ordenar.
- A continuación, la variable temporal se inserta en la nueva posición dejada vacante por el desplazamiento.

Estos son los diferentes pasos para el ejemplo:

- **Paso 1**: el segundo elemento 17 se coloca en una variable temporal que se compara con los elementos que le preceden. Cada elemento se desplaza siempre que sea mayor que el elemento a ordenar.

48	17	25	9	34			48	25	9	34		17	48	25	9	34
17 temporal						Desplazamiento de 48						17 a la nueva posición				

- **Paso 2**: 25 se compara con los elementos que le preceden y cada uno se desplaza hasta que el elemento ya no es mayor que el tercero.

17	48	25	9	34		17		48	9	34		17	25	48	9	34
25 temporal						Desplazamiento de 48						25 a la nueva posición				

- **Paso 3**: 9 se compara con los elementos que le preceden. Aquí, como en el paso 1, nos detenemos necesariamente en el primer elemento.

17	25	48	9	34			17	25	48	34		9	17	25	48	34
9 temporal						Desplazamiento de 17, 25 y 48						9 a la nueva posición				

- **Paso 4**: Se compara 34 con los elementos que le preceden. Sólo 48 es superior.

<table>
<tr><td>9</td><td>17</td><td>25</td><td>48</td><td>34</td><td></td><td>9</td><td>17</td><td>25</td><td></td><td>48</td><td></td><td>9</td><td>17</td><td>25</td><td>34</td><td>48</td></tr>
<tr><td colspan="5">34 temporal</td><td></td><td colspan="5">Dezplazamiento de 48</td><td></td><td colspan="5">34 a la nueva posición</td></tr>
</table>

El algoritmo resultante es bastante sencillo. Sólo el bucle de desplazamiento puede ser un poco más difícil de entender. Cada elemento se desplaza hacia la derecha (o hacia abajo, según se mire) de la tabla, siempre que sea mayor que el elemento buscado.

```
PROGRAMA ORDENARINSERCION
VAR
  i,mem,pos:enteros
  t:tabla[1..5] de enteros
INICIO
  Cnt←5
  Para i De 1 Hasta Cnt hacer
    mem←t[i]
    pos←i-1
    MientrasQue pos>=0 Y t[pos]>mem Hacer
      t[pos+1]←t[pos]
      pos←pos-1
    FinMientrasQue
    t[pos+1]←mem
  FinPara
FIN
```

Como suele ocurrir, la complejidad varía en función del orden inicial de los elementos de la tabla a ordenar. Sin embargo, en el peor de los casos, realizamos *(n-1)* bucles en los que realizamos una media de *(n-2)/2* intercambios y, por tanto, un total de *(n-1)(n-2)/2*. Esto da una complejidad de orden $O(n^2)$. Sin embargo, por término medio sólo se realizan la mitad de las comparaciones (en el ejemplo anterior, se realizan seis comparaciones cuando se podrían haber realizado diez). Por tanto, la complejidad es mucho menor. En la práctica, la ordenación por inserción suele ser más rápida que la ordenación por burbuja y selección.

Una observación rápida sobre el código PHP. Si hace:

```
while($t[$pos]>$mem && $pos>=0)
```

La expresión se evalúa de izquierda a derecha. En algún momento se producirá un error: cuando pos sea 0, será -1 en el siguiente bucle. MientrasQue un lenguaje como C permite desbordar los índices (no se hace ninguna comprobación), Java y PHP no lo permiten y provocan una excepción que detiene el programa con un error. Así que necesita comprobar el valor de pos ANTES de comprobar el contenido de la tabla en ese índice.

```
while($pos>=0 && $t[$pos]>$mem)
```

El código correspondiente en PHP es el siguiente:

```
<html>
  <head><meta/>
    <title>Ordenación por inserción</title>
  </head>
  <body>
  <?php

  $t=array(48,17,25,9,34);
  $cnt=5;

  for($i=1;$i<$cnt;$i++) {
    $mem=$t[$i];
    $pos=$i-1;
    while(($pos>=0) && ($t[$pos]>$mem)) {
      $t[$pos+1]=$t[$pos];
      $pos--;
    }
    $t[$pos+1]=$mem;
    for($j=0;$j<$cnt;$j++) echo $t[$j]." ";
    echo "<br />";
  }
  ?>
  </body>
</html>
```

3.1.6 Las ordenación Shell

La ordenación Shell es una variante de la ordenación anterior, propuesta por Donald L. Shell en 1959 (por lo que no tiene nada que ver con el shell de Unix o Windows). En este tipo de ordenación, los elementos ya no se desplazan uno a uno, sino en pasos más grandes. La permutación se basa en este paso. Una vez realizadas las permutaciones de este paso, se reduce el tamaño del paso. Cuando el paso llega a 1, la ordenación Shell se convierte en una ordenación por inserción "tonta". En definitiva, la ordenación Shell consiste en hacer que la tabla a ordenar sea lo más corta posible, colocando el mayor número posible de elementos en las partes correctas dela tabla, desde las primeras pasadas. En una tabla de unos diez elementos, el número medio de elementos en la primera parte de la tabla es inferior al número medio en la segunda parte, desde la primera pasada.

Al final, la ordenación Shell tiene una complejidad O(n2), pero es más rápida en la mayoría de los casos. Es el algoritmo de ordenación más utilizado.

Tome una tabla de diez elementos:

8	4	6	9	7	1	3	2	0	5

Y un paso de 4:

– **Paso 1**: t[1] y t[5] se comparan y posiblemente se intercambian:

7	4	6	9	8	1	3	2	0	5

– **Paso 2**: t[2] y t[6] se comparan y posiblemente se intercambian:

7	1	6	9	8	4	3	2	0	5

– **Paso 3**: t[3] y t[7] se comparan y posiblemente se intercambian:

7	1	3	9	8	4	6	2	0	5

– **Paso 4**: t[4] y t[8] se comparan y posiblemente se intercambian:

7	1	3	2	8	4	6	9	0	5

– **Paso 5**: t[5] y t[9] se comparan y posiblemente se intercambian:

7	1	3	2	0	4	6	9	8	5

...

El tamaño del paso no se debe calcular al azar, ya que es la clave de la eficacia del algoritmo. La fórmula utilizada por el algoritmo suele ser:

U(n+1)=3Un+1 con U0=0

```
PROGRAMA ORDENARSHELL
VAR
  cnt,n,i,j,tmp:enteros
  t:tabla[1..10] de enteros
INICIO
  cnt←10
  n←0
  MientrasQue n<cnt Hacer
    n←3*n+1
  FinMientrasQue

  MientrasQue n<>0 Hacer
    n←n/3
    Para i De n Hasta cnt-1 Hacer
      tmp←t[i]
      j←i
      MientrasQue j>n-1 Y t[j-n]>tmp
        t[j] ←t[j-n]
        j←j-n
      FinMientrasQue
      t[j] ←tmp
    FinPara
  FinMientrasQue
FIN
```

En PHP:

```
<html>
  <head><meta/>
    <title>Ordenación shell</title>
  </head>
  <body>
  <?php
```

```
  $t=array(48,17,25,9,34,12,28,1,4,98,0,33,48,10,11,9,25);

  $n=0;
  $cnt=count($t);

  while($n<$cnt) $n=3*$n+1;

  while($n!=0) {
    $n=(int)($n/3);
    for($i=$n;$i<$cnt;$i++) {
      $mem=$t[$i];
      $j=$i;
      while($j>($n-1) && $t[$j-$n]>$mem) {
        $t[$j]=$t[$j-$n];
        $j=$j-$n;
      }
      $t[$j]=$mem;
    }
    for($j=0;$j<$cnt;$j++) echo $t[$j]." ";
    echo "<br />";
  }
  ?>
  </body>
</html>
```

3.1.7 La ordenación Batcher

La técnica de clasificación por intercambio consiste en comparar un primer elemento con otro y, cuando se encuentra un elemento más pequeño, se realiza un intercambio con este primer elemento. De esta forma, este elemento acabará colocándose correctamente. Después se vuelve a empezar con el segundo elemento hasta el final. Este es el algoritmo:

```
Para i De 0 Hasta Número de elementos - 2 Hacer
  Para j De i +  Hasta Número de elementos - 1 Hacer
    Si Tabla[i] > Tabla[j] Entonces
      Intercambiar Tabla[j] con Tabla[i]
    FinSi
  FinPara
FinPara
```

Fue entonces cuando K.E. Batcher sugirió comparar los elementos que ya no eran adyacentes para acelerar el proceso de clasificación.

Se trata de un algoritmo de "ordenación por fusión", cuya explicación y ejemplo se encuentran en el capítulo Conceptos avanzados, Ejemplo de ordenación.

Este es el algoritmo con una tabla de n elementos. El primer paso es determinar:

- t: el menor valor tal que 2t>=N (siendo N el número de elementos).
- p: el valor 2t-1, la mayor diferencia expresada como potencia de 2 entre los números de posición de los elementos de la tabla.

Este es el nuevo algoritmo:

```
MientrasQue (p >= 2) Hacer
  p = p DIV 2
  q = 2t-1
  r = 0
  d = p
  Para i De 0 Hasta (N-d-1) Hacer
    Si ((i Y P) = r) Entonces
      comparar/intercambiar A[i+1] y A[i+d+1]
    FinSi
  FinPara
  Si (q <> p) Entonces
    q = q / 2
    r = p
  FinSi
FinMientrasQue
```

3.2 Buscar por dicotomía

La búsqueda por dicotomía sólo se aplica a tablas ya ordenadas. Ya se ha encontrado con un algoritmo para encontrar elementos en una tabla sin ordenar. Pero esto plantea un problema: si la tabla contiene 10.000 elementos y por pura casualidad el que busca es el 10000e, tiene que recorrer toda la tabla. Esta búsqueda secuencial no es ideal.

En una tabla ordenada, el problema es radicalmente distinto. Sólo con una búsqueda secuencial, no es útil escanear toda la tabla: todo lo que hay que hacer es detenerse en cuanto el valor del elemento de la tabla sea mayor que lo que se busca, lo que probablemente redunde en una complejidad media menor. Pero aún hay una solución más eficiente.

La dicotomía consiste en dividir por dos el intervalo de búsqueda hasta encontrar el elemento buscado. En una tabla t con 10 elementos ordenados:

Índice	1	2	3	4	5	6	7	8	9	10
Valor	2	7	9	10	11	14	17	18	20	22

Quiere saber si el valor 20 está presente en la tabla.

- **Paso 1**: Calcular el índice de la mitad de la tabla. El índice inicial es 1, el índice final es 10, y la mitad es inicio+fin/2. Como este valor no es necesariamente entero, recuperamos la división entera: (inicio+fin) DIV 2. Aquí 5.

Índice	1	2	3	4	5	6	7	8	9	10
Valor	2	7	9	10	11	14	17	18	20	22

- **Paso 2**: Comparar el valor t[5] con 20. Como es menor, significa que el valor 20 debe ser mayor que el índice 5. Ajuste Inicio a 6 y recalcule (inicio+fin) DIV 2. Aquí 8.

Índice	1	2	3	4	5	6	7	8	9	10
Valor	2	7	9	10	11	14	17	18	20	22

- **Paso 3**: Comparar el valor t[8] con 20. Al ser menor, significa que el valor 20 está más allá del índice 8. Ponga Inicio en 9 y vuelva a calcular. El resultado es 9.

Índice	1	2	3	4	5	6	7	8	9	10
Valor	2	7	9	10	11	14	17	18	20	22

- **Paso 4**: Comparar t[9] con 20. Los valores son idénticos, por lo que la búsqueda se ha completado.

La búsqueda debe continuar mientras Inicio sea menor o igual que Fin y no se haya encontrado el elemento buscado.

```
PROGRAMA DICOTOMIA
VAR
  t:tabla[1..10] de enteros
  d,m,f,busq:enteros
INICIO
  busq←18
```

```
  d←1
  f←10

  Repetir
    m←(d+f) DIV 2
    Si busq>t[m] Entonces
      d←m+1
    Sino
      f←m-1
    FinSi
  MientrasQue d<=f Y busq<>t[m]
  Si busq=t[m] Entonces
    Visualizar "Encontrado"
  Sino
    Visualizar "Ausente"
  FinSi
FIN
```

El código correspondiente en PHP es el siguiente:

```
<html>
  <head><meta/>
    <title>Búsqueda dicotómica</title>
  </head>
  <body>
  <?php

  $t=array(2,7,9,10,11,14,17,18,20,22);

  $busq=14;
  $d=0;
  $f=count($t)-1;

  do {
    $m=(int)(($d+$f)/2);
    echo "d=$d, f=$f, m=$m t[m]={$t[$m]}<br />";
    if($busq >$t[$m]) $d=$m+1;
    else $f=$m-1;

  } while($d<=$f && $busq!=$t[$m]);

  if($busq ==$t[$m]) echo "$busq encontrado en la posición $m";
  else echo "$busq no ha sido encontrado";
  ?>
  </body>
</html>
```

4. Estructuras y registros

4.1 Aspectos principales

Las tablas son sin duda muy prácticas, pero no siempre ofrecen una solución eficaz a todas las necesidades de almacenamiento. Una tabla es una estructura de datos en la que todos los elementos son del mismo tipo. ¿Qué hacer cuando es necesario colocar registros de distintos tipos en una estructura de tabla?

Como ejemplo concreto, consideremos un catálogo de productos en una tienda especializada. Un artículo se describe mediante una referencia, un nombre (etiqueta) y un precio. Los dos primeros son cadenas de caracteres, el último un número real. ¿Cómo representarlo mediante tablas? Necesitaríamos tres tablas: una para las referencias, otra para las descripciones y una tercera para los precios. El índice del artículo debe ser idéntico para las tres tablas.

Es posible y factible, pero en la práctica es totalmente inmanejable cuando se trata de algo más que tratamientos sencillos. ¿Y la ordenación? ¿Y la búsqueda? Se hacen difíciles. Así que lo que necesitamos es un tipo especial de metatipo que pueda reunir variables de distintos tipos en un único conjunto.

Estos metatipos existen. Se denominan estructuras o tipos estructurados y se utilizan para describir registros. Los registros son, de hecho, estructuras de datos compuestas por elementos de tipos diferentes o distintos. Estas estructuras, compuestas por varios elementos, forman una entidad única que se denomina **tipo estructurado**.

En otras palabras, puede crear sus propios tipos de datos combinando otros elementos de tipos distintos o diferentes y crear variables de este nuevo tipo, denominadas registros. Los distintos elementos contenidos en un tipo estructurado se denominan **campos**.

4.2 Declaración

4.2.1 Tipo estructurado

El tipo estructurado se puede contrastar con los llamados tipos primitivos vistos hasta ahora. Un tipo estructurado puede contener elementos de tipos primitivos (enteros, reales, cadenas, caracteres), tablas, pero también elementos de otros tipos estructurados. Esto permite crear un número infinito de nuevos tipos, para todo tipo de situaciones.

Un tipo estructurado se debe declarar y definir antes que las variables, para que se pueda utilizar para definir registros. Por lo tanto, el tipo estructurado se declara entre las constantes y las variables. Si el algoritmo contiene subprogramas, los tipos estructurados se declaran fuera del programa y de los subprogramas, es decir, en la parte superior del programa. La estructura se declara en una sección especial bajo la palabra clave "**Tipo**", entre las palabras clave **Estructura** y **FinEstructura**.

```
Tipo
  Estructura nombre_tipo
    campo1:tipo_campo1
    campo2:tipo_campo2
    ...
    campon :tipo_campon
  FinEstructura
```

- Cada estructura tiene un nombre. Este nombre se utilizará para declarar los registros.
- Una estructura puede contener de 1 a n campos, del mismo o distinto tipo. Una estructura de un solo campo es en sí misma completamente inútil.

Por tanto, la estructura para describir un artículo sería algo así como:

```
Tipo
  Estructura tarticulo
    ref:cadena
    etiqueta:cadena
    precio:real
  FinEstructura
```

4.2.2 Registro

Un registro es una "variable" de un tipo estructurado determinado. Se declara exactamente igual que una variable, en el mismo lugar, con la palabra clave VAR. Por tanto, un registro se puede considerar una variable, aunque un poco especial.

```
VAR
  nombre_registro:nombre_tipo
```

En el ejemplo anterior, los elementos se declaran del siguiente modo:

```
VAR
 artículo1,artículo2,artículo3:tartículo
```

En la memoria, los distintos elementos de un registro se pueden representar generalmente como zonas contiguas.

	articulo1.ref	articulo1.etiqueta	articulo1.precio
articulo1			
	articulo1.ref	articulo1.etiqueta	articulo1.precio
articulo2			
	articulo1.ref	articulo1.etiqueta	articulo1.precio
articulo3			

Con un registro de este tipo, existen similitudes evidentes con la estructura de los registros de una base de datos o un archivo. Siempre que el tipo de registro estructurado siga el mismo patrón, el procesamiento se simplifica enormemente.

Sin embargo, sobre todo en lo que se refiere al parecido con el contenido de las bases de datos relacionales, la analogía no es completa. Un registro no contiene un identificador único ni una clave y nada impide que dos registros del mismo tipo contengan los mismos datos. A usted le corresponde gestionar estas situaciones dentro de su programa.

Del mismo modo, el campo de aplicación de los registros es mucho más amplio de lo que parece. Algunos lenguajes los utilizan para cosas completamente distintas de la descripción de datos de gestión. Por ejemplo, un lenguaje como C tiene tipos estructurados para gestionar ficheros: apertura, cierre, posición, tipo de acceso, etc., pero también su nombre, su referencia en el disco, sus propietarios, sus derechos, etc. Otros tipos estructurados son útiles para gestionar fechas y horas, para representar una conexión de red, etc.

4.3 Utilización de registros

Los registros se componen de varios elementos denominados campos. Cuando manipula un registro, lo hace a través de sus campos:

- No es posible asignar un valor a un registro a través de su nombre. Para asignar valores, debe asignarlos uno a uno a los campos correspondientes.
- Sin embargo, es posible asignar un registro a otro del mismo tipo: cada campo del registro asignado recibe el valor del campo correspondiente del registro que se va a asignar.

4.3.1 Utilizar los campos

Se accede a los campos de un registro pasando el nombre del registro y el nombre del campo separados por el carácter ".", el punto, de la siguiente forma:

```
nombre_registro.nombre_campo
```

Esta sintaxis representa el valor del campo *nombre_campo* dentro del registro *nombre_registro*. Volvamos al ejemplo anterior:

```
artículo1.precio
```

representa el precio del artículo1. Para simplificar, lea los registros de derecha a izquierda: articulo2.etiqueta indica "etiqueta de articulo2".

Como no se puede asignar un valor directamente a un registro completo, hay que ir pasando por los campos. Evidentemente, si introduce sólo el nombre del campo, es imposible saber a qué registro pertenece. Así que nunca olvides escribir el nombre del registro Y el nombre del campo. Del mismo modo, no confunda el nombre del tipo estructurado con el nombre del registro:

```
tarticulo.ref /* mala idea */
```

no representa nada en absoluto y no se le puede dar ningún valor.

Los campos de un registro se pueden manipular exactamente igual que las variables: se les pueden asignar valores y su valor se puede asignar a otra variable. Los campos se pueden utilizar siempre que se utilicen variables, incluso, como se verá en el capítulo siguiente, como parámetros para subprogramas, para entrada de datos, para visualización, etc.

El siguiente ejemplo resume todos estos principios:

```
PROGRAMA demo_reg
Tipo
  Estructura tarticulo
    ref:cadena
    etiqueta:cadena
    precio:real
  FinEstructura
Var
  articulo1,articulo2:tarticulo
  respuesta:cadena
INICIO
  Visualizar "Referencia del primer artículo"
  Escribir articulo1.ref
  Visualizar "Etiqueta del primer artículo"
  Escribir articulo1.etiqueta
  Visualizar "Precio del primer artículo"
  Escribir articulo1.precio
  Visualizar articulo1.ref,articulo1.etiqueta,articulo1.precio
  Visualizar "Copiar el primer artículo en el segundo"
  Escribir respuesta
  Si respuesta="si" Entonces
    articulo2=articulo1
    Visualizar articulo2.ref,articulo2.etiqueta,articulo2.precio
  FinSi
  articulo2.precio←15.25
```

```
  Si articulo1.precio=articulo2.precio Entonces
    visualizar "Los dos artículos tienen el mismo precio"
  FinSi
FIN
```

De este ejemplo se pueden extraer las siguientes conclusiones:

- El nombre del campo por sí solo no representa nada; siempre está asociado a su registro en la forma *reg.campo*. Lo que se denomina campo representa este par.
- Un campo se utiliza exactamente igual que una variable independiente. Eso es lo que es, porque un tipo estructurado es un conjunto de variables de un tipo determinado.
- Esto significa que a un campo se le puede asignar un valor como a cualquier otro.
- Por último, el único caso en el que se puede asignar un valor global a un registro es cuando se le asigna otro registro del mismo tipo.

4.3.2 Un registro en una estructura

Un tipo estructurado define un nuevo tipo de variable denominado registro. Un registro se declara como una variable. Por tanto, parece lógico que un registro pueda formar parte de otro tipo estructurado. Cada artículo tiene un fabricante. Este fabricante se puede describir mediante una estructura tipada:

```
Estructura tfabricante
  ref:cadena
  nombre:cadena
  direccion:cadena
  tel:cadena
FinEstructura
```

Ahora quiere asociar un fabricante a cada uno de sus artículos. Nada más sencillo: incorpore un registro de tipo tfabricante a su tipo estructurado tarticulo:

```
Estructura tarticulo
  ref:cadena
  etiqueta:cadena
  precio:cadena
  fab:tfabricante
FinEstructura
```

Ahora declara un registro de tipo articulo:

```
VAR
 art:articulo
```

En su programa, accederá a los campos del registro art como se ha visto anteriormente, pero también añadirá información sobre el proveedor. Para ello, basta con seguir la sintaxis con puntos:

```
nombre_registro1.nombre_registro2.nombre_campo
```

Por ejemplo:

```
Inicio
  art.ref←"art001_01"
  art.etiqueta←"Sartén de acero inoxidable"
  art.precio←35.50 /* precio para una sartén de acero */
  art.fab.ref←"Fab1234"
  art.fab.nombre←"SartenLux"
  art.fab.direccion←"Calle Sol"
  art.fab.tel←"0404040404"
Fin
```

4.3.3 Una tabla en una estructura

Ahora quiere saber el número de artículos vendidos durante los doce meses del año. Para ello, va a crear un nuevo tipo estructurado que reciba un registro de artículos y añada una forma de almacenar doce valores reales. La mejor manera de hacerlo es utilizar una tabla. Puedes añadir una tabla como campo de estructura.

```
Estructura listart
  art:tarticulo
  venta:tabla[1..12] de reales
FinEstructura
```

Por cierto, con una estructura como ésta y un registro listart1 asociado, acceder a los distintos campos puede resultar un poco laborioso. A la tabla de ventas se accede de la siguiente manera

```
listart1.venta[hint]
```

El siguiente algoritmo solicitará la introducción sucesiva de doce cantidades de ventas mensuales:

```
TIPOS
  // El fabricante
Estructura tfabricante
    ref:cadena
    nombre:cadena
    direccion:cadena
  tel:cadena
FinEstructura
  // El articulo
Estructura tarticulo
    ref:cadena
    etiqueta:cadena
    precio:cadena
    fab:tfabricante
FinEstructura
  // Las ventas mensuales
Estructura listart
    art:tarticulo
    venta:tabla[1..12] de reales
FinEstructura
VAR
  listart01:listart
  i,total=0:enteros
Inicio
  listart01.art.ref←"art001_01"
  listart01.art.fab.ref←"Fab1234"
  Para i De 1 Hasta 12 Hacer
    Visualizar "Ventas del mes",i," ?"
    Escribir listart01.venta[i]
    total←total+ listart01.venta[i]
  FinPara
  Visualizar "Total anual :" ,total
Fin
```

4.4 Tablas de registros

4.4.1 Las tablas

Un artículo representa un registro. Hasta ahora, para representar varios artículos había que crear varios registros, como en el ejemplo de artículo1, artículo2 y artículo3. Lo ideal sería poder tratar n artículos sin tener que declarar n registros independientes. Como un registro se declara como una variable, también se pueden crear tablas de registros. Una tabla de registros se declara como cualquier otra matriz. A veces se llama **tabla**. En esta tabla, las columnas son los campos y las filas son los registros.

Sea la estructura tarticulo original simplificada:

```
Estructura tarticulo
  ref:cadena
  etiqueta:cadena
  precio:real
FinEstructura
```

Desea crear una tabla con diez registros:

```
Var
  articulos :tabla[1..10] de tarticulos
```

Para introducir los elementos de un registro en esta tabla, se utiliza:

```
articulos[1].ref="art001_01"
```

La mejor manera de acceder a los diez registros es utilizar un bucle:

```
Inicio
  Para i De 1 Hasta 10 Hacer
    Visualizar "Escribir ref articulo",i
    Escribir articulos[i].ref
  FinPara
Fin
```

4.4.2 Una tabla como campo

Siguiendo el mismo principio que con una tabla en una estructura, puede utilizar una tabla de registros como tipo de datos en una estructura, ya que, al fin y al cabo, no es más que una tabla.

Se trata de un gran minorista con diez tiendas. Necesita describir dos estructuras: una estructura de tienda y una estructura de marca. La estructura de tienda debe contener los registros de las diez tiendas. Esto es lo que podría hacer:

```
Estructura ttienda
  direccion:cadena
  tel:cadena
  gerant:cadena
FinEstructura
Estructura tmarca
  nombre:cadena
  tienda :tabla[1..10] de ttiendas
FinEstructura
```

A continuación, se explica cómo utilizar un registro tmarca:

```
Var
  marca :tmarca
  i :entero
Inicio
  Visualizar "Nombre de la marca"
  Escribir marca.nombre
  Para i De 1 Hasta 10 Hacer
    Visualizar "dirección de la tienda",i
    Escribir marca.tienda[i].direccion
    Visualizar "teléfono de la tienda",i
    Escribir marca.tienda[i].tel
    Visualizar "jefe de la tienda",i
    Escribir marca.tienda[i].jefe
  FinPara
Fin
```

De hecho, no tiene nada de complejo. Puede ir aún más lejos creando tablas que contengan otras tablas y así sucesivamente.

4.5 ¿Y PHP?

Aquí hay un pequeño problema. PHP no tiene, al menos no directamente, una forma de declarar una estructura como tal, a diferencia de lenguajes como C, C++ o Pascal. PHP es un lenguaje llamado de objetos. El objeto se discute en el capítulo Una aproximación al objeto. Para crear un objeto PHP, es necesario escribir una clase: esta es la descripción o 'tipo' del objeto. Una clase puede contener variables (atributos) y bits de programa (métodos). Por (mala) analogía, una clase que sólo contiene variables se podría comparar con una estructura. He aquí un breve ejemplo:

```
<html>
  <head><meta/>
    <title>Estructuras</title>
  </head>
  <body>
  <?php

class tmaker {
  public $ref;
  public $name;
  public $adress;
  public $tel;
}
class tarticulo {
  public $ref;
  public $name;
  public $price;
  public $mak;
}

  $articulo[0]=new tarticulo;
  $articulo[1]=new tarticulo;

  $articulo[0]->mak =new tmaker;
  $articulo[1]->mak =new tmaker;

  $articulo[0]->ref="Art001_01";
  $articulo[1]->ref="Art002_02";

  $articulo[0]->mak ->ref="Fab1234";
  $articulo[1]->mak ->ref="Fab4321";
```

```
  echo $articulo[0]->ref;
  echo "<br />";
  echo $articulo[0]->mak ->ref;
  echo "<br />";
  echo $articulo[1]->ref;
  echo "<br />";
  echo $articulo[1]->mak ->ref;
  ?>
  </body>
</html>
```

Es muy probable que no entienda ciertas instrucciones como public, new, por qué class y no struct, etcétera. No se preocupe, todo esto se explicará en el capítulo Un acercamiento a los objetos. Por ahora, sólo tenga en cuenta que, en este caso particular, la palabra clave **class** se puede usar para declarar clases de estructuras. se puede utilizar para declarar todo tipo de estructuras. También es posible crear tablas de objetos:

```
<html>
  <head><meta/>
    <title>Estructuras</title>
  </head>
  <body>
  <?php

class tmaker {
  public $ref;
  public $name;
  public $adress;
  public $tel;
}
class tarticulo {
  public $ref;
  public $name;
  public $price;
  public $mak;
}

  for($i=0;$i<3;$i++) {
    $articulo[$i]=new tarticulo;
    $articulo[$i]->mak =new tmaker ;
  }
```

```
  $articulo[0]->ref="Art001_01";
  $articulo[0]->mak ->ref="Fab1234";
  $articulo[1]->ref="Art002_02";
  $articulo[1]->mak ->ref="Fab4321";

  echo $articulo[0]->ref;
  echo "<br />";
  echo $articulo[0]->mak ->ref;
  echo "<br />";
  echo $articulo[1]->ref;
  echo "<br />";
  echo $articulo[1]->mak ->ref;
  ?>
  </body>
</html>
```

5. Ejercicios

Ejercicio 1

Cree una tabla que contenga los números del 1 al 10 y otra tabla que contenga los números del 11 al 20. A continuación, cree una tercera tabla que contenga la suma de las dos primeras tablas y muestre sus valores. Necesita utilizar bucles para crear estas tablas.

Escriba el programa PHP equivalente.

Ejercicio 2

Dos tablas:

- La tabla 1 está formada por los elementos 6, 25, 35 y 61.
- La tabla 2 está formado por los elementos 12, 24 y 46.

Escriba el algoritmo para calcular un valor representativo de estas dos tablas, S. El valor S se calcula multiplicando cada valor de la tabla1 por el valor de la tabla2 y sumándolos a continuación.

En este ejemplo, el valor S será igual a:

12*6+12*25+12*35+12*61+24*6+24*25+24*35+24*61+46*6+46*25+46*35+46*61

Por supuesto, tiene que utilizar bucles para hacer este ejercicio.

Escriba el programa PHP equivalente.

Ejercicio 3

He aquí una tabla bidimensional:

```
tab_persona:tabla[1..2][1..3] de cadena
tab_caracteristica_angel:tabla[1..3] de cadena
tab_caracteristica_maria:tabla[1..3] de cadena
tab_caracteristica_angel["nombre"]←"Pablo"
tab_caracteristica_angel["profesion"]←"ministro"
tab_caracteristica_angel["edad"]←"50"
tab_caracteristica_maria["nombre"]←"Roberto "
tab_caracteristica_maria["profesion"]←"agricultor"
tab_caracteristica_maria["edad"]←"45"
tab_persona["Angel"]←tab_caracteristica_angel
tab_persona["Maria"]←tab_caracteristica_maria
```

Y en PHP:

```
$tab_caracteristica_angel = array("nombre" => "PABLO","profesion" =>
"ministro","edad" => 50);
$tab_caracteristica_maria = array("nombre" => "ROBERTO","profesion" =>
"agricultor","edad" => 45);
$tab_persona['Angel'] = $tab_caracteristica_angel;
$tab_persona['Maria'] = $tab_caracteristica_maria;
```

Crea el código para generar esta tabla en HTML utilizando los bucles.

<table>
<tr><td>Clave</td><td colspan="2">Valor</td></tr>
<tr><td rowspan="4">Angel</td><td>Clave</td><td>Valor</td></tr>
<tr><td>nombre</td><td>Pablo</td></tr>
<tr><td>profesion</td><td>ministro</td></tr>
<tr><td>edad</td><td>50</td></tr>
<tr><td rowspan="4">Maria</td><td>Clave</td><td>Valor</td></tr>
<tr><td>nombre</td><td>Roberto</td></tr>
<tr><td>profesion</td><td>agricultor</td></tr>
<tr><td>edad</td><td>45</td></tr>
</table>

Escriba el programa PHP equivalente.

Ejercicio 4

Escriba un algoritmo que pida un número y luego calcule la sucesión de Fibonacci de ese número como en el ejercicio 5 del capítulo anterior, pero utilizando sólo una tabla como variable y mostrando todos los números de la sucesión. La sucesión de Fibonacci es una secuencia de números enteros en la que cada término es la suma de los dos términos anteriores. Generalmente comienza con los términos 0 y 1 y sus primeros términos son:

0, 1, 1, 2, 3, 5, 8, 13, ...

Escriba el programa PHP equivalente.

Ejercicio 5

Cree una tabla de 10 valores aleatorios entre 1 y 100. La función rand($min,$max); se utiliza para extraer un número aleatorio entre $min y $max.

Ordene esta matriz de menor a mayor, luego pon todos los valores en una cadena separados por ";" y muestre la cadena.

Capítulo 6
Los subprogramas

1. Presentación

1.1 Consideraciones iniciales

Durante la presentación de la estructura de un algoritmo, discutimos brevemente la posibilidad de añadir una parte adicional al principio del programa, antes de las declaraciones de variables. Esta parte aún no se había tratado, aunque a este nivel ya sabe programar muy bien, si ha entendido correctamente los capítulos anteriores. Sin embargo, habrá notado algunas limitaciones frustrantes y, en particular, una cierta pesadez cuando el programa es muy largo y tiene que repetir ciertos bloques de instrucciones que ya están presentes en otra parte. Por ejemplo, recuerde un pequeño y sencillo programa que calcula el valor absoluto de un comando. El problema es que cada vez que quiere calcular este valor, tiene que repetir la estructura condicional. ¿No habría sido más sencillo hacerlo una sola vez y pasar a este bloque de instrucciones sólo el valor cuyo valor absoluto se quiere recuperar?

Para ello, se podría considerar un segundo programa que sería lanzado por el programa principal con este valor como argumento. Esto es técnicamente factible, pero colocar un segundo programa separado (un ejecutable) sólo para este tipo de procesamiento, es una pérdida de tiempo y espacio.

La otra solución es añadir el código necesario para este programa en una estructura especial separada del programa principal. Esto se denomina subprograma. Los lenguajes BASIC más antiguos utilizaban instrucciones para este fin (gosub, sub xxx, endsub, etc., sub para subprograma).

Cuando un programa es muy largo, no es realista programarlo todo de una sola vez. El programa se divide en pequeñas unidades o partes reutilizables, que el programa principal llama en el momento oportuno. Un subprograma evita la repetición innecesaria de código y ayuda a clarificar el programa. Una vez creados todos los subprogramas, es posible incluso guardarlos en librerías para poder reutilizarlos en otros programas, sean cuales sean, lo que simplifica enormemente la escritura de código y la hace mucho más rápida.

Un programa completo forma una aplicación. Si ha seguido correctamente las instrucciones, una aplicación se compone de varias partes funcionales:

- El programa principal o bloque principal, que corresponde al bloque principal de instrucciones debajo de la palabra clave PROGRAMA y INICIO. Es el programa que se ejecuta cuando se ejecuta el ejecutable resultante de la implementación de su algoritmo en Java, por ejemplo. En Java, el programa principal es el que se encuentra debajo de la línea que contiene la palabra "main".
- Subprogramas, que tienen funciones muy diversas, desde calcular un valor absoluto o una potencia, convertir una fecha, dar formato a una cadena de caracteres, mostrar una cabecera de algún tipo, etc. en fin, lo que quiera hacer con ellos. Dependiendo del lenguaje, encontrará expresiones de subprogramas, pero también, y sobre todo, las palabras **funciones** y **procedimientos** para describirlos. El programa principal se encarga de llamar a los subprogramas. Los subprogramas nunca se lanzan solos.

Observación

Un subprograma nunca se ejecuta solo; se debe llamar desde el programa principal. Sin embargo, un subprograma puede perfectamente llamar a otro subprograma. Por ejemplo, un subprograma encargado de calcular una raíz cuadrada puede llamar al subprograma encargado de los valores absolutos.

1.2 Declaración y definición

1.2.1 En un algoritmo

Antes de poder utilizar un subprograma, hay que definirlo o declararlo, es decir, hay que dar su nombre y contenido (bloque de instrucciones) al programa principal. En los algoritmos, los subprogramas se declaran y escriben en su totalidad al principio, antes de la palabra clave PROGRAMA. Esto suele ser así en los lenguajes de programación, porque el programa principal no puede utilizar un subprograma si no sabe que existe.

```
<SUB-PROGRAMA 1>
<SUB-PROGRAMA 1>
...
PROGRAMA XYZ
VAR
...
INICIO
...
FIN
```

Observación

Si, en su algoritmo, sus subprogramas están escritos debajo del programa principal, es muy probable que obtenga errores cuando pase a la programación. Sin embargo, un lenguaje como C permite declarar el nombre del subprograma en la parte superior del programa y programarlo debajo. En PHP, no importa dónde se escriba el subprograma. En cuanto a Java, el problema es diferente debido a su diseño orientado a objetos (último capítulo).

El subprograma tiene una estructura bastante sencilla, la misma que el programa principal: declara sus variables, constantes, tablas, etc. y coloca sus instrucciones entre INICIO y FIN. He aquí un ejemplo sencillo en el que términos como **Procedimiento** se explicarán un poco más adelante. En este ejemplo, aparecen veinte guiones, suponiendo que aparecen en la misma línea.

```
Procedimiento RepiteCar()
Var
i:entero
Inicio
  Para i De 1 Hasta 20 Hacer
    Visualizar "-"
```

```
  FinPara
FinProcedimiento
```

Puede ver que un subprograma consta de:

- un identificador en forma de nombre: RepiteCar(), que utilizará para ser llamado,
- una zona de declaración de variables,
- un bloque de instrucciones encerrado entre Inicio y Fin,
- en este ejemplo, precisamente entre las palabras clave Procedimiento y FinProcedimiento.

Observación

En programación algorítmica, un subprograma no se puede declarar dentro de otro subprograma. Sin embargo, a veces esto es posible en ciertos lenguajes de programación, como PHP, pero en este caso hay que tener mucho cuidado: el subprograma sólo será conocido por el resto del programa cuando el subprograma que lo declara sea llamado por primera vez.

1.2.2 En PHP

En PHP, una subrutina se declara como:

```
funcion nombre_funcion(argumento1, argumento2, ..., argumenton) {
  /* código del sub-programa */
  return valor ; /* después del return */
}
```

Todavía no se ha encontrado con lo que es un retorno o un argumento. Esto no es un problema para los ejemplos pequeños.

Aquí está el pequeño subprograma RepiteCar() en PHP.

```
funcion RepiteCar() {
  for($i=1 ;$i<=20 ;$i++) echo "*";
  echo "<br />";
}
```

1.3 Llamada

Un subprograma se ejecuta desde el programa principal o desde otro programa. Para ello, el programa llama al subprograma. La llamada al subprograma es una instrucción que desencadena la ejecución del subprograma. Esta llamada puede tener lugar en cualquier lugar. Dependiendo de las distintas convenciones, los subprogramas se pueden llamar desde una instrucción **Llamada** o **Llamar**. Más sencillamente, lo habitual es llamar a un subprograma por su nombre. Sin embargo, el uso puede cambiar dependiendo del tipo de subprograma, procedimiento o función, ya que las instrucciones anteriores se suelen reservar para los procedimientos. Tomando el subprograma RepiteCar(), he aquí un ejemplo de llamada:

```
Procedimiento RepiteCar()
VAR
i:entero
INICIO
  Para i De 1 Hasta 20 Hacer
    Visualizar "-"
  FinPara
FIN
FinProcedimiento
PROGRAMA LINEAS
VAR
  i:entero
INICIO
  Visualizar " 10 líneas de 20 caracteres"
  Para i De 1 Hasta 10 Hacer
    RepiteCar()
  FinPara
  Visualizar "El programa ha terminado"
FIN
```

Los más perspicaces se habrán dado cuenta de que la variable i se declara dos veces, una en el subprograma y otra en el programa principal. Es normal, las explicaciones vendrán a su debido tiempo.

Cuando el subprograma finaliza, se ejecuta la instrucción inmediatamente inferior a su llamada. Se dice que el subprograma vuelve a la instrucción siguiente o de llamada.

Por último, se puede llamar a un subprograma proporcionándole valores, denominados argumentos. Estos valores se colocan en variables que se pueden utilizar dentro del subprograma como cualquier otra variable.

Aquí está el ejemplo completo en PHP, con la llamada al método (subprograma) en negrita.

```
<html>
  <head><meta/>
    <title>Declaración de función</title>
  </head>
  <body>
  <?php
  funcion RepiteCar() {
    for($i=1 ;$i<=20 ;$i++) echo "*";
    echo "<br />";
  }

  echo "Muestra 10 líneas de 20 caracteres<br />";
  for($i=1;$i<=10;$i++) RepiteCar();
  ?>
  </body>
</html>
```

1.4 Funciones y procedimientos

El subprograma RepiteCar() se ha declarado con la palabra clave **Procedimiento** y también se le ha dicho que existe la palabra clave **Funcion** Así que hay dos tipos de subprograma. Algunos lenguajes ofrecen uno u otro o a veces ambos. A veces oirá hablar de lenguajes procedimentales (como Pascal) o funcionales (como C).

Antes de continuar, unas palabras sobre PHP. PHP no hace distinción entre funciones y procedimientos como se presenta aquí. En PHP, los procedimientos son funciones que no devuelven valores.

1.4.1 Procedimientos

Los procedimientos son subprogramas formados por una serie de instrucciones independientes. Un procedimiento no devuelve un resultado o valor al programa que lo ha llamado, del mismo modo que los valores pasados como argumentos no se modifican necesariamente de forma global. Un procedimiento puede ser objeto de un programa independiente. Sin embargo, su contenido puede a veces influir en el flujo global del programa, si modifica un fichero, una base de datos, etc.

El procedimiento RepiteCar() es un ejemplo típico: el bloque de datos repetitivo influye en la visualización, pero no devuelve nada como tal.

Sin embargo, existen algunas formas indirectas de que un procedimiento devuelva un valor:

- Pasándola por referencia, utilizando el mismo principio explicado para las tablas: el subprograma recibe la referencia de la variable y puede modificarla por la que contiene el nuevo valor. Esto también es posible con las funciones.
- Más sencillamente, los algoritmos suelen distinguir entre los valores de entrada del procedimiento (los que se le pasan) y los valores de salida. En este caso, es mejor utilizar funciones, sobre todo si sólo se va a devolver un valor.
- Modificando el contenido de las variables globales, que pueden leer y escribir todos los programas y subprogramas (véase Variables locales y globales en este capítulo).

1.4.2 Las funciones

En matemáticas, probablemente se haya topado alguna vez con el concepto de función. Al resolver una ecuación de segundo grado, la ecuación se escribe generalmente como:

```
f(x)=ax²+bx+c
```

El resultado de f(x) o función de x es el resultado del contenido de la función, es decir, la ecuación. El valor de f(x) es este resultado. Es lo mismo en algoritmia: una función es un subprograma que devuelve un valor.

Una función se describe del siguiente modo:

```
Funcion nombre():tipo
Var
  /* variables */
Inicio
  /* bloque de instrucciones */
  Devuelve valor
FinFuncion
```

- Una función se declara con la palabra clave **Funcion** seguida de su nombre y del tipo de valor que devuelve. Puede ser de cualquier tipo (entero, real, cadena, etc.).
- Una función puede contener un área para declarar variables y tipos estructurados.
- El bloque de instrucciones está enmarcado por **Inicio** y **FinFuncion**.
- El valor de la función se devuelve mediante la sentencia **Devuelve**. El valor devuelto debe ser del mismo tipo que el esperado por la declaración de la función.

```
Funcion ecuacion():real
Var
  a,b,c,x:reales
Inicio
  x←a*x*x+b*x+c
  devuelve x
FinFuncion
```

Hay una diferencia muy importante entre un procedimiento y una función:

- El procedimiento se considera una **instrucción**
- La función se considera un **valor**.

Del mismo modo que una variable devuelve un valor, una función también devuelve un valor, lo que significa que una función se puede utilizar (llamar) dondequiera que pueda estar una variable: en una expresión, en un cálculo, en una visualización, en una asignación, etc. Sólo en un caso no se puede utilizar la función: una función suministra un valor, no se le puede asignar un valor. Esto está prohibido:

```
ecuacion←x ; /* PROHIBIDO */
```

pero está permitido:

```
x←ecuacion()
```

x recibirá entonces el valor devuelto por la función ecuacion() a través de la sentencia **Devuelve**.

```
PROGRAMA EC1
Var
  resultado:real
Inicio
  resultado←ecuacion()
  Visualizar resultado
Fin
```

Observación

*La sentencia **Devuelve** no devuelve una variable, sino un valor. Este valor puede ser el contenido de una variable, pero también puede ser otra función (en cuyo caso es el resultado de esta otra función lo que se devolverá) o cualquier expresión que se pueda evaluar. Por lo tanto, la función ecuacion() se puede escribir de la siguiente manera:*

```
Funcion ecuacion():real
Var
  a,b,c,x:reales
Inicio
  Devuelve a*x*x+b*x+c
FinFuncion
```

Aquí está el mismo ejemplo en PHP. Esta vez el método devolverá un entero, como se especifica en su declaración.

```
function ecuacion() {

  /* hay que initializar las variables aquí */
  $x=$a*$x*$x+$b*$x+$c ;
  return $x ;
}
```

1.5 Variables locales y globales

1.5.1 Variables locales

El ejemplo del procedimiento RepiteCar() planteó un pequeño problema que no es tan trivial como parece. Destaca el uso de dos variables con el mismo nombre, una en el programa principal y otra en el subprograma. La variable i aparece dos veces.

El lugar donde se declaran las variables es muy importante. Dependiendo de dónde se declaren, las variables tienen un "ámbito" diferente. El ámbito de una variable es su visibilidad dentro de las distintas partes del programa.

El caso general es que una variable sólo es visible y accesible por defecto en el bloque de instrucciones donde ha sido declarada. Una variable declarada en un subprograma con las palabras clave **Procedimiento** o **Funcion** sólo se puede leer y modificar en este subprograma. Lo mismo se aplica al programa principal: una variable declarada bajo la palabra clave Programa sólo puede ser accedida por el programa principal.

Las variables a las que sólo puede acceder el programa o subprograma en el que se declaran se denominan variables locales. Todas las variables que has encontrado hasta ahora son variables locales.

Las variables locales con el mismo nombre no tienen ninguna relación entre sí. Son totalmente independientes entre sí y no es posible ninguna interacción entre ellas. Por lo tanto, las variables locales pueden tener el mismo nombre. La variable i en RepiteCar() no es en absoluto la misma que la variable i en el programa Lineas. No hay riesgo de acceder o modificar accidentalmente el valor de un programa a otro. Por el lado de la memoria, los contenidos de estas dos variables son particionados y distintos, en direcciones diferentes.

Observación

En PHP, una variable declarada en el programa principal o en un método es local al programa principal, es decir, no es visible desde otras funciones, a menos que se especifique explícitamente.

1.5.2 Las variables globales

Sin embargo, sería muy práctico poder acceder a una variable desde cualquier parte del programa, ya sea el programa principal o un subprograma. Este mecanismo permitiría utilizar su contenido y modificar su valor en cualquier parte del programa. El alcance de una variable de este tipo se extendería a todo el código. Este tipo de variable se denomina variable global y existe tanto en algoritmos como en la mayoría de los demás lenguajes.

Una variable global se declara fuera de los subprogramas y del programa principal, antes de ellos, es decir, primero en el algoritmo. Al ser global, se puede acceder a ella desde cualquier lugar, tanto leyendo su contenido como modificándola (asignándole un nuevo valor). Las variables globales se declaran de esta forma:

```
Var globales
  numcar:entero
  c:caracter
Procedimiento RepiteCar()
VAR
i:entero
Inicio
  Para  i De 1 Hasta numcar Hacer
    Visualizar c
  FinPara
FinProcedimiento

PROGRAMA LINEAS
VAR
  i:entero
INICIO
  c←"*"
  Para numcar De 1 Hasta 10 Hacer
    RepiteCar()
  FinPara
FIN
```

Una vez ejecutado, este programa debería mostrar, por ejemplo:

```
*
**
***
****
```

```
*****
******
*******
********
*********
**********
```

Observe que las dos variables globales se modifican en el programa principal, mientras que el subprograma accede a ellas.

Hay cuatro puntos que se deben tener en cuenta sobre la variable global:

- Se declara una sola vez para todo el programa. Por lo tanto, nunca se debe volver a declarar ni en el programa principal ni en un subprograma.
- Indirectamente permite 'pasar' valores a los subprogramas que la utilizan, lo que puede interferir con variables del mismo nombre. Se trata de un 'daño colateral' y las variables globales sólo se deben utilizar cuando sean realmente comunes a la mayor parte del código.
- Sería ridículo declarar todas las variables como globales. La mayoría de los programas y subprogramas no las utilizarían todas y, además, podría modificar accidentalmente algunas de ellas sin pensar en ello, poniendo en peligro la ejecución del programa.
- Como corolario, nunca de el mismo nombre a una variable local y global. Esto está prohibido en los algoritmos y en la mayoría de los lenguajes, que se asegurarán de señalártelo en tiempo de compilación o en tiempo de ejecución.

1.5.3 Variables globales y PHP

En PHP, las variables no son globales por defecto. Si desea acceder y modificar una variable de bloque principal dentro de una función, debe indicarlo explícitamente dentro de la función precediendo a la variable con la palabra clave **global** o la tabla asociativa **$GLOBALS[]**.

```
<html>
  <head><meta/>
    <title>Ámbito de las variables</title>
  </head>
  <body>
  <?php
```

```
  function RepiteCar() {
    global $c;
    for($i=1 ;$i<=20 ;$i++) echo "$c";
    echo "<br />";
  }
  $c='*';
  for($numcar=1;$numcar<=10;$numcar++) RepiteCar();
  ?>
  </body>
</html>
```

1.6 Argumentos

Ahora que ha reservado las variables globales para casos muy concretos, necesita encontrar otra forma de pasar valores a procedimientos y funciones. Cuando en matemáticas calcula el valor de una función f(x), en realidad le está pidiendo que calcule el valor de la función según el valor de x. Así que pasa el valor de x a la función.

El principio es el mismo con sus algoritmos: puede pasar valores a sus procedimientos y funciones, del mismo modo que puede recibirlos. Por esta razón, la sintaxis difiere ligeramente entre funciones y procedimientos. En ambos casos, sin embargo, los argumentos van entre paréntesis después de su nombre.

Los argumentos pasados a un subprograma son generalmente variables locales al programa o subprograma que lo llama, pero no tienen necesariamente el mismo nombre. Se recuperan desde dentro del subprograma como variables locales al subprograma. Sin embargo, es posible pasar como argumento cualquier expresión que devuelva un valor, ya sea un escalar, una variable, un array, un registro, una tabla o incluso una función (que será sustituida por su resultado).

1.6.1 Procedimientos

La sintaxis para pasar argumentos es la siguiente:

```
Procedimiento nombre_programa(E arg1:tipo,ES arg2:tipo,S arg3:tipo)
```

Los argumentos argumentos de un procedimiento se dividen en tres categorías:

- Los valores de entrada, que corresponden a los valores que desea pasar al procedimiento. Entre paréntesis, van precedidos de una "**E**", como Entrada, porque son los valores de entrada para el procedimiento.
- Los de salida, que corresponden a los valores devueltos por el procedimiento al programa o subprograma que lo llamó. Van precedidos de una "**S**", como Salida, porque son los valores de salida del procedimiento. Estos argumentos son variables que se deben declarar en el programa o subprograma llamante.
- Entrada y salida, precedidas de "**ES**".

Cuando se tienen varios argumentos como entrada, basta con ponerlos todos después de la E e incluso agruparlos según su tipo. El siguiente procedimiento recibe cinco argumentos como entrada: tres enteros y dos cadenas.

```
Procedimiento proc(E p1,p2,p3:enteros,p4,p5:cadenas)
```

El procedimiento RepiteCar() se presta a un argumento. ¿Cómo utilizar una variable global para especificar el número de caracteres a repetir? Podríamos pasar este número como argumento. Aquí está el programa modificado en consecuencia:

```
Procedimiento RepiteCar(E numcar:entero, E c:caracter)
VAR
i:entero
INICIO
  Para i De 1 Hasta numcar Hacer
    Visualizar c
  FinPara
FinProcedimiento

PROGRAMA LINEAS
VAR
  i:entero
INICIO
  Para i De 1 Hasta 10 Hacer
    RepiteCar(i,"*")
  FinPara
FIN
```

Se recupera cualquier valor de salida a través de la(s) variable(s) E o ES. He aquí un procedimiento que convierte un número de segundos en horas, minutos y segundos. Recibe cuatro argumentos, uno de entrada (el número de segundos) y tres de salida (horas, minutos y segundos).

```
Procedimiento sec_to_hms(E numseg:entero, S h,m,s:enteros)
Inicio
  h←numseg DIV 3600
  numseg←numseg%3600
  m←numseg DIV 60
  s←numseg MOD 60
FinProcedimiento

PROGRAMA convierte_seg
Var
  num_segundos :entero
  horas,minutos,segundos:enteros
Inicio
  num_segundos←3950
  sec_to_hms(num_segundos,horas,minutos,segundos)
  Visualizar horas,minutos,segundos
Fin
```

Pasar un registro como argumento

Sin duda, el procedimiento anterior funciona perfectamente, pero si se piensa un poco más, ¿por qué no utilizar una única estructura para representar todos los componentes de una hora?

```
Estructura hms
  horas:entero
  minutos:entero
  segundos:entero
FinEstructura
```

Un registro se puede pasar como argumento a un procedimiento igual que una variable, como entrada o salida. El procedimiento y el programa se pueden convertir de la siguiente manera:

```
Tipos
Estructura hms
  horas:entero
  minutos:entero
```

```
  segundos:entero
FinEstructura

Procedimiento sec_to_hms(E numseg:entero, S duracion:hms)
Inicio
  duracion.horas←numseg DIV 3600
  numseg←numseg%3600
  duracion.minutos←numseg DIV 60
  duracion.segundos←numseg%60
FinProcedimiento

PROGRAMA convierte_seg
Var
  num_segundos:entero
  horas:hms
Inicio
  num_segundos←3950
  sec_to_hms(num_segundos,horas)
  Visualizar horas.horas,horas.minutes,horas.segundos
Fin
```

1.6.2 Las funciones

Las funciones devuelven un único valor mediante la sentencia Devuelve. Tampoco es necesario especificar si los argumentos son de entrada o de salida. Siempre son de entrada. Sin embargo, el valor de la función puede ser de cualquier tipo.

He aquí una función que hace lo contrario del procedimiento anterior: recibe horas, minutos y segundos y a cambio devuelve el número total de segundos.

```
Funcion hms_to_sec(horas,minutes,segundos :enteros):entero
Var
  total:entero
Inicio
  total←horas*3600+minutes*60+segundos
  Devuelve total
FinFuncion
```

Una función puede perfectamente recuperar un registro como argumento. Es una buena oportunidad para reutilizar el tipo estructurado definido previamente:

```
Funcion hms_to_sec(duracion:hms):entero
Var
  total :entero
Inicio
  total←duracion.horas*3600+duracion.minutos*60+duracion.segundos
  Devuelve total
FinFuncion
```

Por último, una función también puede devolver un registro. Esto significa que el procedimiento `sec_to_hms` es inútil: una función puede sustituirlo:

```
Funcion sec_to_hms(numseg :entero):hms
Var
  duracion:hms
Inicio
  duracion.horas←numseg DIV 3600
  numseg←numseg%3600
  duracion.minutos←numseg DIV 60
  duracion.segundos←numseg%60
  Devuelve duracion
FinFuncion
```

Para esta última función, el resultado se debe asignar a un registro del mismo tipo.

```
PROGRAMA convierte_seg2
Var
  num_segundos:entero
  horas:hms
Inicio
  num_segundos←3950
  horas←sec_to_hms(num_segundos)
  Visualizar horas.horas,horas.minutos,horas.segundos
Fin
```

Observación

Un procedimiento que sólo devuelve un valor, cualquiera que sea su tipo, es siempre convertible en función. De hecho, un procedimiento de este tipo siempre se debe convertir de esta forma: de lo contrario, no tiene sentido.

Para probar las funciones `sec_to_hms` y `hms_to_sec`, puede llamar a una con la otra. Como una función representa su resultado (el valor de la función es el resultado que devuelve), se puede utilizar como argumento de otra función si los tipos esperados son compatibles.

```
PROGRAMA convierte_seg3
Var
  num_segundos1:entero
  num_segundos2:entero
Inicio
  num_segundos1←3950
  num_segundos2←hms_to_sec(sec_to_hms(num_segundos1))
  Si num_segundos1!=num_segundos2 Entonces
    Visualizar "¿Error en una de las funciones?"
  Sino
    Visualizar "Un programa perfecto"
  FinSi
Fin
```

1.6.3 Argumentos y PHP

PHP acepta cualquier tipo como argumento de una función: tipos clásicos como enteros, tablas, estructuras (registros) y objetos. En algunos casos, estos argumentos pueden ser tanto de entrada como de salida, cuando se pasan como referencias o si son objetos. Las referencias se tratarán con mayor profundidad en el capítulo dedicado a los conceptos avanzados, incluidos los punteros. Mientras tanto, todos los ejemplos anteriores se pueden implementar en PHP. Por lo tanto, el procedimiento RepiteCar() se transforma de la siguiente manera:

```
<html>
  <head><meta/>
    <title>Argumento</title>
  </head>
  <body>
  <?php
  function RepiteCar($numcar, $c) {
    for($i=1 ;$i<=$numcar ;$i++) echo "$c";
    echo "<br />";
  }
  for($num=1;$num<=10;$num++) RepiteCar($num,'*');
  ?>
  </body>
</html>
```

He aquí una implementación PHP de las estructuras hms y de las funciones `hms_to_sec()` y `sec_to_hms()`. No hay dificultades en esta implementación:

```
<html>
  <head><meta/>
    <title>funciones hms</title>
  </head>
  <body>
  <?php

  class hms {
    public $hours;
    public $minutes;
    public $seconds;
  }

  function hms_to_sec($duration) {
    $total=$duration->hours*3600+$duration->minutes*60+$duration-
>seconds;
    return $total;
  }

  function sec_to_hms($numseg) {
    $duracion=new hms;
    $duracion->hours =(int)($numseg/3600);
    $numseg=$numseg%3600;
    $duracion->minutes=(int)($numseg/60);
    $duracion->seconds=$numseg%60;

    return $duration;
  }


  // ejemplo 1
  $num_seconds=39450;
  $hours =sec_to_hms($num_seconds);
  echo $hours ->hours .":".$hours ->minutes.":".$hours ->seconds."<br />";

  // ejemplo 2
  $num_seconde1=3950;
  $num_seconde2=hms_to_sec(sec_to_hms($num_seconds1));
  echo "$num_seconds2<br />";
  ?>
  </body>
</html>
```

1.6.4 Pequeña aplicación funcional

Por último, estas dos funciones son más prácticas de lo que parecen. Gracias a ellas, puede saber fácilmente cuánto tiempo ha transcurrido entre una primera hora y una segunda hora. El principio es muy sencillo:

- Se introducen dos horarios en los registros hms.
- Los convierte en segundos.
- Puede ver la diferencia entre estos dos números.
- Convierte el resultado en un registro hms.

Dicho así, podría parecer un poco complicado si las funciones no existieran. Así que necesita la definición del tipo estructurado hms y las dos funciones `numsec_to_hms` y `hms_to_numsec`. Ni siquiera necesita variables para guardar el número de segundos. Una sola línea con los argumentos adecuados es todo lo que necesitas (ver la que está en negrita).

```
Tipo
Estructura hms
  horas:entero
  minutos:entero
  segundos:entero
FinEstructura

Funcion hms_to_sec(duracion:hms):entero
Var
  total:entero
Inicio
  total←uracion.horas*3600+duracion.minutos*60+duracion.segundos
  Devuelve total
FinFuncion
Funcion sec_to_hms(numseg :entero):hms
Var
  duracion:hms
Inicio
  duracion.horas←numseg DIV 3600
  numseg←numseg%3600
  duracion.minutos←numseg DIV 60
  duracion.segundos←numseg%60
  Devuelve duracion
FinFuncion

Programa delta
```

```
Var
  hora1,hora2,delta:hms
Inicio
  Visualizar "Indicar la hora de inicio"
  Escribir hora1.horas,hora1.minutos,hora1.segundos
  Visualizar "Indicar la hora de fin"
  Escribir hora2.horas,hora2.minutos,hora2.segundos
  delta←sec_to_hms(hms_to_numseg(hora2)-hms_to_numseg(hora1))
  Visualizar "Pasó:"
  Visualizar delta.horas,delta.minutos,delta.segundos
Fin
```

¿Por qué no ir más allá y crear una función que calcule la duración por sí sola, utilizando las otras dos funciones? Puede llamar a subprogramas dentro de subprogramas, funciones dentro de funciones, procedimientos dentro de funciones y viceversa. Aquí tiene una función hms_delta que calculará todo esto:

```
Funcion hms_delta(hms1,hms2:hms):hms
Var
  delta:hms
Inicio
  delta←numseg_to_hms(hms_to_numseg(hms2)-hms_to_numseg(hms1))
  Devuelve delta
FinFuncion
```

El programa principal se modifica como sigue:

```
Programa delta
Var
  hora1,hora2,delta:hms
Inicio
  Visualizar "Indicar la hora de inicio"
  Escribir hora1.horas,hora1.minutos,hora1.segundos
  Visualizar "Indicar la hora de fin"
  Escribir hora2.horas,hora2.minutos,hora2.segundos
  delta←hms_delta(hora1,hora2)
  Visualizar "Pasó:"
  Visualizar delta.horas,delta.minutos,delta.segundos
Fin
```

Por último, he aquí una implementación en PHP de la función `hms_delta()` y el cálculo de este último ejemplo.

```
...
  function hms_delta($hms1, $hms2) {
    $delta=new hms;
    $delta=sec_to_hms(hms_to_sec($hms2)-hms_to_sec($hms1));
    return $delta;
  }
...

  // ejemplo 3
  $hours->hours=10;
  $hours->minutes=30;
  $hours->seconds=45;
  $hours2->hours=18;
  $hours2->minutes=36;
  $hours2->seconds=24;

  $delta=hms_delta($hours,$hours2);
  echo $delta->hours.":".$delta->minutes.":".$delta->
seconds."<br />";
...
```

1.7 Subprogramas predefinidos

1.7.1 Una elección importante

Casi todos los lenguajes de programación ofrecen la posibilidad de crear subprogramas de una forma u otra. Es el caso de C, C++, Java, C#, PHP, etc. Puede crear y creará sus propios subprogramas, según el caso.

Sin embargo, estos mismos lenguajes suelen venir ya provistos de un mayor o menor número de subprogramas. En los ejemplos anteriores, ya ha utilizado algunos. En PHP, las instrucciones **count** o **fgets** son subprogramas, uno responsable de contar el número de elementos de un array, el otro de introducir datos (o leer datos de un fichero). El lenguaje PHP ofrece un número impresionante de subprogramas para cálculos matemáticos, gráficos y manipulación de bases de datos.

En otras palabras, los diseñadores o colaboradores del lenguaje proporcionan librerías de subprogramas para reducir al máximo la carga de trabajo de los programadores. Antes de crear tus propios subprogramas, consulta primero la documentación del lenguaje que esté utilizando para ver si puede encontrar lo que busca.

Un subprograma predefinido tiene un nombre que suele reflejar lo que hace. Es un procedimiento o una función (consulte la sección Variables locales y globales de este capítulo), más a menudo una función, que devuelve un resultado.

1.7.2 Algunos ejemplos

Funciones sobre cadenas

Puede obtener la longitud de una cadena de caracteres utilizando la función **longitud**. Se utiliza para pasar una cadena de caracteres entre paréntesis y devuelve un valor entero, que es el número de caracteres de la cadena.

```
Programa len
Var
  txt :cadena
  l :entero
Inicio
  txt←"Un pequeño texto"
  l←longitud(txt)
  Visualizar l /* muestra 14 */
Fin
```

Las funciones **midad**, **izquierda** y **derecha** se utilizan para cortar partes de una cadena de caracteres. La función **mitad** recibe tres valores entre paréntesis: una cadena, una posición inicial y una longitud. A veces se denomina **sbcadena** (subcadena) que se utiliza del mismo modo. Las otras dos sólo toman dos argumentos: una cadena y una longitud. En el caso de izquierda, es el número de caracteres que hay que cortar empezando por la izquierda, para derecha por la derecha y para mitad desde la posición indicada. Las posiciones comienzan en 1. El siguiente programa mostrará primero todos los caracteres de una cadena, uno detrás de otro, luego la primera palabra y después la última.

```
Programa descompone
Var
  txt :cadena
  resultado :cadena
  i :entero
Inicio
  txt="Hola amigos"
  Para i De 1 Hasta longitud(txt) Hacer
    resultado←mitad(txt,i,1)
    Visualizar resultado // las letras una a una
  Fin
  Visualizar izquierda(txt,4) // Salut
  Visualizar derecha(txt,6) // amigos
Fin
```

La función **pos** (posición) determina la posición de una cadena de caracteres dentro de otra. Por lo tanto, busca una subcadena dada y devuelve su posición cuando procede; en caso contrario, devuelve cero.

```
Programa encuentra
Var
  cdns:cadenas
  position :entero
Inicio
  txt←"abcedefghik"
  posicion←pos("def",txt)
  Si pos=0 Entonces
    Visualizar "No encontrado"
  sino
    Visualizar "En la posición",pos
  FinSI
Fin
```

La función **supr** para eliminar una subcadena de una cadena de caracteres según su posición inicial y su longitud.

```
Programa supr
Var
  txt :cadena
Inicio
  txt←"abcdefgh"
  txt←supr(txt,4,len(txt)-3)
  Visualizar txt /* resto abc */
Fin
```

Funciones matemáticas

Todos los lenguajes suelen ofrecer un gran número de funciones matemáticas. La mayoría de los ejemplos de los últimos capítulos tienen equivalentes en forma de funciones. Entre ellas, raíces cuadradas, potencias, factoriales, funciones trigonométricas como seno, coseno y tangente, etc.

- raiz (x): da la raíz cuadrada de x,
- potencia(x,y): da x a la potencia y,
- sen(x): seno de x
- cos(x): coseno de x,
- tan(x): tangente de x.

Como algunas convenciones algorítmicas no reconocen % o MOD como operadores de módulo (mientras que los lenguajes sí lo hacen), a veces se puede encontrar la función función **mod**(x,y), que equivale a x MOD y y la función función **entero**(x,y), que equivale a x DIV y.

Una función muy agradable es la función **aleatoria()**. Determina un número aleatorio. Usada sin un argumento, encuentra un número real entre 0 y 1. Usada con un argumento entero, encuentra un valor entre 0 y n. Ideal para tirar los dados.

```
Programa dado
Var
  dado, entrada :enteros
Inicio
  dado←aleatoria(5)+1 // entre 1 y 6
  Repetir
    Visualizar "¿Cuá es el valor del dado?"
    Escribir entrada
    Si dado<>entrada Entonces
      Visualizar "No válido, inténtelo de nuevo"
    FinSi
  HastaQue dado=entrada
  Visualizar "Bravo."
Fin
```

Funciones de conversión

Puede convertir una cadena de caracteres en un valor numérico utilizando la función **chnum**, que recibe la cadena como argumento y devuelve el valor como un entero o un real (según corresponda). La cadena debe ser una representación de un valor numérico y nada más.

La función **numch** hace exactamente lo contrario: convierte un número en una cadena de caracteres, ideal para guardar todo esto en un archivo de texto. He aquí un ejemplo sencillo:

```
Programa conversion
Var
  rPi :real
  cPi :cadena
Inicio
  rPi=3.1415927
  cPi=numcar(rPi)
  Visualizar cPi
  cPi="3.14"
  rPi=chnum(cPi)
Fin
```

Funciones predefinidas en PHP

Hay un gran número de funciones predefinidas en PHP. En los ejemplos anteriores habrá visto algunas de ellas, como las conversiones de cadena a entero. De hecho, las funciones predefinidas están a menudo asociadas con tipos particulares, objetos particulares y demás. Lo mejor es consultar la documentación en línea de PHP en http://www.php.net/manual/es/. Aquí tienes unos breves ejemplos que pueden interesarte:

- **strlen()**: devuelve la longitud de la cadena,
- **substr(cadena, inicio [,fin])**: corta un trozo de cadena,
- **trim()**: elimina todos los espacios al principio y al final de una cadena,
- **isempty()**: devuelve verdadero o falso en función de si la cadena está vacía o no,
- **strpos()**: busca la posición de la primera ocurrencia en una cadena,
- **var_dump()**: muestra información sobre una variable.

Por ejemplo:

```
<html>
  <head><meta/>
    <title>Funciones internas</title>
  </head>
  <body>
  <?php

  $txt1="  Hola mis amigos  ";
  $txt1=trim($txt1);
  $value=strlen($txt1);
  echo "$txt1 de longitud $value<br />";

  $txt2=substr($txt1,3,5);
  echo "$txt2<br />";

  $pos = strpos($txt1, "mis");

  echo "la posición de la palabra  «mis» es: ".$pos ;
  ?>
  </body>
</html>
```

1.8 Último caso: las tablas

Una función puede devolver una sólo si la variable que la recibe es, a su vez, una tabla de la misma dimensión y el mismo número de índices.

También puede pasar una tabla como argumento a una función. En este caso, no es necesario conocer de antemano el número de elementos de la misma, por lo que puede dejar los corchetes en blanco. Sin embargo, si el lenguaje de implementación no proporciona instrucciones o funciones predefinidas para averiguar el tamaño de una tabla, debe pasarla como argumento. Cuando se pasa una tabla como argumento a un subprograma, basta con indicar su nombre sin utilizar corchetes.

Hay muchos ejemplos posibles. Entre ellos, ¿por qué no ordenar un array? Tome uno de los algoritmos de ordenación del capítulo anterior, como la ordenación por inserción y adáptelo para transformarlo en un algoritmo:

```
Funcion ordena_tabla(t:tabla[] de enteros,num:entero) :tabla[] de
enteros
VAR
  i,mem:enteros
INICIO
  Para i De 1 Hasta numelem Hacer
    mem←tab[i]
    pos←i-1
  MientrasQue tab[pos]>mem Y pos>=0 Hacer
      tab[pos+1]←tab[pos]
      pos←pos-1

    FinMienstrasQue
    tab[pos+1]←mem
FinPara
FinFuncion
```

Aquí tienes un pequeño programa para empezar:

```
PROGRAMA ORDENARTAB
CONST
  INDICES=10
VAR
  t :tabla[1..INDICES] ←{10,5,8,7,3,1,6,9,4,2} de enteros
  i :entero
Inicio
  t=ordenar_tabla(t,INDICES)
  Para i De 1 Hasta INDICES Hacer
    Visualizar t[i]
  FinPara
Fin
```

En PHP es aún más sencillo: el tamaño de las tablas pasadas como argumentos es irrelevante. Puede obtener el tamaño de un array usando la función count(). La función `sort_array()` recibe un solo argumento, la tabla a ordenar y ni siquiera tiene que devolver la tabla porque se pasa como referencia.

```
<html>
  <head><meta/>
    <title>Función de ordenación de tabla</title>
```

```
  </head>
  <body>
  <?php

  // atención a cómo se pasa por referencia con el signo &
  function sort_table(&$tab) {

    $cpt=count($tab);

    for($i=1;$i<$cpt;$i++) {
      $mem=$tab[$i];
      $pos=$i-1;
      while(($pos>=0) && ($tab[$pos]>$mem)) {
        $tab[$pos+1]=$tab[$pos];
        $pos--;
      }
      $tab[$pos+1]=$mem;
    }
  }

  $t=array(48,17,25,9,34);
  $cpt=count($t);

  echo "Antes:";
  for($i=0;$i<$cpt;$i++) echo $t[$i]." ";
  echo "<br />";

  sort_table($t);

  echo "Después:";
  for($i=0;$i<$cpt;$i++) echo $t[$i]." ";
  echo "<br />";


  ?>
  </body>
</html>
```

El resultado es el siguiente:

```
Antes:
48 17 25 9 34
Después:
9 17 25 34 48
```

2. Subprogramas recursivos

2.1 Aspectos principales

Un subprograma puede llamar a cualquier otro subprograma. Por tanto, un subprograma se puede llamar a sí mismo. Se dice que un subprograma es recursivo si está, al menos en parte, definido por sí mismo. En otras palabras, si llama a su propia función o procedimiento en una función o procedimiento, se dice que es recursivo. El ejemplo más sencillo es el factorial: **¡n!**=n***(n-1)!**

Existen dos tipos de recursividad:

- Simple o rápido: el subprograma se llama a sí mismo.
- Cruzado o indirecto: dos subprogramas se llaman entre sí: el primero llama al segundo, que a su vez llama al primero, etc.

La recursión se puede aplicar tanto a funciones como a procedimientos.

Para la recursividad simple:

```
Procedimiento recursivo()
Inicio
  /* instrucciones */
  recursivo()
  /* instrucciones */
Fin
```

Para la recursividad cruzada:

```
Procedimiento recur1()
Inicio
  /* instrucciones */
  recur2()
  /* instrucciones */
Fin
Procedimiento recur2()
Inicio
  /* instrucciones */
  recur1()
  /* instrucciones */
Fin
```

A continuación, sólo se describirán subrutinas recursivas simples.

2.2 Un primer ejemplo: el factorial

Un factorial es el ejemplo perfecto de aplicación de un algoritmo recursivo. Este ejemplo ya se ha presentado en capítulos anteriores, pero conviene recordarlo rápidamente:

- 10!=10*9*8*7*6*5*4*3*2*1
- Por lo tanto, 10!=10*(9*8*7*6*5*4*3*2*1)
- Así que 10 = ¡10*9!
- Entonces n!=n*(n-1)!

Si creara una función (apropiada en este caso) llamada fact() para calcular el factorial de n, tendría un atajo como este:

```
fact(n)=n*fact(n-1)
```

A partir de ahí, es muy fácil escribir una función recursiva fact():

```
Funcion fact(n:entero) :entero
Inicio
  n←fact(n-1)
  Devuelve n
Fin
```

Esta función no está completa porque se ejecutará hasta el infinito. No hay condición de parada. El cálculo debe continuar mientras n sea mayor que 1. Aquí están las sucesivas pasadas para un factorial de 5:

- 1ª etapa: 5>1? Si: fact(5) llama a 5*fact(4),
- 2ª etapa: 4>1? Si: fact(4) llama a 4*fact(3),
- 3ª etapa: 3>1? Si: fact(3) llama a 3*fact(2),
- 4ª etapa: 2>1? Si: fact(2) llama a 2*fact(1),
- 5ª etapa: 1>1? No: fact(1) sale devolviendo el valor 1 hasta fact(2).

¿Ha terminado? No. Cada función que es llamada devuelve su valor al programa o subprograma que la llamó. Así que continúa:

- 6ª etapa: fact(2): 2*fact(1)=2, devuelve 2 a fact(3),
- 7ª etapa: fact(3): 3*fact(2)=6, devuelve 6 a fact(4),

– 8ª etapa: fact(4): 4*fact(3)=24, devuelve 24 a fact(5),
– 9ª etapa: fact(5): 5*fact(4)=120, devuelve 120 al programa que llama.

Si sigue el orden de llamadas<->devoluciones obtiene el siguiente diagrama:

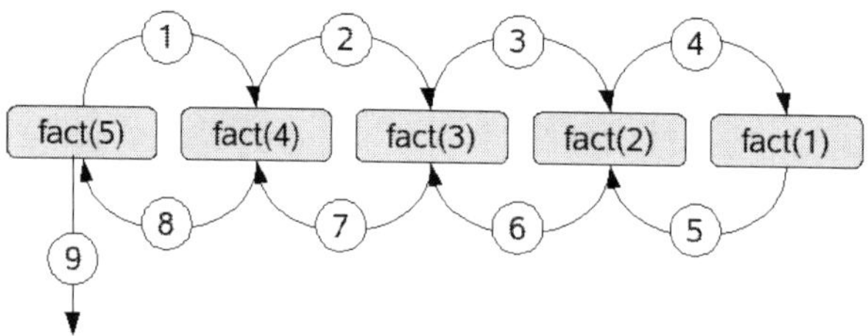

Llamadas recursivas

Por tanto, un algoritmo fact() algo más correcto es:

```
Funcion fact(n :entero) :entero
Inicio
  Si n>1 Entonces
    n←n*fact(n-1)
  FinSi
  Devuelve n
Fin
```

Todavía falta el caso del factorial de cero, que es uno. Al final, la función recursiva fact() podría tener este aspecto, porque un factorial sólo es posible con enteros positivos:

```
Func fact(n:entero):entero
Inicio
  Si n=0 Entonces
    Devuelve 1
  Sino
    Devuelve n*fact(n-1)
  FinSi
Fin
```

La misma función en PHP con su programa de acompañamiento:

```
<html>
  <head><meta/>
    <title>Factorial</title>
  </head>
  <body>
  <?php
  function fact($n) {
    if($n==0) return 1;
    else return $n*fact($n-1);
  }

  $n=fact(10);
  echo "$n";
  ?>
  </body>
</html>
```

Ejemplo: Mostrar todos los valores de una tabla multidimensional

A continuación, se muestra el código PHP para mostrar los valores de tablas multidimensionales:

```
<?php
funtion mostrar_tabla($table,$title="",$level=0) {
      // Parámetros
      // - $table = array cuyo contenido se va a mostrar
      // - $title = título que se va a mostrar encima del contenido
      // - $level = nivel de visualización
      if ($title != "") { // Si hay un título, se visualiza.
        echo "<br /><b>".$title."</b><br />";
      }
      // Probar si hay datos.
      if (isset($table)) { // Hay datos
      if (isset($table)) { // hay datos
      // Examinar el array pasado como argumento.
      reset ($table);
      foreach ($table as $key => $value) {
      // Mostrar la clave (con sangría según el nivel).
      // htmlentities() es una función que transforma
      // caracteres HTML especiales
          echo str_pad('',12*$level, ' ').htmlentities($key).' = ';
         // Visualizar el valor
         if (is_array($value)) { // verifica si es una tabla
           echo '<br />';
```

```
                // Llama recursivamente a display_table para
                // visualizar la tabla en cuestión
                display_table($value,'',$level+1);
              } else { // es un valor escala
                // Visualizar el valor.
                echo htmlentities($value).'<br />';
              }
            }
          } else { // no ha datos
            echo '<br />';
          }
        }
        // Declaración de las tablas.
        $tab_characteristic_angel = array("nombre" => "PAUL","profesión" =>
      "ministro","edad" => 50);
        $tab_characteristic_maria = array("nombre" => "ROBERT","profesión"
    => "agricultor","edad" => 45);
        $tab_person['ANGEL'] = $tab_characteristic_dupont;
        $tab_person['MARIA'] = $tab_characteristic_durand;

        // Visualizar una tabla de dos dimensiones (Nombre/Características).
        display_table($tab_person,'Nombre/Características');

?>
```

Muestra:

```
Nombre/Características
ANGEL =
  nombre = PAUL
  profesión = ministro
  edad = 50
MARIA =
  nombre = ROBERT
  profesión = agricultor
  edad = 45
```

La ventaja de esta función recursiva es que si tuvieras una tabla con tres, cuatro o N dimensiones, el código de la función no cambiaría porque no depende del número de dimensiones.

2.3 Un ejemplo práctico: las torres de Hanoi

Las torres de Hanoi es un juego de ingenio inventado en 1883 por N. Claus de Siam, profesor del Li-Sou-Stian College. Si ha tenido la curiosidad de buscar estos nombres y ciudades, se llevará una sorpresa: ninguno de los dos existe. De hecho, son anagramas que hacen pensar que el juego lo inventó un asiático. No hay nada de eso. N. Claus de Siam es un anagrama de Lucas D'Amiens (Edouard Lucas en realidad), que nació en Amiens y Li-Sou-Stian es un anagrama de Saint-Louis, el nombre del Liceo donde Lucas daba clases.

Las torres de Hanoi derivan de una leyenda hindú que cuenta que un templo tiene tres postes en los que se apilan 64 discos de oro de distintos diámetros. Los sacerdotes de Brahma trasladan continuamente los discos del primer poste al tercero, posiblemente pasando por un poste intermedio y siguiendo unas sencillas reglas:

- Sólo pueden mover un disco a la vez.
- Sólo pueden desplazar un disco a una ranura vacía o a un disco de mayor diámetro.

La leyenda también cuenta que los discos se apilaron al principio de los tiempos y que, cuando los sacerdotes terminen de moverlos, se acabará el mundo.

Observación

No cabe duda de que si los sacerdotes de la leyenda hubieran tenido un ordenador, ya estaríamos todos muertos. Con 64 discos se necesitan 264-1 desplazamientos (18446744073709551615 y sólo si no se equivocas), es decir, a razón de uno por segundo 584.542.046.090 años (584.000 millones de años). Dado que el universo tiene unos 14.000 millones de años (esto es teórico), nos quedan 570.000 millones de años para disfrutarlo. Además, los discos de oro deben de ser muy pesados para moverse.

El juego hace referencia a Hanói porque en la capital de Vietnam, antigua colonia francesa, los tejados de algunas pagodas tienen forma de bandejas apiladas.

El algoritmo recursivo para resolver este problema es un clásico que requiere un poco de trabajo psicológico. Supongamos que sabe mover n-1 discos. Para mover n, basta con mover (n-1) discos del poste 1 al 3, luego mover el disco grande del 1 al 2 y terminar moviendo los otros (n-1) discos del poste 3 al 2.

es decir:

- n es el número de discos,
- tiene la posición inicial, vale 1,
- b, la posición de llegada, vale 2,
- c, la posición intermedia utilizable, es 3,
- al inicio, todos los discos están en la posición a,
- un procedimiento de "desplazamiento" que mueve un disco de una posición a otra a través de una posición intermedia.

El algoritmo es el siguiente:

```
Procedimiento desplazar(n,a,b,c :enteros)
Inicio
  Si n>0 Entonces
  desplazar(n-1,a,c,b)
  Visualizar "De ",a, "hacia ",b
  desplazar(n-1,c,b,a);
FinSi
Fin
```

Y en PHP:

```
<html>
  <head><meta/>
    <title>Torres de Hanoi</title>
  </head>
  <body>
  <?php
  function move($n, $a, $b, $c)
  {
    if($n>0) {
      echo "deplace(".($n-1).",$a,$b,$c)<br />";
      move($n-1,$a,$c,$b);
      echo "De $a hacia $b<br />";
      echo "deplace(".($n-1).",$c,$b,$a)<br />";
      move($n-1,$c,$b,$a);
```

```
    }
  }
 move(3,1,2,3);

  ?>
  </body>
</html>
```

3. Ejercicios

Ejercicio 1

Cree una función que calcule la suma de valores pasados como argumentos. Esta función tendrá como primer argumento por referencia el resultado y como segundo argumento la tabla de valores. Llame a la función con un array que contenga los números 5,9,4 y 18. Escribe la solución en PHP.

Ejercicio 2

Cree una tabla que contenga 10 números aleatorios entre 1 y 100 y luego ordénela sin utilizar métodos de ordenación de tablas como sort(). Cree una función para intercambiar dos valores en una tabla. Mostrar estos valores separados por una coma. Escriba la solución en PHP.

Ejercicio 3

Cree una función que muestre aleatoriamente una frase que contenga cualquier número de palabras pasadas como argumento. Cada palabra debe aparecer sólo una vez. La función recibirá una tabla como argumento. Escriba la solución en PHP.

Ejercicio 4

Sea la tabla A con los elementos 3,8,15,16. Crea una tabla B mediante un bucle que contenga todos los elementos del 1 al 20 excepto los elementos de la tabla A. Crear una función que calcule el cubo de este número y muestre los elementos del array B en una primera columna y el cubo de los elementos de B en una segunda columna en una tabla HTML. Escriba la solución en PHP.

Ejercicio 5

Cree una función que reciba una cadena de caracteres como argumento y devuelva una cadena de caracteres utilizando el cifrado conocido como "la cifra de César". Esto implica desplazar cualquier número de letras. Así, si elegimos 4, la A se convierte en E, la B en F, etc. Escribe la solución en PHP que pide que se realice el desplazamiento.

Capítulo 7
Los archivos

1. Los distintos archivos

1.1 Preámbulo

Los archivos son difíciles de describir en términos algorítmicos. Durante años, hasta mediados de los noventa, COBOL reinó entre los lenguajes de programación de informática empresarial. Este lenguaje era tan potente en este campo como práctica era su sintaxis. Los que sepan algo de COBOL sabrán de qué estamos hablando. Una de las fuentes de su poder era su capacidad para manejar archivos y registros estructurados, en cualquier sentido, de cualquier forma.

Sin embargo, COBOL ha pasado de moda para los nuevos desarrollos. Multitud de archivos de datos diversos han sido sustituidos por otras estructuras, sobre todo bases de datos relacionales, con lo que el estudio de la mayoría de los tipos de archivos ha quedado obsoleto en favor de lenguajes como SQL. Sin embargo, las propias bases de datos se suelen almacenar en archivos.

Por ello, este capítulo es más breve que los demás. Sería posible describir toda una serie de tipos de archivos: existen libros completos sobre el tema.

Se cubrirán en gran medida las bases teóricas y las definiciones, pero sólo se tratarán los archivos de texto. PHP no sabe cómo manejar archivos indexados directamente, así que esto resuelve el problema.

1.2 Problemática

¿Qué es un archivo? Encontrar información en archivos es exactamente igual que en el mundo real. Cuando tiene un único dato que recordar en la cabeza, es fácil. Cuando tienes miles, es misión imposible. Utiliza una agenda y rellena fichas. No cabe duda de que el cerebro tiene unas capacidades increíbles, pero ¿cómo recordar todas las transacciones bancarias de millones de cuentas bancarias?

A esto se añaden dos problemas:

- A pesar de la potencia de sus ordenadores, la capacidad de memoria suele ser limitada. Un ordenador "estándar" de 32 bits (de sobremesa, de juegos) suele estar limitado a 8 GB. Algunas máquinas van mucho más allá, hasta 128 GB. Sin embargo, incluso al modesto nivel del ordenador personal, esto no suele ser suficiente: es imposible almacenar todos los datos en la memoria. Por ejemplo, una película en formato DV de una videocámara digital ocupa casi 20 GB, un DVD completo más de 8 GB y así sucesivamente.
- Aunque fuera posible almacenar todos los datos en la memoria principal, lo que sería ideal dada la velocidad con la que se puede acceder a la información, la memoria es volátil. En otras palabras, mientras el ordenador esté encendido, sus programas no se bloqueen y haya corriente, no hay problema. En cuanto se desenchufa, todo desaparece.

Así que tiene que encontrar una solución a largo plazo para almacenar sus datos. Un archivo es una posibilidad.

1.3 Definición

Un archivo es una colección de información, generalmente estructurada de una forma u otra. Por supuesto, la memoria también contiene este tipo de información (ya ha visto los tipos estructurados), pero hablamos de archivos cuando esta información se coloca en un soporte menos volátil que la memoria del ordenador. Así, un archivo se puede colocar en un disquete (que se está extinguiendo), en una cinta magnética (como las copias de seguridad en cinta, por ejemplo), en una memoria USB y, sobre todo, en un disco duro.

1.4 Formatos

1.4.1 Tipos de contenidos

Un archivo se distingue de los demás por una serie de atributos, como su nombre y su categoría. También se distinguen entre sí por la forma en que están organizados sus datos, lo que define su formato. Probablemente conozca varios formatos de archivo:

- archivos de texto,
- documentos de tratamiento de textos,
- archivos de sonido MP3,
- vídeos DivX,
- archivos HTML,
- imágenes JPEG,
- sus archivos de gestión de cuentas bancarias;
- etc.

¿Cómo orientarse? Hay tantas organizaciones de datos como productos de software. Y eso suele ser un gran problema, lo que llamamos un formato de archivo propietario: a menudo es imposible releer un formato determinado con un producto de la competencia.

Observación

Esto no tiene por qué estar directamente relacionado, pero un poco de presión en este caso concreto no está de más: existen muchos formatos de archivo denominados "abiertos", en los que la organización de los datos contenidos es conocida y está documentada. Cualquier formato de archivo "abierto" suele ser reconocido de la misma manera por los programas que saben utilizarlos. PDF (para determinados documentos) es un formato abierto inventado por Adobe, MientrasQue OGG Vorbis es otro, competidor de MP3. Sigue existiendo una distinción entre formatos propietarios y formatos libres. Todos los formatos libres son abiertos, pero muy pocos propietarios lo son. Un formato libre, abierto y extendido es garantía de longevidad y compatibilidad de sus datos. OGG Vorbis es libre, PDF no. Si Adobe desarrollara mañana una nueva versión, podría ser incompatible con las anteriores y habría que pagar por ella. Hemos visto documentos de Word que ya no se podían abrir de una versión a otra...

Cualquier cosa que se pueda formalizar se puede almacenar en un archivo. Sin embargo, hay diferencias obvias y evidentes entre un archivo que necesita almacenar una foto y otro que almacena una página HTML de un sitio web.

Hay dos categorías de archivos:

- Archivos organizados como líneas sucesivas de texto, que se denominan archivos de texto.
- Archivos en bruto, que contienen una variedad de datos, incluidos números representados en forma binaria, con poca o ninguna correspondencia con el texto, que se denominan archivos binarios.

1.4.2 El archivo binario

¿Cómo distinguir un archivo de otro? Es muy fácil. Coja un editor de texto sencillo (el bloc de notas en Windows, por ejemplo) y abra el archivo sobre el que tiene dudas. Si le sale esto (el editor en el ejemplo de abajo es kWrite en Linux):

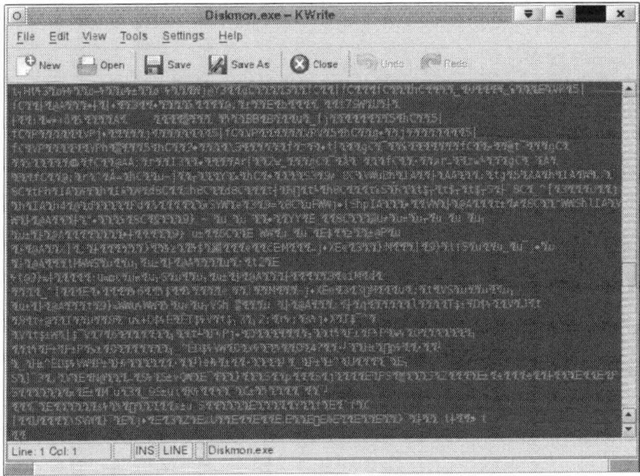

Resultado de abrir un archivo binario en un editor

... es que se trata de un archivo binario, en este caso un programa compilado. No se puede leer directamente, pero es una secuencia de instrucciones y datos que el microprocesador puede entender. Sin embargo, si se emite en forma hexadecimal o binaria, sería posible convertir las secuencias en instrucciones legibles, que es la función de un desensamblador. El mismo principio se aplica a un archivo en formato MP3: este formato requiere un programa que analice el formato conocido y lo transforme en ondas sonoras que se puedan enviar a la tarjeta de sonido y luego a los oídos.

Es interesante observar que el editor de texto kWrite utilizado para la captura anterior ha proporcionado una advertencia interesante:

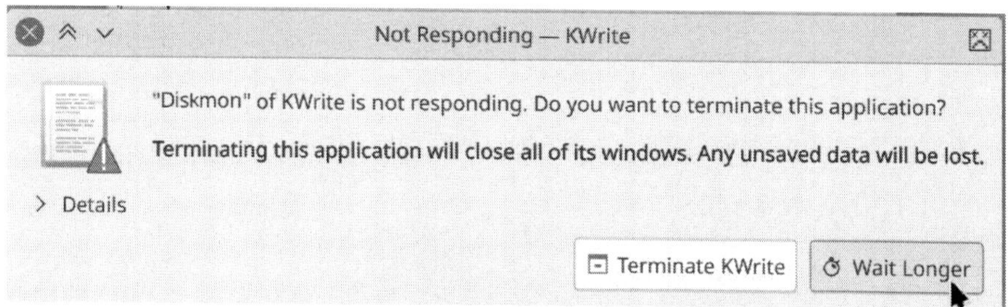

Riesgo de corrupción de un archivo binario

Un archivo binario no utiliza ASCII ni Unicode para representar números, de ahí los extravagantes caracteres que se muestran. Así que volver a guardar un archivo binario con un editor de texto romperá el formato del archivo, haciéndolo completamente inutilizable.

Observación

La configuración completa de Windows se almacena en un registro o base de registro. Esta base se almacena en dos archivos, system.dat y users.dat, en formato binario. Si están dañados, es muy probable que tenga que reinstalarlo todo. Sólo puede acceder a este registro indirectamente a través del editor de registro regedit o regedt32, pero no abriéndolo con el bloc de notas.

1.4.3 El archivo de texto

Un archivo de texto es lo que dice: contiene texto en forma de líneas. Cada línea es distinta de las demás. El ordenador o mejor dicho, el sistema operativo, añade caracteres especiales para determinar si se debe pasar de línea. En Windows, se trata de los caracteres ASCII CR (*Carriage* Return), que tiene un valor de 13, y LF (*Line Feed*), que tiene un valor de 10. Esta secuencia **CRLF** pasa a la línea. En Unix y sus derivados, incluido Mac OS, sólo es necesario el carácter LF (para convertir texto de Windows a Unix y viceversa, es necesaria una conversión). No hace falta mostrarte una captura de pantalla de un editor abriendo un archivo de texto.

Esta es una de las cualidades esenciales de un archivo de texto: el usuario puede leer directamente un archivo de texto y su organización resulta evidente.

En un archivo de texto, los números pares se representan como caracteres ASCII (o Unicode, según el caso). El número 1234 se representará exactamente en este formato de caracteres, es decir, la secuencia ASCII 31-32-33-34 (hexadecimal), 49-50-51-52 (decimal) o 0011001 0011010 0011011 0011100 en binario. El mismo número en un archivo binario se representaría como 04D2 (hexadecimal) o 10011010010 en binario: una gran diferencia.

Esto significa que cuando escriba números en un archivo de texto, tendrá que utilizar funciones para convertir números en cadenas. A la inversa, tendrá que utilizar otra función cuando lea estas cadenas para convertirlas en números. Para ello puede utilizar las funciones predefinidas:

- `x=chnum(txt)`: convierte la cadena txt en un valor numérico,
- `txt=numch(x)`: convierte el valor numérico x en una cadena.

Como habrá visto en algunos de los ejemplos de capítulos anteriores, PHP tiene un interesante arsenal de funciones para convertir texto en enteros, reales, etc. Hay un problema con los reales. Hay un problema con los números reales: la gente en los países angloparlantes (y otros) usa el punto como separador decimal, MientrasQue en España probablemente usen la coma. Es cierto que los lenguajes de programación utilizan principalmente el punto, pero las hojas de cálculo españolas utilizan la coma. Amigos canadienses, si estáis leyendo este libro, tenéis más suerte que los españoles, que tendrán que tener cuidado al convertir una cadena en un número y viceversa, debido a la coma. En caso de duda, lea el manual de su idioma.

Observación

Casi todos los archivos de configuración de los sistemas operativos Unix son archivos de texto. Para modificar esta configuración, a menudo basta con abrirla con un editor de texto, modificar o añadir líneas, guardar y ya está.

1.4.4 ¿Qué formato debo utilizar?

Use el sentido común. Sería ridículo utilizar un archivo de texto para guardar una imagen, igual que sería ridículo utilizar un archivo binario para guardar texto plano (un formato de tratamiento de texto es más complejo de lo que parece). Formatos reputados (y de moda) como XML o JSON son archivos cuya estructura puede llegar a ser muy compleja y, sin embargo, son archivos de texto.

Archivo de texto

Las propiedades de un archivo de texto son las siguientes:

- Los archivos de texto se utilizan para almacenar datos estructurados.
- Estos datos pueden ser texto o números, siempre que todo se convierta en texto legible.
- Estos datos estructurados se denominan registros.
- Los registros de un archivo de texto se representan como líneas, separadas entre sí por una secuencia CRLF (Windows) o LF (Unix/Mac).
- Cada línea representa una estructura de registro, según un formato preestablecido (fijo o delimitado).
- Un archivo de texto se puede leer y modificar con cualquier editor de texto.
- La interpretación de las grabaciones depende naturalmente de su finalidad.
- Un archivo de texto sólo se puede leer línea por línea.
- Sólo se añade un registro al final del archivo. Para modificar o insertar un registro, probablemente tendrás que reescribirlo todo.

Archivo binario

Al igual que ocurre con los archivos de texto, éstas son algunas de las propiedades de un archivo binario:

- Un archivo binario puede almacenar cualquier cosa, estructurada o no.
- Los archivos binarios no tienen estructura aparente; representan una secuencia de datos (bytes) escritos uno tras otro.

- Todos los datos se representan en forma binaria. Los números se convierten y si hay texto, aparece como tal pero sin estructurar. Del mismo modo, si ve un carácter, puede ser un efecto secundario: la conversión de un número "por casualidad" da algo que es legible mediante códigos ASCII o Unicode pero que no tiene nada que ver. En resumen: los datos de un archivo binario se escriben exactamente igual que si salieran de la memoria: es la misma representación.
- La estructura de los registros depende de cómo se interprete el programa. Los registros pueden ser de longitud fija, pero pegados uno tras otro sin saltos de línea.
- Por esta razón, un archivo binario no se debe abrir ni guardar con un editor de texto: suele ser ilegible. Sólo un programa que sepa manipularlo puede utilizarlo. Sin embargo, puede utilizar un editor hexadecimal.
- El archivo se puede leer byte a byte, por bloques o entero, desde cualquier posición, según defina su estructura. Lo mismo ocurre con los registros.

1.5 Acceso a los archivos

1.5.1 Secuencial

El archivo secuencial permite acceder a los datos en el orden en que fueron escritos. Se accede a los datos uno tras otro. Para acceder al registro número mil, primero debe leer los 999 primeros (lo que no significa que tenga que interpretarlos). Los archivos de texto suelen ser archivos secuenciales, en los que cada registro está representado por una línea.

Un archivo binario puede ser perfectamente secuencial, ya que una vez más es usted quien determina su estructura. Puede decidir que los primeros n bytes son la descripción de una figura geométrica con n caras y que los otros n registros representan la longitud de las caras, los ángulos, etc.

No es posible modificar directamente el registro de un archivo secuencial. Puede añadir un registro al final. Para borrarlo, puede utilizar un editor.

1.5.2 Acceso directo

El acceso directo también se conoce como acceso aleatorio. No tiene nada de aleatorio, pero, a diferencia del acceso secuencial, puede saltar directamente al lugar que desee. En un archivo de texto, puede ser el número de registro (línea). Para un archivo binario, es la posición del byte que quiera.

1.5.3 Indexado

En un archivo indexado los registros se identifican mediante un índice, que puede ser un número o cualquier otro valor, un identificador. Conocer este identificador permite acceder directamente al registro al que hace referencia. Los registros se suelen colocar uno detrás de otro en el archivo, como en un archivo secuencial. Los índices se colocan en una tabla de índices, con la posición del registro correspondiente en el archivo para cada índice. Por tanto, un archivo indexado es una super-mezcla de los dos.

Los índices pueden ser totalmente independientes, en cuyo caso no hay necesariamente ninguna forma de leer registros sin conocer su índice. Pero muy a menudo se oye hablar de secuencial indexado: el archivo está indexado, pero a partir de un índice se pueden leer sucesivamente todos los registros siguientes. Los índices se pueden encadenar en uno o ambos sentidos o incluso ordenarse, etc. La noción de encadenamiento es uno de los temas del próximo capítulo.

1.5.4 ¿Otros?

Un lenguaje como el COBOL es el rey de la manipulación de archivos, sobre todo en secuencial indexado. Sería más complejo, pero no imposible, descodificar un archivo MP3 en este lenguaje.

Puede hacer lo que quiera con un archivo, usted determina su estructura. Mejor (o peor, según los casos): al lenguaje de programación le da igual el contenido del archivo. Si le pide al lenguaje C que abra un archivo binario en modo texto y lee los registros sucesivamente, no se inmutará: en un archivo grande, probablemente encontrará algunos saltos de línea.

Del mismo modo, puede saltar al byte de su elección en un archivo de texto, leer tres bytes de él y ya está. Depende de usted implementar la interpretación del contenido de los archivos en el lenguaje utilizado. En cuanto a la indexación, es un desastre PHP, C, C++ y Java no ofrecen nada predefinido. Depende de usted crearlo todo usando las funciones básicas existentes.

2. Registros

Este capítulo se centra en los archivos de texto. En ellos, deberá definir la estructura de sus registros. Aunque todo es posible, sobre todo con estructuras de árbol como XML, inicialmente puede elegir entre dos métodos bastante sencillos: registros con delimitadores o registros de ancho fijo.

2.1 Delimitadores

Los registros delimitados son comunes en Unix. En cada línea, los valores individuales se denominan **campos** y están separados entre sí por un carácter especial llamado separador o carácter delimitador. Se puede utilizar cualquier carácter, pero no debe aparecer en el valor de un campo, ya que rompería la estructura del registro. A menudo se utilizan el punto y coma ";" o los dos puntos ":".

Los campos de registro suelen ir entre comillas cuando son cadenas de caracteres, nada para los valores numéricos. Esto no es una afirmación: no siempre es así y depende de usted gestionar el tipo de un valor determinado dentro de su programa.

He aquí un ejemplo sencillo del contenido de un archivo delimitado de tipo común en Unix:

```
root:x:0:0:root:/root:/bin/bash
bin:x:1:1:bin:/bin:/bin/bash
daemon:x:2:2:Daemon:/sbin:/bin/bash
lp:x:4:7:Printing daemon:/var/spool/lpd:/bin/bash
mail:x:8:12:Mailer daemon:/var/spool/clientmqueue:/bin/false
news:x:9:13:News system:/etc/news:/bin/bash
uucp:x:10:14:Unix-to-Unix CoPy system:/etc/uucp:/bin/bash
```

Los más perspicaces habrán reconocido una parte del archivo /etc/passwd que contiene información sobre las cuentas de usuario del sistema Unix. Cada línea es un registro con la siguiente estructura:

- Un separador ":" delimita los distintos campos.
- Hay siete campos, numerados (por convención) del 1 al 7.
- 1er campo: nombre de usuario (login).
- 2º campo: indicador de contraseña (aquí almacenada en otro lugar).
- 3er campo: UID, identificador numérico único del usuario.
- 4º campo: GID, identificador del grupo de usuarios (almacenado en otro lugar).
- 5º campo: comentario libre.
- 6º campo: carpeta personal del usuario.
- 7º campo: el intérprete de comandos (shell) de conexión.

Como puede ver, es posible incluir información muy importante en un archivo de texto.

Manejar un archivo de este tipo es bastante sencillo: basta con leer una línea y luego dividirla campo por campo, lo cual es bastante sencillo porque lo único que hay que hacer es encontrar los delimitadores. La mayoría de los lenguajes ofrecen funciones que permiten dividir una cadena según los delimitadores. Este tipo de archivo tiene ventajas e inconvenientes:

- El hecho de que los campos se peguen juntos y que cada campo no ocupe más espacio del que ocupan sus datos, supone una verdadera ventaja en términos de espacio en disco y ocupación de memoria.
- Sin embargo, el proceso de dividir la cadena según la posición necesariamente aleatoria de un delimitador es más complejo de lo que parece. Los lenguajes pueden proporcionar funciones apropiadas, pero ¿cómo lo harías tú mismo?

Este último punto es bastante fácil de formalizar en forma de algoritmo. A "split" recibe tres argumentos: una cadena de caracteres, el delimitador y una posición inicial. Devuelve el campo a partir de esta posición, que es el número de caracteres de la cadena, empezando por uno. Si la función devuelve una cadena vacía, no queda nada.

```
Funcion split(txt :cadena,delim :caracter,pos :entero) :cadena
Var
  l,i :enteros
  tmp :cadena ;
Inicio
  l=longitud(delim)
  tmp←""
  i←pos
  MientrasQue i<=l y mitad(txt,i,1)!=delim Hacer
    tmp←tmp&mitad(txt,i,1) // un único carácter concatenado
    i←i+1
  FinMientrasQue
  Devuelve tmp
FinFuncion
```

Para utilizar esta función, he aquí un pequeño programa que busca sucesivamente todos los campos de una línea. Basta con hacer un bucle hasta que la función split devuelva una cadena vacía. Cada vez que se pasa por el bucle, hay que incrementar la posición en la longitud de la cadena encontrada, más 1 (el delimitador) para encontrar el nuevo campo.

```
Programa descompone
Var
  linea,resultado :cadena
  pos :entero
Inicio
  pos←1
  linea←"root:x:0:0:root:/root:/bin/bash"
  resultado←"toto"
  MientrasQue resultado!="" Hacer
    resultado←descompone(linea," :",pos)
    Si resultado!="" Entonces
      Visualiza resultado
      pos←pos+longitud(resultado)+1 //después del delimitador
    FinSi
  FinMientrasQue
Fin
```

Ya ve que el tratamiento no es trivial y, a lo largo de miles de registros, esto puede llegar a ser importante.

2.2 Anchura fija

En los registros de anchura fija no hay delimitadores. Cada campo tiene una longitud predefinida y ocupa toda esta longitud, aunque se complemente con espacios. De este modo, los campos se pegan para formar un único gran bloque.

Si tuviera que convertir una línea anterior en un registro fijo, necesitaría saber que:

- Un nombre de usuario suele tener 8 caracteres.
- Una única contraseña 1 (almacenada en otro lugar).
- Los UID y GID utilizan un máximo de 5 dígitos.
- El comentario tendrá una longitud arbitraria (para el ejemplo) de 15 caracteres.
- Las rutas y shell también están limitadas arbitrariamente a 15 caracteres.

```
|----------------------------------------------------------------|
|root    x0    0    Comentario      /root          /bin/bash      |
|bin     x1    1    Comentario      /bin           /bin/bash      |
|daemon  x2    4    Comentario      /sbin          /bin/bash      |
|rohaut  x123  123  Cuenta Seb      /home/seb      /bin/ksh       |
|----------------------------------------------------------------|
|1      891   11   22              33             45             6|
|         0   45   01              56             90             4|
```

Destacan dos cosas:

- A diferencia del formato delimitado, el formato de ancho fijo consume mucha más memoria. En este ejemplo se utilizan 64 bytes para cada registro. En el formato delimitado, el tamaño es variable, pero la primera línea sólo utiliza 32 bytes.

- Sin embargo, la recuperación de estos registros es mucho más sencilla, ya que se conoce de antemano el tamaño de cada campo y, por tanto, todas las posiciones en las que dividir los registros. Por otro lado, hay que acordarse de eliminar los espacios sobrantes suprimiendo los espacios finales. Los lenguajes suelen ofrecer una función llamada "trim" que lo hace por usted. Así que no es necesario buscar como antes.

Este aspecto práctico compensa el uso de memoria, sobre todo porque coincide estrechamente con los tipos estructurados tratados en el capítulo Tablas y estructuras. Esto facilita la lectura y escritura en archivos.

Un archivo de formato fijo también tiene otra ventaja: puede elegir entre dos formatos, texto o binario, para guardarlo. Es decir, línea por línea o contiguo. Como conoce el tamaño exacto de un registro, baste decir que los bytes del 1 al 64 representan el primero, del 65 al 129 el segundo, del 130 al 194 el tercero y así sucesivamente. Sin embargo, tendrá que tener cuidado con los valores numéricos, ya que un entero suele ocupar cuatro bytes, un real de doble precisión ocho y así sucesivamente.

Conociendo de antemano las posiciones de cada campo, utilizará las subrutinas predefinidas de cada idioma para recortar una subcadena de caracteres equivalente a la función intermedia del capítulo anterior.

2.3 Principios de acceso

2.3.1 Pasos básicos

Para trabajar con archivos, hay que seguir un orden determinado. Necesitará:

- **Abrir** el archivoen otras palabras, indique a qué archivo desea acceder y cómo.
- **Procesar** el contenido del archivo: leerlo, escribir en él, en resumen, todas las operaciones necesarias para acceder a su contenido y manipularlo.
- **Cerrar** el cuando haya finalizado todo el proceso.

El paso más importante es el primero. ¿Cómo se abre un archivo? Si sólo pudiera abrir un archivo, sería bastante sencillo, pero ¿qué le impide abrir tres o cuatro al mismo tiempo?

2.3.2 Identificadores de archivos y canales

El programa debe poder saber en qué archivo está trabajando cuando lee o escribe datos en él. Esto se consigue utilizando un identificador único para cada archivo abierto.

En la práctica, todos los lenguajes o casi todos los lenguajes internos, utilizan el mismo método. El acceso a un archivo requiere el uso de un canal.

Además de agua, este canal transporta barcos y barcazas en ambas direcciones.

En el mundo virtual, un canal se utiliza para transferir un flujo de información (datos) de un programa a un archivo, de un archivo a un programa, de un programa a otro, entre dos archivos, entre un programa y un periférico, etc. Por ejemplo, hay un canal que transfiere lo que escribes en el teclado al programa que está esperando la entrada, y otro canal que transfiere lo que el programa necesita mostrar a la pantalla. Algunos canales funcionan en ambas direcciones, otros no.

Cada canal tiene un número único y algunos tienen nombres predefinidos. El que está conectado por defecto al teclado, llamado canal de entrada estándar, tiene el número 0 (si 0 es un número) y se llama STDIN. El que envía la información a mostrar a la pantalla (o más bien al controlador o subsistema de visualización), llamado canal de salida estándar, tiene el número 1 y se llama STDOUT. Hay un tercer canal llamado STDERR, el número 2, que transporta los mensajes de error.

La noción de canal es evidente en ciertos sistemas operativos, especialmente Unix, que la utiliza y abusa de ella. El propio Windows hereda esta noción, que se puede explotar simplemente a través del intérprete de comandos original de DOS. En C, es posible utilizar las funciones de lectura y escritura de archivos con estos tres canales.

Dispone de todos los canales a partir del número dos, es decir, del 3 en adelante, para sus propios archivos. Por tanto, abrir un archivo consiste, directa o indirectamente, en adjuntarle un canal.

Los datos que escriba en el archivo irán de su programa al archivo por este canal y los datos que lea del archivo al programa irán siempre por este canal.

Las notaciones algorítmicas pueden variar en este punto. Algunas notaciones utilizan la sintaxis de un lenguaje como Basic o Visual Basic, en el que usted mismo debe indicar qué número de canal utilizar cuando se abre el archivo. Otras utilizan la sintaxis de C, en la que la función C que abre el archivo elige un canal y usted recupera un identificador de archivo en forma de variable. Este identificador es el **nombre lógico** del archivo dentro del programa. Esta notación es generalmente preferible para fines algorítmicos.

Observación

*En C, una función de apertura de archivos devuelve una variable de tipo FILE que es, de hecho, un tipo estructurado que contiene varias piezas de información, incluyendo un entero que contiene un número que resulta ser el número del descriptor del archivo en el sistema operativo. Los límites se definen dentro del sistema. En Linux, por defecto no puede haber más de 1024*1024 archivos abiertos, pero en la práctica son 1024 por proceso (programa). Esto debería ser suficiente, pero varios mecanismos permiten ir aún más lejos, generalmente hasta 8192. A partir de ahí, la cosa se complica. Un nombre lógico de archivo es, por tanto, un tipo de registro estructurado.*

2.3.3 Modos de apertura

Cuando abre un archivo, tiene que especificar cómo quiere acceder a él. ?Sólo quiere leer su contenido, escribir donde quiera o añadir líneas al final?

- En modo **lectura** tiene acceso de sólo lectura al archivo. No puede escribir en él. Puede moverse, volver al principio, leer lo que quiera, pero eso es todo.
- En el modo **escritura**, a veces llamado lectura/escritura, puede modificar cualquier parte del archivo, escribir donde quiera, sobrescribir sus datos antiguos y perderlos para siempre. Tenga cuidado con la diferencia entre mayúsculas y minúsculas si sus registros son de tamaño variable en un archivo de texto. También puede leer el contenido del archivo.
- Con **agregar** (*append*) no puede leer el archivo, sino que sólo puede añadir datos después del final del archivo, como añadir un registro o unos bytes al final. No se pueden modificar los datos ya escritos en el archivo.

Observación

El principal problema que encontrará al utilizar registros en un archivo es que no hay forma de borrar un registro y, por tanto, reducir su tamaño. Así que tendrá que ser astuto, utilizar una bandera especial para indicar un registro borrado y planificar procesos de reorganización del archivo (reindexación, borrado de líneas, listas enlazadas, etc.), probablemente utilizando archivos temporales o cargarlo todo en memoria y luego reescribir sólo los valores correctos...

3. Archivo de texto secuencial

3.1 Abrir y cerrar un archivo

Primero debe declarar el nombre lógico del archivo: una variable que, asociada al archivo, le permitirá trabajar con él. Como de costumbre, se coloca en la sección Var. A continuación, especifique el tipo de acceso: secuencial, directo, indexado, etc. Tenga en cuenta que, en acceso directo, también puede trabajar en modo secuencial.

```
VAR
fic:archivo secuencial
```

A continuación, hay que abrir el archivo, asociando nombre lógico y nombre de archivo, con el modo de apertura deseado. Esto se hace con la instrucción **Abrir**.

```
Abrir "toto.txt" en fic en modo lectura
```

También encontrará a veces esta sintaxis en forma de función, más próxima a ciertos lenguajes:

```
fic←Abrir("toto.txt","lectura")
```

La primera sintaxis suele ser preferible en los algoritmos. Para cerrar un archivo, utilice la sentencia **Cerrar** seguida del nombre lógico del archivo.

```
Cerrar fic
```

También existe una sintaxis funcional, pero se aplican las mismas observaciones: utilice la primera en caso de duda.

```
Cerrar(fic)
```

Observación

No incluya el nombre del archivo en las instrucciones de lectura, escritura y cierre. El programa no conoce el nombre del archivo, sólo su nombre lógico.

Así pues, el comienzo de un posible programa sería el siguiente:

```
Programa ABRIR
Var
  fic :archivo secuencial
  nombre :cadena
Inicio
  nombre←"toto.txt"
  Abrir nombre en fic en modo lectura
  /* procesamiento */
  Cerrar fic
Fin
```

3.2 Leer y escribir registros

3.2.1 Lectura

Como recordatorio, aquí los registros son las líneas de un archivo de texto, siendo un registro equivalente a una línea. Una línea se lee utilizando la instrucción **Leer**. Leer lee el registro en la posición actual del archivo y posteriormente, pasa al siguiente registro. Cuando se abre el archivo, Leer lee la primera línea. Uno nuevo Leer leerá la segunda y así sucesivamente hasta el final. Por eso la lectura se llama lectura secuencial. También encontrará la misma instrucción bajo el nombre **LeerArchivo**, es lo mismo.

La sintaxis es la siguiente:

```
Leer(nombre_logico,variable)
```

La variable del segundo argumento recibe el registro, la línea leída. En el siguiente ejemplo, se lee un registro del archivo de contraseñas (visto anteriormente), suponiendo que el ancho es fijo, luego se divide el registro para recuperar el login y el uid, convertidos a un entero.

```
Programa ABRIR
Var
  fic :archivo secuencial
  nombre :cadena
  linea,login :cadena
  uid :entero
Inicio
  nombre←"passwd"
  Abrir nom en fic en modo lectura
  /* procesamiento */
  Leer (fic,linea)
  login←trim(mitad(linea,1,8))
  uid←chnum(mitad(linea,10,5))
  Visualiza login,uid
  Cerrar fic
Fin
```

Pero, ¿qué se puede hacer si no se conoce de antemano el número de líneas del archivo? ¿Cómo saber si se ha llegado al final del archivo?

Tiene dos opciones:

- Según ciertos formalismos algorítmicos, **Leer** es una función que devuelve un booleano, es decir, verdadero o falso. Si se intenta leer un registro y no hay más, Leer devuelve FALSE. En otras palabras, mientras Leer sea TRUE, puede seguir leyendo las siguientes líneas.
- La función **EOF()** también llamada **FinArchivo()** devuelve un booleano que indica si se ha alcanzado o no el final del archivo. Esta función recibe como argumento el nombre lógico del archivo. Devuelve TRUE si se ha alcanzado el final del archivo, es decir, si no hay más registros que leer.

Observación

*La función algorítmica **EOF()** devolverá TRUE si el archivo que está abriendo no contiene registros, es decir, si se llega al final del archivo nada más abrirlo. Sin embargo, en algunos lenguajes, el programa no lo sabe hasta que ha intentado leer un registro, por lo que una función de este tipo devolvería FALSE hasta que haya leído un registro. Tenga cuidado.*

El siguiente programa leerá todo el archivo de contraseñas y colocará los nombres de usuario y UIDs en tablas. Como no sabemos de antemano el número de elementos, lo limitaremos arbitrariamente a 100 líneas.

```
Programa LEERFIC
Var
  fic :archivo secuencial
  nombre :cadena
  linea:cadena
  i:entero
  login :tabla[1..100] de cadenas
  uid :tabla[1..100] de enteros
Inicio
  nombre←"passwd"
  i←0
  Abrir nombre en fic en modo lectura
  MientrasQue NO EOF(fic) Hacer
    Leer (fic,linea)
    i←i+1
    login[i] ←trim(mitad(linea,1,8))
    uid[i] ←chnum(mitad(linea,10,5))
  FinMientrasQue
  Visualiza i," registros leídos "
  Cerrar fic
Fin
```

3.2.2 Escribir

Leer es una cosa, escribir en un archivo es otra. Para escribir se utiliza la instrucción **Escribir**, una función que recibe como argumentos el nombre lógico del archivo y el registro (línea) que se va a escribir. Al igual que la instrucción leer, encontrará una instrucción **EscribirArchivo** que es estrictamente idéntica:

```
Escribir(nombre_logico,registro)
```

Como tiene que escribir registros de anchura fija, le corresponde a usted comprobar que los registros tienen la longitud correcta. Si son demasiado largos, es posible que haya dimensionado mal los registros al principio (un caso habitual es una dirección alargada o un nombre de población compuesto). Si son demasiado cortos, tendrá que añadir espacios al final de la cadena.

Por ejemplo, siguiendo con el ejemplo de los nombres de usuario, ¿qué hacer si el nombre de usuario es demasiado corto, por ejemplo "toto", es decir, tiene cuatro caracteres, cuando debería tener ocho? El truco consiste en alargar el login con espacios. Esto no es un problema para volver a leerlo, ya que la función trim() lo devolverá a su estado original. Es probable que su lenguaje de programación ofrezca una función que rellene los bits que faltan por sí sola, a veces incluso como una instrucción de escritura (fprintf de C lo hace muy bien).

Mientras tanto, puede programar usted mismo esta función algorítmica. Se parece mucho al procedimiento RepiteCar(). Llámelo Formato(). Recibirá como argumentos el campo del registro y la longitud esperada. Devolverá el mismo campo pero formateado: cortado a la longitud correcta o con espacios añadidos al final.

```
Funcion Formato(campo :cadena, longitud :entero) :entero
Var
  numespacios,len :enteros
Inicio
  len=longitud(campo)
  Si len>longitud Entonces
    campo=izquierda(cadena,longitud)
  Sino
    numespacios=longitud-len
    MientrasQue numespacios<>0 Hacer
      campo=campo&" "
      numespacios=numespacios-1
    FinMientrasQue
  FinSi
  Devuelve campo
FinFuncion
```

Algunos formalismos algorítmicos permiten a veces especificar de antemano la longitud de una cadena al declarar la variable.

```
Var
  login:cadena de 8 caracteres
```

Esto implica que ya no tiene que preocuparse de que la cadena sea demasiado corta o demasiado larga. Eso es cierto en el algoritmo, pero cuidado en un lenguaje real. El lenguaje COBOL era una delicia en este sentido, pero en C o Java el tamaño no se especifica.

Con la función Formato() definida, puede reconstruir su registro y luego escribirlo en el archivo.

```
Programa ESCRIBIR
Var
  fic :archivo secuencial
  nombre,linea:cadenas
  tlogin,tuid,tpwd,tgid,tcmt,thome,tshell:cadenas
  uid,gid:enteros
Inicio
  nombre←"passwd"
  Abrir nombre en fic en modo Agregar
  login←"toto"
  uid←500
  gid←501
  ...
  /* reconstitución */
  tlogin←Formato(tlogin,8)
  tuid←Formato(numch(uid),5)
  tgid←Formato(numch(gid),5)
  tpwd←Formato(tpwd,1)
  tcmt←Formato(tcmt,15)
  thome←Formato(thome,15)
  tshellFormato(tshell,15)
  linea←tlogin&tpwd&tuid&tgid&tcmt&thome&tshell
  /* Ecritura */
  Escribir(fic,linea)
  Cerrar fic
Fin
```

La instrucción **Escribir** añade añade el registro al archivo y, a continuación, se posiciona en el registro creado. Por lo tanto, si ejecuta una nueva instrucción **Escribir**, el nuevo registro se colocará después del anterior. Pero tenga cuidado al abrir el archivo. En el modo lectura/escritura, el registro no se añadirá al final del archivo (al contrario que en el modo agregar), sino en la posición actual: se sobrescriben los registros existentes, uno tras otro.

Un programa bastante sencillo consiste en copiar registros de un archivo a otro. Para añadir un poco de picante, ¿por qué no decir que si el campo de contraseña contiene una "d", el registro se debe eliminar?, es decir, no se copia en el nuevo archivo.

```
Programa COPIA
Var
  fic,fic2 :archivos secuenciales
  nombre,nombre2 :cadenas
  linea,pwd:cadenas
Inicio
  nombre←"passwd"
  nombre2←"backup"
  Abrir nombre en fic en modo lectura
  Abrir nombre2 en fic2 en agregar

  MientrasQue NO EOF(fic) Hacer
    Leer(fic,linea)
    pwd ←trim(mitad(linea,9,1))
    Si pwd<>"-" Entonces
      Escribir(fic2,linea)
    FinSi
  FinMientrasQue
  Cerrar fic
  Cerrar fic2
Fin
```

¿Procesamiento en disco o en memoria?

Esta estrategia de copia tiene una ventaja: consume muy poca memoria. Sin embargo, tiene un gran inconveniente: requiere que haya dos archivos en el disco duro en un momento dado. En el proceso anterior, el objetivo era eliminar las líneas innecesarias del primer archivo. Al final, este tipo de tratamiento consta de tres etapas:

- Copia los registros de **passwd** al **backup**.
- Eliminación del archivo **passwd**.
- Cambia el nombre del **backup** a **passwd**.

Este método es preferible para archivos muy grandes, de varios miles (o millones) de líneas, si no se quiere sobrecargar la memoria.

Otro método consiste en procesar todo en la memoria. Esto se hace en dos etapas:

- leer todo el archivo passwd y almacenar las líneas en una tabla,
- reescribir el archivo passwd con los elementos correctos de la tabla.

Observación

Algunos lenguajes distinguen entre el modo de escritura, que suele ser destructivo (el archivo se purga -se vacía- antes de añadir datos) y un modo de adición ampliado, en el que el archivo también se puede leer. Tenga cuidado.

Este método es más rápido y sencillo. Acceder y procesar los registros en memoria es más rápido que acceder a un archivo en disco. Una vez en memoria, los datos se pueden manipular a voluntad, sin tener que releer los registros. Esto es preferible si la capacidad de memoria del ordenador lo permite. Los grandes programas informáticos, como los gestores de bases de datos relacionales, suelen almacenar en caché varios bloques de archivos para acelerar el procesamiento.

Mientras los medios de almacenamiento no volátiles sean más lentos que la memoria, éste es el camino a seguir.

3.3 Los registros estructurados

Quizá deberíamos decir registros de tipo estructurado, como se vio en el capítulo sobre tablas y estructuras. El método de lectura secuencial visto en el punto anterior puso de manifiesto un pequeño problema. Cuando recupera un registro, lo recupera entero y luego le toca trocearlo. Para recuperar varios registros, utiliza tablas, una para cada campo del registro.

En el capítulo Tablas y estructuras, aprendió sobre los registros de tipo estructurado. Estos registros se dividen a su vez en campos. ¿Por qué no leer y escribir un registro de tipo estructurado directamente en un archivo?

Observación

Tenga en cuenta: aunque que la notación algorítmica permite leer y escribir registros de tipos estructurados en un archivo, esto no es así en todos los lenguajes. COBOL lo hace muy bien, pero no todos los demás lenguajes, como C o Java, al menos no como se presenta aquí. Aunque sólo sea porque en estos lenguajes las longitudes de las cadenas son variables y los números se representan en forma binaria, habría que utilizar un archivo binario o transformarlo todo en una cadena y justificarlo a la longitud deseada.

Para utilizar registros estructurados, debe especificar el tamaño exacto de cada campo que compone el tipo estructurado.

```
Tipo
Estructura enrpwd
  login :cadena de 8 caracteres
  pwd :cadena de 1 caracter
  uid :cadena de 5 caracteres
  gid :cadena de 5 caracteres
  cmt :cadena de 15 caracteres
  home :cadena de 15 caracteres
  shell :cadena de 15 caracteres
FinEstructura
```

La declaración de un registro o de una tabla de registros y la asignación de valores a los campos se explican en la sección del capítulo Tablas y estructuras dedicada a ellos.

Por lo demás, la lectura y escritura de un registro funciona de la misma manera que los registros simples compuestos "a mano". Se utilizan las mismas funciones. La diferencia importante es que todos los campos se escriben a la vez y se leen a la vez.

- Escribir() añadirá un registro al archivo, formado por todos los campos del tipo estructurado. Como se especifica el tamaño exacto, todo el texto ya está correctamente formateado. Menos trabajo.
- Leer() lee un registro completo, es decir, todos los campos del tipo estructurado a la vez. Tras la lectura, cada campo contiene el valor correcto.

En ambos casos, el tipo estructurado debe corresponder **exactamente** al contenido del archivo y viceversa, de lo contrario podría haber sorpresas desagradables. El siguiente algoritmo escribe un registro estructurado en un archivo, luego vuelve a leer el mismo archivo y recupera el registro en otra variable del mismo tipo.

```
Programa FicReg
Var
  milinea,recup :enrpwd
  fic :archivo secuencial
Inicio
  milinea.login←"toto"
  pwd←"x"
  uid←"1001"
  gid←"415"
  ...
  /* Escritura */
  Abrir "passwd" en fic en modo Agregar
  Escribir(fic,milinea)
  Cerrar fic
  /* Relectura */
  Abrir "passwd" en fic en modo Lectura
  Leer(fic,recup)
  Cerrar fic
  /* Obtenemos lo mismo */
  Visualiza recup.login
  Visualiza recup.uid
  ...
Fin
```

Del mismo modo, puede utilizar una tabla de registros para leer todo el archivo y colocar todos los registros en la memoria.

```
Programa leertodo
Var
  lineas :tabla[1..50] de enrpwd
  fic :archivo secuencial
  i :entero
Inicio
  i←1
  Abrir "passwd" en fic en modo Lectura
  MientrasQue NO EOF(fic) Hacer
    Leer(fic,lineas[i])
    i←i+1
```

```
  FinMientrasQue
  Cerrar fic
Fin
```

3.4 Ejemplo PHP

PHP sabe manipular tipos de archivos binarios o de texto, de acceso secuencial o directo. No es muy complicado.

El siguiente programa PHP es un ejemplo de lectura y reescritura de registros con delimitadores, como el archivo de usuario Unix. Permite:

- Abrir el archivo para leerlo.
- Leer cada línea.
- Colocar cada línea en una tabla bidimensional: la primera es la fila, la segunda los campos divididos mediante el método split().
- Reservar un espacio para cualquier tratamiento de las grabaciones.
- Abrir el archivo de salida de escritura.
- Recomponer todas las líneas utilizando una función recolle() que recibe como argumentos una tabla de cadenas y el delimitador.
- Escribir la línea reconstruida en el archivo, con un retorno de carro.

Tal como está, el programa se limita a hacer una copia. Depende de usted crear cualquier procesamiento entre la lectura y la escritura. Además, las filas se colocan en una tabla de tamaño fijo. Tal vez sería más ventajoso utilizar listas enlazadas, como se explica en el capítulo siguiente.

Las instrucciones de declaración, apertura, lectura, escritura y cierre se muestran en negrita.

```
<?php

 function stick($pieces, $separator) {

   $l=count($pieces);
   $string="";

   for($i=0;$i<$l;$i++) {
```

```
    $string=$string.$pieces[$i];
    if($i!=($l-1)) $string=$string.$separator;
  }
  return $string;
}


$cpt=0;
$line="x";

$File=fopen("/etc/passwd",'r');

while(!feof($File)) {
  // lee una línea
  $line=fgets($File);
  if($line) {
    // Split de la línea
    $passwd[$cpt]=split(":",$line);
    $cpt++;
  }
}
fclose($File);

// Eventual procesamiento aquí en la tabla

// Archivo de salida
$FicSort=fopen("/home/seb/micopia","w+");

for($cpt=0;$cpt<count($passwd);$cpt++) {

// Pegamos los trozos
  $line=stick($passwd[$cpt],":");

  // Guardamos la línea
  fwrite($FicSort,"$line");
}
fclose($FicSort);
?>
```

Si, después de una instrucción fgets o fwrite, desea volver al principio del archivo, debe utilizar la función **fseek()**. Esta función recibe como argumento el recurso y la posición en el archivo.

Por ejemplo:

```
<?php

$resource = fopen('archivo.txt', 'r+');
if ($resource) {
   fwrite($resource, 'Buenos días ');
   fseek($resource, 0); //volvemos a posicionar el cursor al inicio
del archivo
   fwrite($resource, 'María.');
}
fclose($resource);

?>
```

Muestra en file.txt:

```
María.
```

4. Ejercicios

Ejercicio 1

Escriba un programa PHP para crear un archivo de texto si no existe ya y luego escriba "fecha y hora actuales:" seguido de la fecha actual en este archivo. En PHP, la fecha se muestra utilizando la función date('d.m.Y G:i:s')

Ejercicio 2

Escriba un programa PHP para crear un archivo de texto que almacene el número de veces que una página ha sido vista.

Ejercicio 3

Sean cliente.txt y prospecto.txt dos archivos cuyos registros tienen la misma estructura. Escriba un programa PHP que copie todo el contenido de los archivos cliente y prospecto en el archivo final.txt.

Capítulo 8
Nociones avanzadas

1. Punteros y referencias

1.1 Recordatorio sobre la memoria y los datos

1.1.1 Estructura de la memoria

Los capítulos anteriores ya le han enseñado mucho sobre la memoria y la organización de su contenido:

- La memoria se divide en bytes.
- Cada byte de la memoria tiene una dirección.
- Los datos se pueden repartir en varios bytes, ocupando un rango de direcciones (por ejemplo, 4 u 8 bytes para un número real, incluso más para una cadena).

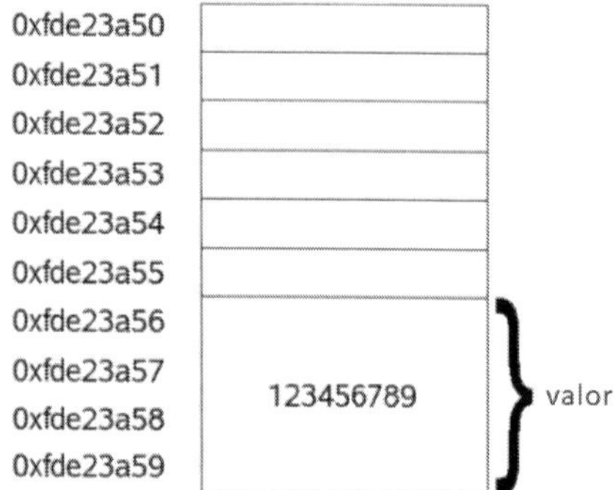

Representación de una variable en memoria

Una variable es un nombre que se da a una o varias celdas. Nombra la zona de memoria que contiene los datos. La zona de memoria que contiene los datos está definida por dos elementos:

- La dirección de inicio de los datos, es decir, la dirección del primer byte que contiene los datos.
- El tamaño de esta zona, es decir, el número de bytes que componen los datos.

El tamaño de la zona depende del tipo de datos. Un carácter ASCII ocupa un solo byte, un entero cuatro, un entero largo ocho, etc.

Cuando se accede al contenido de la variable, se accede al contenido de la zona de memoria asociada a ella. Por tanto, la propia variable contiene otra información, la dirección de la zona de memoria a la que está asignada.

Por convención, dado que un ordenador puede gestionar mucha memoria, las direcciones se escriben en hexadecimal. Es más fácil hablar de la dirección 0x2dcf0239 que de la dirección 768541241. Algunos lenguajes permiten acceder y por tanto ver la dirección de la zona de memoria de una variable, simplemente la dirección de la variable.

1.1.2 PHP: límites que no lo son

El lenguaje PHP utilizado desde el principio de este libro no permite averiguar la dirección de la variable. De hecho, la mayoría de las cosas descritas en las próximas páginas serán parcialmente inaccesibles para este lenguaje. Una de ellas es la posibilidad de acceder a la dirección de memoria de diversas variables. La razón es simple: PHP es un lenguaje avanzado de alto nivel que no tiene que interferir directamente con la memoria de la computadora. El programa PHP no sabe dónde están almacenados realmente sus datos en la memoria principal; es el intérprete el que se encarga de todo. Si hubiera sido posible ver una dirección, habría sido dentro de la memoria reservada por el intérprete, sin poder hacer el enlace con la memoria física.

Este sistema tiene una serie de ventajas, ya que PHP gestiona la memoria por ti, por lo que no tiene que preocuparse de los problemas asociados a los lenguajes de bajo nivel. En C, por ejemplo, cuando crea una cadena de caracteres, en realidad es una tabla de caracteres. Si se pasa del tamaño que estableciste inicialmente, se arriesga a graves fallos de funcionamiento y caídas, porque el espacio de memoria posterior puede estar reservado para otra variable o una pieza de programación. C tampoco le avisa de errores en los índices de las tablas. PHP se libra de todos estos problemas porque maneja todo por usted. No hay riesgo de sobre-ejecutar nada, no hay riesgo de olvidar liberar memoria, etc.

Verá que PHP maneja muy bien las referencias para algunas cosas, como se explica brevemente en el capítulo sobre tablas y estructuras.

1.1.3 Breves ejemplos en C

El lenguaje C es un lenguaje de bajo nivel que permite acceder directamente al contenido de la memoria física, al menos a la reservada a su programa. En C, puede mostrar la dirección de una variable de forma muy sencilla. El siguiente fragmento de código muestra el contenido y la dirección de una variable entera larga. Todo lo que tiene que hacer en C es añadir el signo "&" (Y comercial) antes del nombre de la variable. La cadena esotérica %#xd significa que &i es un valor entero (d) que se debe convertir a hexadecimal en la visualización, con un prefijo 0x delante (#), el % indica que los caracteres añadidos a la variable en el argumento se deben sustituir en orden.

```
long i=123456;
printf("%d en la dirección %#xd\n",i,&i);
```

Evidentemente, el resultado varía de una máquina a otra y nunca es el mismo si se ejecuta el programa varias veces:

```
123456 a la dirección 0xbf9f8420d
```

C también permite averiguar la longitud de una variable, el número de bytes que utiliza, mediante la función sizeof().

```
printf("%d en la dirección %#xd, tamaño %d bytes",i,&i,sizeof(i));
```

Una variable de tipo long se codifica en 4 bytes en un ordenador de 32 bits, por lo que el resultado no es ninguna sorpresa.

```
123456 en la dirección 0xbfa03430d, tamaño 4 bytes
```

1.2 El puntero

1.2.1 Consideraciones principales y definición

Ya sea usando lenguajes de bajo nivel, lenguajes de alto nivel como PHP o algoritmos, puede ser útil encontrar formas de manipular directa o indirectamente las direcciones de variables u otros elementos (tablas, tipos estructurados, objetos). En PHP esto no es directamente posible, ya verá otra forma. Pero la noción es importante, incluso para este lenguaje.

Rara vez o nunca, introducirá a mano una dirección en una variable. Incluso en C, generalmente se parte de una dirección ya definida (la de una variable, una tabla, etc.).

En lenguajes que soportan la manipulación de direcciones de memoria, es práctica común manipular estas direcciones usando variables especiales que no contienen datos, sino una dirección de memoria. Éstas se denominan punteros.

Un puntero es una variable que contiene la dirección de otra variable.

El puntero apunta a otra variable cuya dirección de memoria contiene, denominada variable apuntada. Si se visualiza el contenido de un puntero, se obtiene una dirección que es la de la variable apuntada, MientrasQue si se visualiza el contenido de la variable apuntada, se obtiene el valor asociado a ella.

Un puntero es una variable. Como tal, se debe declarar, tiene su propia dirección en memoria y se le asigna un tipo. El tipo de un puntero no describe lo que contiene (es una dirección, por lo que en principio tiene una longitud de 32 o 64 bits, según la arquitectura), sino el tipo de la variable a la que apunta. Por tanto, un puntero a una variable de tipo largo debe declararse con un tipo largo.

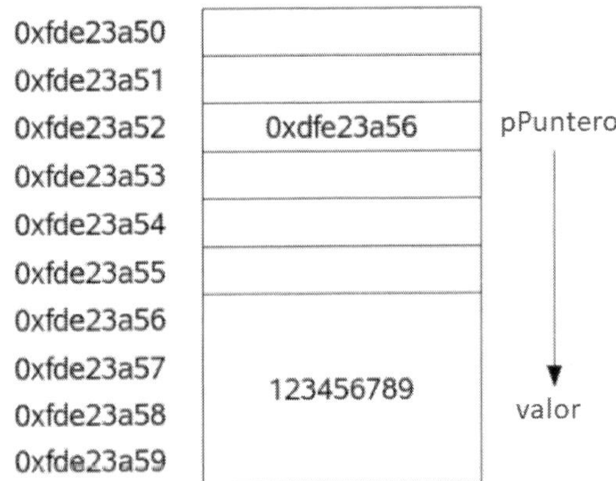

El puntero y la variable apuntada en memoria

1.2.2 C es el rey de los punteros

Es posible que se pierda en estas definiciones y explicaciones. El siguiente ejemplo en C debería darle suficiente información para el resto. Suponga que quiere colocar la dirección de la variable i del ejemplo anterior en un puntero. Para declarar un puntero en C, basta con añadir un asterisco "*" antes de su nombre. Cada línea está comentada para ayudarle. El objetivo es apuntar un puntero p_i a la dirección del entero i. Para ello, el puntero recibirá esta dirección utilizando el signo "&" delante de i, ya que como vimos anteriormente, este signo se utiliza para acceder a la dirección de una variable.

```
long i=123456; /* Un entero long que contiene 123456 */
long *p_i; /* Un puntero a un entero largo */
/* El puntero p_i recibe la dirección de i */
p_i=&i;
printf("%d en la dirección %#xd, tamaño de %d
bytes\n",i,&i,sizeof(i));
printf("El puntero p_i apunta a la dirección %#xd\n",p_i);
```

Cuando se ejecuta en la máquina del autor, el resultado es:

```
123456 en la dirección 0xbfa95cbcd, tamaño 4 bytes
El puntero p_i apunta a la dirección 0xbfa95cbcd
```

Observe que la dirección de la variable i corresponde ahora exactamente al contenido del puntero p_i. El puntero p_i apunta a la variable i cuya dirección contiene.

Pero, ¿qué hacemos con este puntero? Un puntero se utiliza para almacenar la dirección (posición de memoria) de otra variable. Hay muchos usos para los punteros, y en el resto de este capítulo veremos dos aplicaciones de los punteros: las listas enlazadas y los árboles binarios. Mientras tanto, un puntero también se puede utilizar para acceder al contenido de la variable apuntada. Todo lo que tiene que hacer es añadir un asterisco "*" antes del nombre de la variable. ¿Qué hace la siguiente línea en C?

```
printf("Contenido de la variable a la que apunta *p_i: %d\n",*p_i);
```

Muestra el contenido presente en la dirección apuntada, es decir, el contenido de la variable apuntada:

```
Contenido de la variable a la que apunta *p_i: 123456
```

Acceder al contenido de la variable apuntada se denomina desreferenciar un puntero.

Con este sistema, las variables y los punteros se pueden manipular en todas direcciones. Si modifica el contenido de la variable apuntada, la dirección del puntero no se modifica, pero al eliminar la referencia aparecerá el nuevo valor. A la inversa, puede modificar el valor de la variable apuntada pasando por su puntero con la estrella delante.

```
/* modificación del valor de la variable apuntada por p_i */
*p_i=987654;
printf("i contiene ahora %d\n",i);
```

El resultado es que acaba de modificar el contenido de la zona de memoria en la dirección apuntada por p_i, que es la dirección de i. Por tanto, acaba de modificar el valor de i pasando a través de un puntero.

```
i contiene ahora 987654
```

1.2.3 Aplicaciones

Hay muchas aplicaciones:

- En C, una función no puede devolver directamente una tabla o un registro estructurado. Debe devolver la dirección de la tabla o del registro, de modo que su resultado se coloque en un puntero adecuado.
- En el capítulo sobre subrutinas, vio que es posible pasar una variable como salida (S) o entrada/salida (ES) a un procedimiento. ¿Qué mecanismo cree que se utiliza? El puntero, por supuesto: pasa la dirección de la variable como argumento y el subprograma modificará el contenido de la memoria en esa dirección mediante un puntero.
- Los punteros abren la puerta a la utilización de mecanismos complejos. En concreto, puede crear una lista ordenada de registros: un registro contiene un valor, luego un puntero al siguiente registro y así sucesivamente.
- En un lenguaje de bajo nivel como C, las tablas se pueden manipular muy fácilmente utilizando punteros, ya que es posible realizar cálculos sobre direcciones: +1 va al contenido de la siguiente dirección y así sucesivamente.

He aquí un sencillo ejemplo en C de una función que necesita modificar el contenido de una variable pasando primero por un valor de retorno y luego por un puntero.

La primera función es muy clásica y muy similar a lo que existe en PHP.

```
long modif(long var,long n)
{
        var=n;
        return var;
}
```

Se utiliza de este modo y no es necesario ningún comentario en particular:

```
i=modif(i,1000);
printf("i contiene ahora %d\n",i);
```

La segunda función se modifica para recibir una dirección como argumento:

```
void modif2(long *var, long n)
{
      *var=n;
}
```

El primer argumento es un puntero a una variable long. La función debe recibir la dirección de una variable de tipo long, como la variable i del ejemplo. Se llama así:

```
modify2(&i,20000);
printf("i contiene ahora %d\n",i);
```

Esta es la dirección de i que se pasa como primer argumento de la función. En la función modif2, var contendrá la dirección de i y modificará el contenido de esta dirección colocando el valor del segundo argumento. Al retornar, se modifica el valor de i.

```
i contiene ahora 20000
```

Así es exactamente cómo funcionan los subprogramas de tipo procedimiento en el capítulo Los subprogramas.

Es con los registros de tipo estructurado y especialmente con las tablas donde los punteros muestran toda su potencia. Una tabla es una lista de elementos contiguos en memoria. Si recupera la dirección del primer elemento, puede acceder a los n elementos siguientes situados en las n direcciones siguientes utilizando un puntero.

Tomemos la cadena "hola". Cada carácter ocupa un byte y en memoria la cadena termina con un carácter nulo. En C, una cadena de caracteres es en realidad una tabla de caracteres, el elemento con índice 0 contiene el primer carácter, el elemento con índice 1 el segundo, etc., HastaQue el último elemento contiene el carácter nulo al final de la cadena. Coloque un puntero en el primer elemento de la tabla. Si aumenta el puntero en 1, se desplaza la longitud de un carácter en memoria, se encuentra en el segundo carácter y así sucesivamente.

Observación

Añadir 1 a un puntero no desplaza necesariamente la dirección un byte en memoria, sino la longitud del tipo de puntero. Si añade 1 a un puntero de tipo long, añade cuatro bytes a la dirección.

Utilizando este principio, resulta muy sencillo calcular la longitud de una cadena de caracteres en C: mientras el valor contenido en la dirección del puntero no sea cero, se incrementa en 1 el puntero. Esto da:

```
char cadena[]="hola"; /* una tabla de caracteres, una cadena */
char *p_c; /*un puntero de tipo carácter */
int n; /* va a contener el número de caracteres */
/* el puntero p_c contiene la dirección del primer elemento */
p_c=&cadena[0];
/* MientrasQue *p_c no contenga \0 (nul) */
while(*p_c!='\0')
{
p_c++; /* movemos un carácter la dirección */
n++; /* incrementamos el contador */
}
printf("Longitud: %d\n",n);
```

El bucle es extremadamente detallado, pero es posible hacerlo mucho más corto.

```
for(n=0;*p_c!='\0';p_c++) n++;
```

Observación

*En C, cada elemento de una tabla es, en realidad, un puntero a la dirección de memoria que contiene ese elemento. Esto significa que cadena contiene la dirección del primer elemento y *cadena contiene el primer elemento, cadena+1 la dirección del segundo elemento y *(cadena+1) su contenido y así sucesivamente. Así, p_c=&cadena[0] se podría haber escrito como p_c=cadena.*

¿Ve ahora el sentido de los punteros? Aunque este concepto es bastante complejo, simplifica enormemente el procesamiento de tablas, y la recuperación de valores y estructuras complejas.

1.3 Notación algorítmica

1.3.1 Declarar y utilizar punteros

Los algoritmos permiten naturalmente el uso de punteros. Se declara un puntero como cualquier otra variable y en el mismo lugar, bajo la palabra clave VAR.

```
nombre: puntero a tipo apuntado
```

Por convención, los punteros comienzan con la letra p. Esto no es obligatorio, pero le resultará mucho más fácil orientarse si sigue esta recomendación. Como vimos anteriormente, el tipo apuntado debe ser del mismo tipo que la variable apuntada. Si crea un puntero a un entero, el puntero será de tipo entero: apunta a un entero.

```
Var
  txt :cadena
  ptxt :puntero a cadena
  cont :entero
  pInt :puntero a entero
```

Al puntero se le puede asignar una dirección estática, es decir, una dirección hexadecimal que usted mismo introduce. Se trata de una asignación directa. En la práctica, este método se utiliza muy raramente, salvo en casos concretos (si se sabe que una dirección dada contiene siempre los mismos datos) y se prefiere pasar la dirección de una variable conocida.

```
puntero ← dirección de la variable
```

Con las variables del ejemplo, se obtiene:

```
Inicio
  txt←"Hello World"
  ptxt←dirección de txt
  cont←10
  pInt←dirección de cont
```

Como en C, utilizará la estrella para acceder al contenido de la variable apuntada, tanto para leer como para asignar. Continuación del programa:

```
Visualizar *ptxt
  *ptxt←"Hola a todos"
  Visualizar txt
  *pInt←11
  cont←cont+1
  Visualizar cont
```

Al final, ¿qué contienen txt y cont? "Hello World" y 12 respectivamente.

Es posible que un puntero aún no haya recibido una dirección y, por tanto, no apunte a ninguna parte. Esto es molesto porque está garantizado que se bloqueará si intenta usarlo. Para evitar este problema, se le asigna un valor genérico, que no representa nada pero que, sin embargo, puede ser comprobado. Este es el valor **NIL** (*Not Identified Link*). En C, es NULL y en PHP null. NIL es una especie de equivalente de cero, pero es reconocido como tal (si compara NIL y cero, obtendrá un resultado falso).

```
  pInt←NIL
Fin
```

Observación

Advertencia: es responsabilidad del usuario comprobar si un puntero tiene el valor NIL antes de utilizarlo. Acceder a un puntero que contiene NIL provocará un error.

Por último, pero esto debería parecerte obvio, puede crear punteros a cualquier tipo de variable, incluidos los registros. De hecho, este es uno de los pilares del uso de punteros. El resto de este capítulo hará un uso intensivo de ello.

```
Tipo
  Estructura tarticulo
    ref:cadena
```

```
      etiqueta:cadena
      precio:real
    FinEstructura
Var
    art :tarticulo
    pArt :puntero a tarticulo
Inicio
    art.ref←"ref01001"
    pArt←direccion de art
    Visualizar (*pArt).ref // también tenemos la notación pArt→ref
Fin
```

El comentario indica que también se utiliza la notación pArt→ref, con una flecha que indica que el puntero es al registro ref de la estructura a la que se apunta. Esta notación procede de los lenguajes C y C++, que distinguen entre una variable estructurada (que utiliza el punto para acceder a los campos) y un puntero a una variable estructurada (que utiliza la flecha). En caso de duda, también puede proceder del siguiente modo:

```
Visualizar pArt→ref
Visualizar (*pArt).ref
```

Las dos sintaxis son equivalentes, porque recordemos que la estrella elimina la referencia al puntero: recuperamos el valor de la variable apuntada y, por lo tanto, en este caso, el equivalente de la variable art original.

1.3.2 Asignación dinámica

Hasta ahora, a los punteros se les asignaba la dirección de una variable que ya existía. También es posible reservar una posición de memoria para datos a los que se apunta directamente. Con este principio, se puede crear un puntero a un número entero, por ejemplo y reservar un espacio de memoria que contendrá este número entero, al que apuntará la variable puntero. Este es el principio de la asignación dinámica de memoria. Debe utilizar la siguiente sintaxis:

```
puntero ←nuevo tipo
```

Por supuesto, el tipo debe ser el del valor que contendrá la posición de memoria reservada. Después de esta instrucción, el puntero recibe la dirección de memoria de la zona reservada. En caso de fallo (no hay más memoria disponible, por ejemplo) recibe el valor NIL.

En el siguiente ejemplo, se declara un puntero a un número entero. Si desea colocar un valor entero en la zona de memoria apuntada, primero debe reservar la ubicación necesaria. A continuación, utilizando la estrella delante del nombre del puntero, se coloca allí un entero.

```
Programa asig
Var
  pEntero :puntero a entero
Inicio
  pEntero←nuevo Entero
  *pEntero←12345
  Visualizar *pEntero
Fin
```

En la mayoría de los lenguajes con punteros, es posible especificar el tamaño de la memoria asignada, por ejemplo, asignando un espacio para diez enteros. En este caso, equivale a una tabla de enteros y la dirección devuelta será la del primer entero. Si se añade 1 al puntero, éste se desplazará un elemento. Esta sintaxis no se utiliza en algoritmos, en los que preferimos asignar memoria elemento a elemento, aunque luego haya que encadenarlos.

Cuando se asigna memoria dinámicamente, ésta permanece ocupada mientras exista el puntero. Sin más, la memoria sólo se recupera cuando el programa sale. Es tan fácil asignar memoria como liberarla o desasignarla (mucho bien utilizada) a voluntad: en cuanto el puntero o punteros dejan de ser necesarios, se libera la memoria asociada y eso es una ventaja. Para ello, utilice la siguiente sintaxis:

```
Liberar puntero
```

Al liberar el puntero, se libera la zona de memoria a la que apuntaba, que vuelve a estar disponible para cualquier otro uso. Atención, si ha almacenado la dirección de esta área en otro puntero y lo ha desasignado, este puntero apunta a un área que puede haber sido reasignada a otra cosa. Acceder a ella puede proporcionar un valor arbitrario, escribir en ella puede causar problemas o incluso que el programa se cuelgue. Lo mejor es sustituirlo por un valor NIL después de la liberación y acordarse de probar el puntero antes de utilizarlo.

Observación

Nunca haga referencia a un puntero cuya zona de memoria haya sido liberada. Desgraciadamente, éste es un error frecuente. En programas muy grandes, el programador olvida a veces comprobar el valor del puntero antes de acceder a él, provocando una fuga de memoria con consecuencias a menudo graves.

```
Programa libera
Var
  pEntero :puntero a entero
Inicio
  pEntero←nuevo Entero
  /* resto del programa */
  ...
  liberar pEntero
  pEntero←NIL
Fin
```

1.4 PHP y referencias

1.4.1 Diferencias entre C y PHP

El lenguaje C es el rey de los punteros. Hablamos tanto de él que casi nos olvidamos de PHP. Debido a que usa un intérprete, PHP no conoce los punteros en el verdadero sentido de la palabra. Sin embargo, es posible que una variable haga referencia a otra. Esto es algo similar a los punteros. Sin embargo, hay algunas diferencias esenciales:

- Un puntero contiene la dirección real de una variable en memoria. Una referencia PHP, conocida como handle, contiene sólo información "virtual", suministrada por el intérprete, que permite el acceso al recurso.
- La manipulación de punteros se puede volver rápidamente muy compleja en C/C++: riesgo de desbordamiento de direcciones, asignaciones de memoria complicadas, riesgo de confundir tipos, etc. No existe tal riesgo en PHP, donde la memoria es gestionada por el intérprete.
- El único operador en PHP es el "&" para referenciar una variable.

No piense que la ausencia de punteros en PHP es una limitación, sino todo lo contrario. En primer lugar, PHP es un lenguaje avanzado de alto nivel cuyo papel no es la manipulación de bajo nivel de direcciones físicas. Como resultado, el programador está completamente liberado de toda la gestión de direcciones, ya que la máquina virtual se encarga de todo. Es una especie de C++ sin toda la complejidad. Por lo tanto, el desarrollo en PHP se simplifica mucho al concentrarse en la funcionalidad.

1.4.2 Referencias

En PHP, cualquier variable puede ser referenciada y referenciar a otra variable. El operador "&" delante del nombre de una variable se utiliza para recuperar su referencia. Si intenta mostrarla, no obtendrá su dirección de memoria sino su nombre de referencia, tal y como lo establece el intérprete de PHP. PHP mantiene una tabla de recursos (variables, por ejemplo) utilizados en el programa. Cada recurso está identificado por un valor, una entrada. Es este valor el que hace referencia a la variable. En el siguiente ejemplo, $copia recibe la referencia de la tabla $t. Por lo tanto, las dos variables hacen referencia a la misma cosa: la tabla. Se puede acceder al tabla a través de cualquiera de las dos variables, ya que hacen referencia a la misma tabla. Del mismo modo, la función tabla recibe la referencia de la variable pasada como argumento. Las modificaciones se realizan directamente sobre la tabla pasada como argumento.

En PHP, todos los valores se pasan como copias EXCEPTO los objetos, que siempre se pasan por referencia y esto ha sido así desde PHP5.

```
<html>
  <head><meta/>
    <title>Referencias explícitas</title>
  </head>
  <body>
  <?php

  function table(&$tab)
  {
    $tab[1]=12345;
  }

  $t=array(2,7,9,10,11,14,17,18,20,22);
  $copy=&$t;
```

```
    echo "${t[2]}<br />\n";
    $copy[2]=5;

    echo "${t[2]}<br />\n";

    table($t);

    echo "${t[1]}<br />\n";

    ?>
    </body>
</html>
```

Reconocerá uno de los ejemplos del capítulo Tablas y estructuras. Se ha añadido una función "tabla" que recibe como argumento una tabla de enteros. La tabla t se pasa como argumento a la función tabla. En esta función, el argumento se modifica: el índice 1 de la tabla tab recibe el nuevo valor 12345. Al final de la función, el programa vuelve a mostrar el contenido del índice 1 de la tabla pasada como argumento: contiene 12345.

Observación

En PHP, todos los objetos se asignan y pasan como referencias a funciones. Por otro lado, todos los tipos simples (si puede hablar de tipos en PHP, hable más bien de escalares) son asignados y pasados en copia. Puedes forzar que se pasen por referencia añadiendo un & delante de la variable en la declaración de función o asignación. Depende de usted ser muy cuidadoso al modificar el contenido de estos tipos de variables en la función.

Es posible declarar ciertos tipos clásicos como objetos para hacer que PHP reaccione como Java, en particular con las tablas, que Java considera como objetos (Java considera todos los tipos como objetos, todo declarado con new). En PHP, es posible convertir una tabla en un objeto. De esta forma, se asigna automáticamente y se pasa como un argumento de referencia sin necesidad de ningún & previo.

```
<html>
    <head><meta/>
        <title>Referencia con ArrayObject</title>
    </head>
    <body>
    <?php
```

```
  function table($tab)
  {
    $tab[1]=12345;
  }

  $t=array(2,7,9,10,11,14,17,18,20,22);
  $o_t=new ArrayObject($t);

  $copy=$o_t;

  echo "${o_t[2]}<br />\n";
  $copy[2]=5;

  echo "${o_t[2]}<br />\n";

  table($o_t);

  echo "${o_t[1]}<br />\n";
  ?>
  </body>
</html>
```

Las referencias también funcionan en cualquier tipo.

```
<html>
  <head><meta/>
    <title>Referencia a cualquier tipo</title>
  </head>
  <body>
  <?php

  function modif_int($var)
  {
    $var=10;
    return $var;
  }

  function modif_int2(&$var)
  {
    $var=20;
  }

  $v=0;
```

```
// ningún efecto
modif_int($v);
echo "$v<br />\n";

// no devuelve valor
$v=modif_int($v);
echo "$v<br />\n";

// son referencia
modif_int2($v);
echo "$v<br />\n";

?>
</body>
</html>
```

1.4.3 Referencias a estructuras

En lo que sigue, tendrá que manipular punteros a estructuras. Esto es extremadamente simple, porque en PHP todas las llamadas estructuras son, de hecho, objetos que han sido deliberadamente despojados de la mayor parte de su funcionalidad. Como cualquier objeto, la variable que recibe un objeto recibe una referencia a él. Ya ha usado este principio sin saberlo en el capítulo Tablas y estructuras, con las estructuras tfabricante y tarticulo.

Este ejemplo es mucho más interesante de lo que parece y probablemente pueda verlo ahora con nuevos ojos, porque cada declaración de una variable de registro de estos tipos es, de hecho, una referencia al registro:

- $articulo es una referencia a una estructura (un objeto) de tipo tarticulo.
- Como $articulo contiene una variable de tipo tfabricante, creamos en ella una referencia fab a un objeto de este tipo.
- $art2 de tipo tarticulo recibe la referencia de articulo. Hacen referencia al mismo registro.
- Se muestra el contenido de los campos en $art2, es lo mismo que artículo. Si modifica los campos, la modificación se refleja en todas las referencias a este registro: es igual para todos.

```
<html>
  <head><meta/>
    <title>Referencia a estructuras</title>
  </head>
  <body>
  <?php

  class tmaker {
    public $ref;
    public $name;
    public $direccion;
    public $tel;
  }
  class tarticulo {
    public $ref;
    public $name;
    public $price;
    public $mak;
  }


  $articulo=new tarticulo();
  $articulo->ref="Art001_01";
  $articulo->mak=new tmaker();
  $articulo->mak->ref="Fab1234";

  $art2=$articulo;

  echo "$art2->ref<br />\n";
  echo "{$art2->mak->ref}<br />\n";

  ?>
  </body>
</html>
```

1.4.4 La trampa de PHP

En PHP, hay que tener mucho cuidado: cuando pasa una referencia como argumento, puede modificar el contenido de la referencia y este contenido se modificará directamente en la zona de memoria, lo cual es perfecto. Pero no puede modificar la referencia misma. Si modifica el valor de la propia referencia dentro de un método, volverá a su valor inicial a la salida.

Por ejemplo:

```
class elemento {
      public $valo;
}

function modif($p1,$p2) {
      $p1=$p2;
}
```

Si en el programa principal tiene:

```
$p1=new elemento();
$p2=new elemento();

$p1->valor=10;
$p2->valor=15;

modif($p1,$p2) ;

echo $p1->valor ;
```

La salida será 10. De hecho, en el método modif(), p1 contiene la referencia a la posición de memoria del objeto p1, pero la variable p1 es local al método. Así que al asignar p2 a p1, p1 recibe la referencia de p2 pero el nuevo valor se pierde al salir de modif(). Así que hay que proceder como sigue:

```
function modif($p1, $p2) {
  $p1->valor=$p2->valor;
}
```

Esta vez, es el contenido de los valores en el área de memoria referenciada el que se ve afectado y se obtiene el resultado esperado.

1.4.5 El valor nulo

Puede que no necesite crear una referencia a un registro de forma inmediata, pero puede que quiera evitar acceder a él de forma inadvertida. En este caso, en lugar de crear una referencia con new, puede asignarle un valor llamado **null**. Este valor significa que la variable ha sido declarada pero no tiene un objeto instanciado (término que se explica en el capítulo siguiente): aún no le ha asignado un registro. De esta forma, ya puede probar la propia variable antes de probar los campos que contiene.

En el siguiente ejemplo modificado, tarticulo todavía contiene una variable de tipo tfabricante. Pero no recibirá un registro hasta más adelante en el programa. Mientras tanto, el campo fab recibe un valor nulo, lo que significa que el artículo aún no tiene un fabricante referenciado.

```
<html>
  <head><meta/>
    <title>Referencia estructuras 2</title>
  </head>
  <body>
  <?php

  class tmaker {
    public $ref;
  }

  class tarticulo {
    public $ref;
    public $mak=null;
  }

  $articulo=new tarticulo();
  $articulo->ref="Art001_01";

  if($articulo->mak!=null)
    echo "{$articulo->mak->ref}<br />\n";
  else
    echo "Sin fabricante para este artículo<br />\n";

  ?>
  </body>
</html>
```

2. Las listas enlazadas

2.1 Listas enlazadas simples

2.1.1 Aspectos principales

En la vida cotidiana, una lista adopta muchas formas: una lista de la compra, una lista de tareas pendientes, un índice, un glosario, una colección de DVD, una colección de música, etcétera. Estas listas se componen de elementos individuales, vinculados entre sí por su tipo o por el orden que quiera darles. Para pasar de un elemento a otro, desplázate por la lista en el orden que especifique.

¿Cómo se representa en programación una lista, que por definición es lineal? Conoce al menos una forma: las tablas. En una tabla se pueden almacenar n elementos y el orden se puede representar mediante el índice de la tabla.

¿Conoce otra forma de almacenar elementos? Los registros de tipo estructurado le permiten hacer precisamente eso y puede almacenar en ellos muchos más detalles. También puede crear tablas de registros, para darles un cierto orden.

Sin embargo, el uso de tablas a veces puede plantear problemas un poco complejos. Ya lo ha notado con los métodos de ordenación.

- ¿Cómo se inserta un nuevo registro al principio de una tabla? No hay índices negativos...
- ¿Cómo se inserta un nuevo registro al final de una tabla? MientrasQue los algoritmos sugieren el redimensionamiento dinámico, los lenguajes PHP lo permiten.
- ¿Cómo se inserta un elemento en el centro de la tabla? ¿Hay que desplazar todos los elementos para colocar el nuevo en la posición dada? Si es así, la tabla puede desbordarse.
- Y si borra un registro, ¿desplazará de nuevo la tabla para tapar el hueco? ¿O encontrará una forma de superarlo?

Puede programarlo todo para que funcione con las tablas. Es perfectamente posible. Pero, ¿es realmente sensato? ¿Es una programación eficiente? Recuerde que en el capítulo de Introducción a los algoritmos, aprendió que hay que ser ahorrador con los recursos. Este método es avaro y complicado. Necesita encontrar otro método que sea más simple y económico.

De hecho, una vez más, conoce todos los principios básicos de este nuevo método. He aquí algunos puntos:

- Un registro puede contener otro registro.
- Este otro registro puede ser del mismo tipo estructurado.
- El registro también puede contener un puntero a otro registro del mismo tipo.
- En notación Java, un registro es un objeto y un objeto puede hacer referencia a otro objeto del mismo tipo.
- El resultado es una cascada de registros que se suceden. Para acceder al siguiente, basta con acceder a la referencia de ese registro en el registro actual.
- Cada registro tiene un puntero o referencia al siguiente.
- Por tanto, los registros están encadenados entre sí, es decir, se trata de una lista enlazada de registros.

El principio se puede representar mediante el siguiente diagrama. Cada registro está representado por un marco y contiene un valor y un puntero llamado psig que apunta al siguiente registro de la lista.

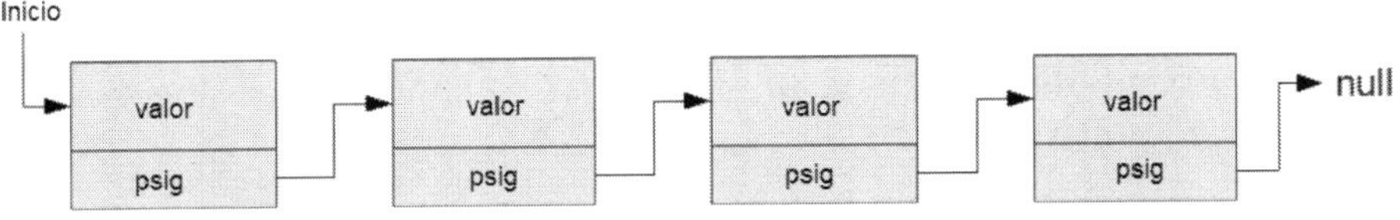

Representación lógica de una lista enlazada

Para acceder a un elemento determinado de la lista, siempre se empieza por el primer elemento. A partir de ahí, conociendo la dirección del siguiente elemento a través del puntero psig, se pasa sucesivamente a los n elementos siguientes. Cuando el puntero ya no accede a ningún valor (null), el registro es el último.

Una lista enlazada de este tipo se dice que es **unilateral**: el acceso a los elementos que componen la lista es secuencial (hay que leer los n elementos anteriores para acceder al que se desea) y unidireccional.

Cada elemento de la lista es un registro. Este registro puede contener tantos campos como quiera, pero uno de ellos será un puntero a un registro del mismo tipo. Cuando añada un segundo elemento, colocará su dirección en el puntero al primero y así sucesivamente. Cada registro final apuntará al valor NIL.

Para empezar, he aquí un tipo estructurado simple que podría ser adecuado. De hecho, el valor podría ser cualquier cosa y el tipo simplemente tomará cualquier entero.

```
TIPOS
  // Un elemento de lista enlazada
Estructura elemento
    valor:entero
    pSig←NIL:puntero a elemento
FinEstructura
```

Esta declaración inicial del elemento de tipo estructurado contiene un puntero pSig (de Puntero a Siguiente) a una estructura del mismo tipo. Por defecto se inicializa con el valor NIL: aún no hay siguiente registro. ¿Qué se puede hacer con esta estructura? En primer lugar, puede pasar de un elemento a otro de la lista. Para ello, basta con empezar por el primer elemento y recuperar el puntero al elemento siguiente en un bucle, hasta llegar a NIL.

¿Cuáles son las operaciones básicas posibles con una lista?

- **Crear una lista**: creando el primer registro, el superior, que servirá para acceder a los demás.
- **Recorrer una lista**: examinar todos los elementos, uno por uno, hasta el último.
- **Buscar un elemento** en la lista: indicar si existe o devolver un puntero a su posición.
- **Añadir un elemento** en cualquier lugar en cualquier lugar de la lista: al principio, en medio, al final. Una función de adición también podría repetir la primera operación de creación de la lista.

– **Borrar un elemento** en cualquier lugar de la lista.

– **Borra la lista**.

Todas estas acciones se pueden realizar mediante subprogramas, lo que simplifica mucho el uso de la lista. Para acercarse más a los lenguajes funcionales, normalmente se requiere que los subprogramas devuelvan un puntero a un elemento de la lista.

Una última cosa: el primer elemento de la lista es siempre el punto de entrada de la mayoría de las funciones. Dado que posteriormente estará representado por un puntero, NUNCA pierda la dirección de este primer elemento: sería imposible encontrar el principio de la lista, sobre todo porque con la asignación dinámica de memoria, es más que posible que las zonas de memoria asignadas a cada elemento no sean contiguas.

Observación

Mantenga siempre la dirección del primer registro en un puntero previsto a tal efecto, y no cambie su valor a lo largo del programa, a menos que borre el primer elemento o toda la lista.

2.1.2 Creación

Para crear una lista, comience por el primer elemento. El primer elemento es un puntero al que asignará dinámicamente una zona de memoria. Tomará el valor que desee y su siguiente puntero de registro recibirá NIL. La función devuelve un puntero al primer elemento de la nueva lista

```
Funcion crea_lista():puntero a elemento
Var
  pCabecera:puntero a elemento
Inicio
  pCabecera← nuevo elemento
  pCabecera→pSig ← NIL // (*pCabecera).pSig←NIL
  Devuelve pCabecera
FinFuncion
```

Observación

*Recuerde: pCabecera→pSig ← NIL se lee así: (*pCabecera).pSig← NIL, es decir, el campo pSig del registro apuntado por pCabecera recibe el valor NIL.*

Esta función conduce a un comentario inicial. En el capítulo Las subrutinas, aprendió la diferencia entre variables locales y globales. Aquí pCabecera es una variable local y será destruida al final de la función. Sin embargo, se devuelve la dirección que contiene. Esto se debe a que, como el puntero no se libera, la zona de memoria asignada dinámicamente permanece así mientras dure el programa. Al salir de la función, la zona de memoria sigue existiendo y su dirección sigue siendo válida.

Tenga en cuenta que no es necesario asignar el valor NIL a pSig, ya que éste es su valor por defecto cuando se declara el registro estructurado.

Para utilizar esta función, basta con declarar un puntero y asignarle el resultado:

```
Programa lista1
Var
  pCabecera:puntero a elemento
Inicio
  pCabecera←crea_lista();
Fin
```

La función crea_lista es muy sencilla. Quizá pueda aprovechar esta oportunidad para ver el sencillo mecanismo para añadir elementos uno tras otro. La función crea_lista2() modificada le pedirá que introduzca valores en un bucle, que se irán añadiendo uno tras otro al final de la lista. Para ello, tendrá que retener tres datos cada vez:

- El puntero pCabecera a la cabecera de la lista, que debe ser devuelto por la función.
- El puntero pActual al elemento actual de la lista, el elemento añadido de hecho.
- El puntero pPrec del elemento precedente, cuyo puntero pSig debe recibir la dirección del elemento actual.

```
Funcion crea_lista2() :puntero a elemento
Var
  pCabecera, pActual, pPrec :punteros a elemento
```

```
  v :Entero
Inicio
  // 1er elemento
  pCabecera←nuevo elemento
  Visualizar "Valor del primer elemento"
  Introducir pCabecera→valor

  // El primer elemento es el precedente o anterior del elemento siguiente
  pPrec←pCabecera
  Repetir
    Visualizar "Valor siguiente (0=salida) ?"
    Rellenar v
    Si v<>0 Entonces
      // Asignación del nuevo elemento
      pActual←nuevo elemento
      pActual→valor ← v

      // Encadenamiento: pActual es el siguiente de pPrec
      pPrec→pSig ← pActual
      pPrec←pActual
    FinSi
  HastaQue v=0

  // Fin de lista : pSig a NIL
  pPrec→pSig ← NIL
  Devuelve pCabecera
FinFuncion
```

2.1.3 Examinar la lista

Ahora se puede navegar por la lista, ya que la función anterior permitía rellenar algunos registros. Como siempre, se empieza por el puntero de la cabecera y luego se va pasando de registro en registro hasta llegar al valor NIL.

La función recorre_lista recibe como argumento el puntero de la cabecera. A continuación, un simple bucle recorre toda la lista y muestra todos los valores que contiene.

```
Funcion recorre_lista(pCabecera :puntero a elemento)
Var
  pActual :puntero a elemento
Inicio
  pActual←pCabecera
  MientrasQue pActual<>NIL Hacer
    Visualizar pActual→valor
    pActual ← pActual→pSig
  FinMientrasQue
FinFuncion
```

2.1.4 Buscar en

Son posibles dos tipos de subrutina: la primera determina si el elemento existe en la lista y devuelve un booleano, verdadero o falso, si el elemento se encuentra o no. Se trata, por tanto, de una función. La segunda devuelve la dirección del elemento encontrado y la dirección del elemento anterior, como verá más adelante. Así que es un procedimiento, porque una función no puede devolver dos valores. Pero, ¿por qué no matar dos pájaros de un tiro, es decir, un subprograma que devuelva verdadero o falso, pero también punteros a los elementos actual y anterior?

Esto es posible porque puede pasar punteros como argumentos de función, cambiar la dirección a la que apuntan y seguir devolviendo un booleano. De hecho, es casi inútil devolver un booleano, porque si no se encuentra el elemento, pActual devolverá NIL.

El procedimiento busca_lista recibe cinco argumentos:

- El valor v que busca.
- Un puntero pCabecera a la cabecera de la lista.
- Un puntero pPrec al elemento anterior al encontrado.
- Un puntero pActual al elemento encontrado.
- Un booleano verdadero o falso.

Los posibles resultados del procedimiento son:

- Si se encuentra el elemento, pPrec apunta al anterior, pActual al elemento encontrado.

- Si el elemento está ausente, pActuales NIL y pPrec apunta al último elemento de la lista.
- Si pPrec es NIL, el elemento buscado es el primero de la lista.

```
Procedimiento busca_lista (E:v:entero, E:pCabecera, ES :
pPrec,pActual
:punteros a elemento,S :encontrado :booleano)
Inicio
  encontrado←FALSO
  pPrec←NIL
  pActual←pCabecera
  MientrasQue  pActual<>NIL Y pActual→valor<>v Hacer
    pPrec←pActual
    pActual ← pActual→pSig
  FinMientrasQue
  Si pActual<>NIL Y pActual→valor=v Entonces
    encontrado←VERDADERO
  FinSI
FinProcedimiento
```

2.1.5 Añadir un artículo

Hay tres escenarios posibles para añadir un elemento a la lista, que requieren tres procesos diferentes:

- Añadir un elemento al principio de la lista.
- Añadir un elemento en medio de una lista.
- Añadir un elemento al final de la lista.

En los tres casos, el encadenamiento se modifica. Ciertamente es posible crear un gran subprograma que gestione los tres casos a la vez, pero es beneficioso diferenciar estos tres procesos en tres subprogramas independientes. Siempre habrá tiempo más adelante para crear un subprograma que gestione todos los casos.

En todos los casos siguientes, la dirección del elemento a añadir, que ya habrá rellenado con el valor correcto, estará representada por el puntero pNuevo.

Añadir al principio de la lista

Hay dos casos posibles: añadir un elemento a una lista vacía, en cuyo caso es el primer registro y añadir un elemento a la primera posición de la lista.

En el primer caso, se trata de que el elemento a añadir sea el primero, de forma que pNuevo se convierta en el elemento principal de la lista, sin ningún elemento siguiente. Se pasa el puntero al registro y el puntero a la cabecera del procedimiento.

```
Procedimiento agrega_unico(E :pNuevo, ES :pCabecera: punteros a
elemento)
Inicio
  pNuevo→pSig ← NIL
  pCabecera←pNuevo
FinProcedimiento
```

El segundo procedimiento añade el nuevo elemento al principio de la lista, dado que ésta ya contiene al menos un elemento. Se trata de un caso muy sencillo en el que el nuevo elemento recibe el elemento siguiente del que está en la parte superior. En el segundo caso, nada cambia.

```
Procedimiento agrega_debajo(E :pNuevo, ES :pCabecera :punteros a
elemento)
Inicio
  pNuevo→pSig ← pCabecera
  pCabecera←pNuevo
FinProcedimiento
```

Añadir al final de la lista

Este es otro caso muy sencillo. Añadir un elemento al final de una lista sólo requiere conocer la dirección del último elemento actual. El puntero pSig del último elemento apuntará al nuevo elemento y el pSig del nuevo elemento recibirá NIL.

Si volvemos a los procedimientos de búsqueda y exploración de la lista enlazada, al final de la lista pActual es NIL y pPrec contiene la dirección del último registro. El procedimiento agrega_final() recibe dos argumentos: pNuevo y pPrec.

```
Procedimiento agrega_fin(ES : pNuevo, pPrec :punteros a elemento)
Inicio
  pPrec→pSig ← pNuevo
  pNuevo→pSig ← NIL
FinProcedimiento
```

Añadir a la mitad de la lista

Al final, no va a ser muy complicado añadir un elemento, porque tiene todo lo que necesita. Para añadir un elemento entre otros dos elementos de una lista, necesita conocer la dirección del elemento anterior y la dirección del elemento actual, sabiendo que el nuevo elemento se insertará entre ambos. El procedimiento agrega_mitad() recibe por tanto tres argumentos: el nuevo elemento pNuevo, el elemento anterior pPrec y el elemento actual pActual.

```
Procedimiento agrega_mitad(ES :pNuevo, pPrec, pActual) :punteros a elemento)
Inicio
  pPrec← pSig → pNuevo
  pNuevo←pSig → pActual
FinProcedimiento
```

Generalización

El objetivo es generalizar las adiciones en un gran subprograma unificado. Para ello, es necesario saber dónde colocar el elemento que se va a añadir. El algoritmo para encontrar un elemento devuelve dos punteros: el del elemento encontrado y el del elemento anterior. Supongamos que quiere insertar su nuevo elemento justo antes del elemento que busca, es bastante sencillo. Hay cuatro escenarios posibles:

- pPrec contiene NIL (ningún elemento antes) y pActual contiene NIL: no hay ningún elemento en la lista, el nuevo será el primer y único elemento.
- pPrec contiene NIL (ningún elemento antes) y pActual apunta al elemento encontrado, que es el primero: el nuevo elemento se coloca antes, en primer lugar.
- pPrec apunta a un elemento anterior y pActual apunta al elemento encontrado, con el nuevo elemento colocado en medio de los dos.
- pPrec apunta a un elemento anterior y pActual contiene NIL (la búsqueda ha llegado al final, elemento encontrado o no), el nuevo elemento se coloca en último lugar.

Cuatro casos que corresponden a los cuatro subprogramas ya creados anteriormente. El algoritmo se vuelve sencillo: basta con llamar al procedimiento adecuado en función de los valores de pPrec y pActual. El procedimiento agrega_elemento recibe tres valores: el valor buscado, el valor a insertar antes y el puntero de cabecera de la lista.

```
Procedimiento agrega_elemento(E:vbusq,vnuevo :enteros, ES
:pCabecera
:puntero a elemento)
Var
  pPrec, pActual, pNuevo : punteros a elemento
Inicio
  pNuevo←nuevo elemento ;
  pNuevo→valor ← vnuevo
  busca_lista(vbusq,pCabecera,pPrec,pActual)
  Si pPrec=NIL Entonces
    Si pActual=NIL Entonces
      agrega_unico(pNuevo, pCabecera)
    Sino
      agrega_inicio(pNuevo, pCabecera)
    FinSI
  Sino
    Si pActual=NIL Entonces
      agrega_fin(pNuevo, pPrec)
    Sino
      agrega_mitad(pNuevo, pPrec, pActual)
    FinSi
  FinSi
FinProcedimiento
```

Simplificación

El procesamiento es muy detallado aquí. Sin embargo, analice los procedimientos agrega_primero() y agrega_inicio(). ¿Qué observa? Parecen iguales, sobre todo porque en agrega_inicio(), pCabecera ya contiene NIL si no hay registros. Por tanto, los dos procedimientos son idénticos: agrega_inicio() sustituye a agrega_primero().

Ahora mire agrega_final() y agrega_mitad (): en agrega_mitad, ¿qué recibe pActual→pSig si está al final de la lista? El valor NIL. Así que las dos son idénticas y agrega_mitad() puede sustituir a agrega_final(). Esto simplifica el procedimiento agrega_elemento.

Los otros dos procedimientos ya no sirven para nada.

```
Procedimiento agrega_elemento(vbusq,vnuevo :enteros, pCabecera
:puntero a elemento)
  ...
  Si pPrec=NIL Entonces
    agrega_inicio(pNuevo, pCabecera)
  Sino
    agrega_mitad(pNuevo, pPrec, pActual)
  FinSi
FinProcedimiento
```

2.1.6 Borrar un elemento

Añadir elementos es un gran paso adelante porque conoces y comprende perfectamente el principio inherente a las listas enlazadas. Eliminar un elemento de esta lista es prácticamente lo mismo, sólo tiene que volver a unir las piezas y liberar la memoria asignada al elemento eliminado. Hay cuatro posibilidades:

- Eliminar el único elemento de la lista,
- Eliminar el primer elemento de la lista,
- Eliminar el último elemento de la lista,
- Eliminar un elemento en medio de la lista.

El elemento a borrar debe existir, por lo que primero hay que encontrarlo y conocer su dirección y la del elemento anterior. El elemento anterior tendrá su puntero pSig fijado al puntero pSig del elemento encontrado.

Las funciones siguientes reestructuran la lista para restablecer el encadenamiento correcto. La memoria ocupada por el elemento que se va a borrar, se libera utilizando el mismo modelo que la función que agrega elementos en una función eliminar grande.

Eliminar el único elemento

Es fácil: si el elemento es el único, es decir, la cabecera de la lista, basta con poner su puntero a NIL. Ni anterior, ni siguiente y listo.

```
Procedimiento elimina_unico(ES :pCabecera :puntero a elemento)
Inicio
  pCabecera←NIL
FinProcedimiento
```

Eliminar el primer elemento

Es así de sencillo: el siguiente elemento se convierte en la cabecera de la lista.

```
Procedimiento elimina_primero(ES :pCabecera :puntero a elemento)
Inicio
  pCabecera ← pCabecera→pSig
FinProcedimiento
```

Eliminar el último elemento

Tan sencillo como siempre: el elemento anterior recibe NIL como siguiente valor del puntero.

```
Procedimiento elimina_ultimo(E :pPrec :puntero a elemento)
Inicio
  pPrec→pSig ← NIL
FinProcedimiento
```

Eliminar un elemento del medio

El elemento anterior debe estar conectado al siguiente.

```
Procedimiento elimina_mitad(E :pPrec,pActual : punteros a elemento)
Inicio
  pPrec→pSig ← pActual→pSig
FinFuncion
```

Simplificación

A diferencia de la adición, se puede ver inmediatamente si es posible simplificar antes de seguir adelante, utilizando el mismo principio. En la función elimina_primero(), pCabecera recibirá NIL si el elemento eliminado es el único, porque pCabecera→ pSig es NIL.

Lo mismo ocurre con elimina_mitad() y elimina_ultimo(). En elimina_mitad, pActual→pSig es NIL si el elemento es el último.

Por lo tanto, las funciones elimina_unico() y elimina_ultimo() son inútiles, salvo para el ejemplo.

Generalización

Primero tiene que encontrar el elemento que quiere borrar. Si no está ahí, no hay nada que borrar. Así que si pActual, que contiene el elemento encontrado, es NIL, no hay nada que hacer. Entonces hay dos escenarios posibles:

- pPrec es NIL: el elemento a borrar es el primero (o el único).
- pPrec es diferente de NIL, el elemento a borrar está en el medio o al final de la lista.

Entonces, después de llamar a la función apropiada, todo lo que tiene que hacer es liberar la memoria asignada para el elemento y pasar su puntero a NIL.

El procedimiento elimina_elemento sólo recibe dos argumentos: el valor del elemento a eliminar y la cabecera de la lista.

```
Procedimiento elimina_element(E:vbusq:entero,ES:pCabecera:puntero a
elemento)
Var
  pPrec, pActual :punteros a elemento
Inicio
  busca_lista(vbusq,pCabecera,pPrec,pActual:punteros a elementos)
  Si pActual=NIL Entonces
    Visualizar "Elemento ausente"
  Sino
    Si pPrec=NIL Entonces
      elimina_primero(pCabecera)
    Sino
      elimina_mitad(pPrec,pActual)
  FinSi
  Liberar pActual
  pActual←NIL
FinProcedimiento
```

2.1.7 Borrar toda la lista

Para borrar todos los elementos de la lista, basta con borrar todos los elementos hasta el último. Pero, cuidado; no borre un elemento sin guardar antes la dirección del siguiente elemento. Si no lo hace, no sólo se pierden los elementos siguientes, sino que la memoria de los elementos siguientes ya no se puede liberar.

La función elimina_lista sólo recibe un argumento: la cabecera de la lista.

```
Funcion elimina_lista(pCabecera :puntero a elemento)
Var
  pActual, pSigiente :punteros sur elemento
Inicio
  pActual←pCabecera
  MientrasQue pActual<>NIL Hacer
    pSigiente←pActual→pSig
    Liberar pActual
    pActual←pSigiente
  FinMientrasQue
  pCabecera=NIL
FinFuncion
```

2.1.8 Recorrido recursivo

Es posible sustituir el subprograma iterativo para recorrer la lista por una función recursiva: el subprograma se llama a sí mismo con la dirección del siguiente elemento siempre que el elemento recibido como argumento no sea NIL.

```
Funcion recorrido_recursivo(pActual :puntero a elemento)
Inicio
  Si pActual<>NIL Entonces
    Visualizar (*pActual).valor
    recorrido_recursivo(pActual→pSig)
  FinSi
FinFuncion
```

Esta función se llama con el puntero de la cabecera como argumento.

```
recorrido_recursivo(pCabecera)
```

2.2 Implementación en PHP

He aquí el programa adaptado a PHP. Es necesario adaptar algunos procedimientos para que devuelvan una referencia a los distintos elementos de la lista.

```
<?php

  class element {
    public $value;
    public $pNext=null;
  }

  // Creación del encabezado
  function create_list() {
    $pHead=new element();
    $pHead ->pNext=null;
    return $pHead ;
  }

  // encabezado et siguientes
  function create_list2() {
    // 1er elemento
   pHead=new element();
    echo "1er elemento ? ";
    $pHead->value=(int)(fgets(STDIN));

    $pPrev=$pHead ;

    // elementos siguientes
    do {
      echo "Elemento siguiente";
      $v=(int)(fgets(STDIN));
      if($v!=0) {
        $pInprogress=new element();
        $pInprogress ->value=$v;

        // encadenamiento
        $pPrev ->pNext=$pInprogress ;

        $pPrev =$pInprogress ;
      }
    } while($v!=0);

    // Fin de lista
```

```
  $pPrev ->pNext=null;
  return $pHead;
}

// recorrido iterativo
function browse_list($pHead) {

  $pInprogress=$pHead ;

  while($pInprogress !=null) {
    echo $pInprogress ->value." ";
    $pInprogress =$pInprogress ->pNext;
  }
  echo "\n";
}

// adaptado para PHP
function research_list($v, $pHead) {
  $pPrev=null;
  $pInprogress =$pHead ;

  while($pInprogress !=null && $pInprogress ->value!=$v) {
    $pPrev =$pInprogress ;
    $pInprogress =$pInprogress ->pNext;
  }
  return $pPrev;
}

// Añadido para PHP
function exist_list($v, $pHead) {
  $pPrev=null;
  $find=false;

  $pPrev =research_list($v,$pHead );

  if($pPrev ==null) {
    if($pHead !=null && $pHead ->value==$v) $find =true;
  } else {
    if($pPrev ->pNext!=null) $find =true;
  }
  return $find ;
}

// Funciones de adición
function add_begin($pNew, $pHead ) {
  $pNew ->pNext=$pHead ;
```

```
    $pHead =$pNew ;
    return $pHead ;
  }


  function add_middle($pNew, $pPrev, $pInprogress) {
    $pPrev->pNext=$pNew;
    $pNew ->pNext =$pNew ;
  }

  function add_element($vresearch, $vnew, $pHead) {
    $pPrev =null;
    $pInprogress=null;

    $pNew =new element();
    $pNew ->value=$vnew;

    $pPrev =research_list($vresearch ,$pHead);
    if($pPrev !=null) $pInprogress =$pPrev ->pNext;

    if($pPrev ==null) $pHead =add_begin($pNew , $pHead );
    else add_middle($pNew , $pPrev , $pInprogress );

    return $pHead;
  }

  // Funciones de eliminación
  function del_first($pHead ) {
    $pHead =$pHead ->pNext;
    return $pHead ;
  }

  function del_middle($pPrev , $pInprogress) {
    $pPrev ->pNext =$pInprogress ->pNext ;
  }

  function del_element($vresearch , $pHead) {
    $pPrev=null;
    $pInprogress =null;

    $pPrev =research_list($vresearch ,$pHead );
    if($pPrev !=null) $pInprogress =$pPrev ->pNext ;
    else $pInprogress =$pHead;

    if($pInprogress !=null) {
      if($pPrev ==null) $pHead =del_first($pHead );
```

```
      else del_middle($pPrev,$pInprogress);
    }
    $pInprogress =null;
    return $pHead;
  }

  // eliminar la lista
  function del_list($pHead ) {
    $pHead =null;
    return $pHead ;
  }

  // recorrido recursivo
  function browse_recursive($pInprogress ) {
    if($pInprogress !=null) {
      echo $pInprogress ->value." ";
      browse_recursive($pInprogress ->pNext);
    } else echo "\n";
  }

  // programa principal

  $pCabecera=create_list2();

  browse_list($pHead);

  echo "Introducir el valor que se busca: ";
  $v=(int)(fgets(STDIN));

  if(exist_list($v,$pHead)) echo "Encontrado\n";
  else echo "Ausente\n";

  $pHead =add_element(2,15,$pHead );

  browse_list($pHead );

  echo "Introducir el valor que se desea eliminar: ";
  $v=(int)(fgets(STDIN));
  $pHead =del_element($v,$pHead );

  browse_recursive($pHead );

  del_list($pHead );
?>
```

2.3 Otros ejemplos de listas

2.3.1 Listas circulares

Una lista circular permite acceder a cualquier elemento de la lista desde cualquier otro elemento, sin pasar por el puntero de cabecera.

Para configurar este tipo de lista, basta con apuntar al siguiente elemento desde el último elemento al puntero de la cabecera.

En una lista de este tipo, las funciones para añadir y eliminar elementos están simplificadas y corresponden a las funciones de añadir y eliminar del centro. Hay un pequeño problema con la función de búsqueda, que nunca se detiene. Por lo tanto, es necesario establecer una bandera para detener la búsqueda cuando se vuelve al elemento de partida. Todo lo que tiene que hacer es almacenar la dirección de inicio. Si la encuentra de nuevo, habrá recorrido toda la lista.

2.3.2 Listas de elementos ordenados

En este tipo de lista, los elementos se colocan en un orden autodefinido dentro de los valores contenidos en los elementos. De este modo, puedes estar seguro de respetar este orden al navegar por la lista.

Es necesario adaptar la función de búsqueda para que se respete este orden.

2.3.3 Listas de doble encadenamiento

En una lista encadenada simple, el camino sólo se recorre en una dirección y no se puede volver de un elemento al anterior. Un primer método sería guardar la dirección de cada elemento anterior, lo que sería posible utilizando funciones recursivas, pero sería muy engorroso.

La otra posibilidad es utilizar listas de doble encadenamiento: cada elemento ya no contiene un único puntero, sino dos: uno para el elemento siguiente, otro para el elemento anterior. De este modo, puede moverse en ambas direcciones de la lista, hacia la cola (final) o hacia la cabecera. Estas listas se conocen como listas bidireccionales.

El procesamiento se debe adaptar en consecuencia. Tomemos el problema a la inversa: tiene dos punteros que actualizar. Si sabe cómo hacerlo en una dirección (como las listas simples) sabe cómo hacerlo en la otra, simplemente cambias de dirección. Así que hay el doble de operaciones de encadenamiento:

Encadenado anterior

- pPrec→pSig←pNuevo
- pNuevo→pSig←pSiguiente

Encadenado posterior

- pSiguiente→pPrec←pNuevo
- pNuevo→pPrec←pPrec

Las listas bilaterales también pueden ser circulares y/u ordenadas.

2.3.4 Archivos y pilas

En una cola, en una tienda, en un cine, en fin, el primero en llegar es el primero en ser atendido. En inglés, esto significa "First In, First Out", o FIFO para abreviar.

Una cola FIFO se puede representar mediante una lista enlazada. Cada nuevo elemento se añade al final de la lista, MientrasQue los elementos se procesan uno tras otro desde la parte superior de la lista.

Cuando lava la vajilla, los platos se apilan unos encima de otros. Cuando lava los platos, coge los de arriba y va bajando. Si se apilan nuevos platos sucios, se apilan encima de la pila.

El principio es el mismo en informática cuando se desea procesar los elementos a medida que llegan: los últimos elementos en llegar se procesan primero. La pila se puede representar mediante una lista encadenada: los nuevos elementos se apilan sistemáticamente en la parte superior de la lista y los elementos se procesan siempre desde arriba. Si los elementos llegan más rápido de lo que pueden ser procesados, los que llegan primero pueden ser procesados mucho más tarde.

3. Los árboles

3.1 Aspectos principales

Observación

La implementación de árboles en PHP se basa en los mismos principios que las listas que hemos visto anteriormente. Esta vez, no se le proporcionará el código PHP. Depende de usted implementar estos algoritmos - no es tan difícil.

En la naturaleza, las plantas describen a menudo las llamadas estructuras arborescentes. El ejemplo más evocador es el árbol: el tronco se descompone en varias ramas, que, a su vez, se descomponen en ramas más pequeñas y así sucesivamente, hasta llegar a los extremos donde crecen las hojas.

En su caso, después de las tablas y las listas, también puede optar por representar la organización de sus datos en forma de estructura de árbol en programación. La noción de estructura arborescente es muy común en el ordenador personal y una gran cantidad de información se representa, directa o indirectamente, en forma de estructura arborescente: carpetas del disco duro, la estructura de una página web, la estructura de un sitio web, el desglose de la ejecución de un programa y sus llamadas a subprogramas... en resumen, cualquier cosa que pueda incorporar una noción de jerarquía se puede representar en forma de una estructura de árbol.

El ejemplo más sencillo de entender es la genealogía. Se llama árbol genealógico. Empezando por usted (1), primero coloca a sus padres (2), luego a los padres de sus padres (4), luego a los padres de estos (8) y así sucesivamente. Todos están vinculados por sus lazos familiares: usted con tus padres, los padres con los abuelos y así sucesivamente. El diagrama empieza con usted, pero podría empezar con tus bisabuelos, que tienen x hijos, y nietos, z bisnietos (incluido usted), siendo cada individuo el sucesor de su progenitor y predecesor de sus hijos.

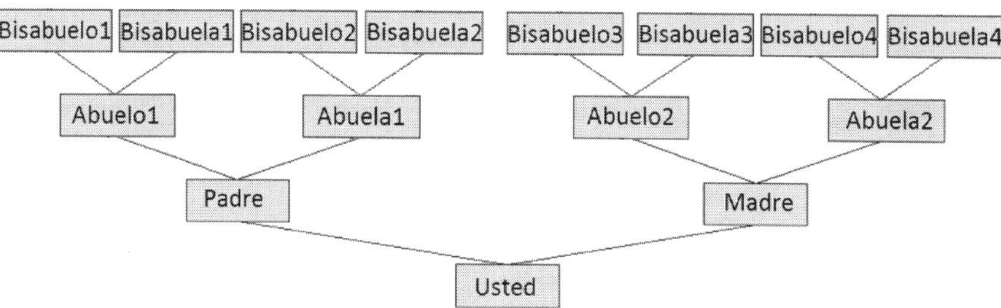

Un árbol genealógico es un árbol binario

¿Cómo se representa un árbol genealógico de este tipo en programación? Como suele ocurrir con las bases de datos, hay varias formas de hacerlo, pero si está familiarizado con las listas enlazadas, pensará que hay una forma u otra de arreglárselas con unos pocos registros y punteros. Y estaría en lo cierto.

En un árbol, cada elemento (miembro de su familia) tiene un padre y una madre, que a su vez tienen dos progenitores. Por tanto, un elemento se puede describir mediante varios datos, pero sólo dos le interesarán para lo que sigue: un elemento individual señala a su padre y a su madre. Por tanto, un tipo estructurado que podría representar a un individuo podría ser:

```
Estructura individuo
  apellido:cadena
  nombre :cadena
  ...
  pPadre:puntero a individuo
  pMadrepuntero a individuo
FinEstructura
```

A diferencia de las listas enlazadas simples o dobles, aquí no se trata de definir una lista, cola o pila, sino una noción de jerarquía entre elementos padres e hijos. Esta jerarquía se denomina árbol.

3.2 Definiciones

3.2.1 Base

Un árbol está formado por una raíz, que es el elemento que se encuentra en la base del árbol y un número finito de árboles conectados a ella, llamados subárboles.

Cada elemento de un árbol puede tener varios sucesores (usted tiene dos padres) pero sólo un predecesor. Sólo la raíz no tiene predecesor.

3.2.2 Terminología

Los árboles utilizan una terminología especial que, a grandes rasgos, se basa en la de la naturaleza y la genealogía:

- Un **nodo** o vértice es cualquier elemento del árbol. En un árbol genealógico, cada individuo representa un nodo o vértice: tiene varios sucesores pero un solo predecesor.
- La **raíz** es el primer elemento del árbol, sin predecesor en la jerarquía.
- Una **hoja** o terminal es un elemento que no tiene sucesor.
- Un **nodo interno** es un nodo que no es ni raíz ni hoja y que, por tanto, tiene predecesor y sucesores.
- Un **arco** une dos nodos.
- Una rama es el camino que une la raíz con una hoja.

Para los enlaces genealógicos, encontrará los siguientes términos:

- El **padre** es el único predecesor de un nodo.
- Los **hijos** son los n sucesores de un nodo.
- Los nodos con padres idénticos son **hermanos**.
- El nodo situado más a la izquierda del árbol es el más **antiguo**.

Un árbol se puede describir tanto horizontal como verticalmente.

3.2.3 Descripción horizontal

Horizontalmente, un árbol **n-ario** es un árbol cuyo número máximo de hijos por nodo es n. Los hijos se agrupan en niveles. Un **nivel** es el conjunto de nodos a igual distancia de la raíz. El primer nivel es la raíz, el segundo los hijos de la raíz, el tercero los hijos de los hijos y así sucesivamente. Cuando cada nodo de un nivel tiene exactamente n hijos, se dice que el nivel está **saturado**.

Un árbol es **estrictamente completo** si todos los niveles están completos. Es simplemente **completo en sentido amplio** si todos los niveles intermedios están completos pero faltan algunas hojas. En un árbol estrictamente completo, la raíz y todos los nodos internos tienen exactamente n hijos, ni más ni menos.

3.2.4 Descripción vertical

La altura de un árbol es el número de nodos del camino directo más largo, la rama más larga entre la raíz y una hoja, incluyendo la raíz y la hoja. Si el árbol tiene una raíz, dos hijos y uno de los hijos tiene una hoja, la altura del árbol es 3.

3.2.5 El árbol binario

Un árbol binario es un árbol en el que cada nodo tiene como máximo dos hijos. A partir de la raíz, el árbol binario se compone de dos subárboles diferenciados, el **subárbol derecho** y el **subárbol izquierdo**.

Existen árboles con tres, cuatro o n hijos. Sin embargo, aquí sólo se hablará de árboles binarios y, en particular, de árboles binarios ordenados. El siguiente diagrama muestra un árbol binario estrictamente completo de altura 3.

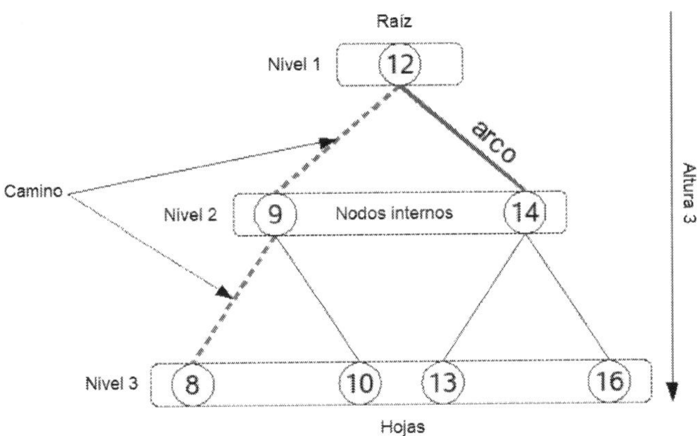

Árbol binario ordenado estrictamente completo de altura 3

3.3 Recorrer un árbol

Por lo demás, la estructura de un nodo en un árbol será la siguiente, entendiéndose que cada nodo tiene un valor asociado (de lo contrario, el árbol carece de sentido) y que, aunque esta estructura se asemeja a la de un elemento de una lista doblemente encadenada, ya no se trata de una representación lineal, sino jerárquica.

```
Estructura nodo
  valor:entero
  pIzquierda:puntero a nodo
  pDerecha:puntero a nodo
FinEstructura
```

Cada árbol binario se puede dividir en subárboles, uno a la izquierda y otro a la derecha. Pero a menudo un subárbol se puede dividir a su vez: cada nodo con uno o varios hijos contiene uno o dos subárboles, uno a la derecha y otro a la izquierda. El nodo 9 tiene dos subárboles: uno a la izquierda, hacia el nodo 8 y otro a la derecha, hacia el nodo 10. En las siguientes funciones de recorrido, cada vez que se realiza una llamada, cada nodo que no es NIL se considera la raíz de un árbol y los subárboles que parten de este nodo se recorrerán como tales.

Un recorrido completo por un árbol consiste en recorrerlo entero para acceder a todos sus nodos. Aunque es posible hacerlo con estructuras iterativas, lo más sencillo es utilizar subrutinas recursivas para procesar:

- la raíz,
- el subárbol izquierdo,
- el subárbol derecho.

Este tipo de ruta se denomina **prefijada**. El programa procesará primero todos los elementos de la izquierda. Cuando llega a una hoja, vuelve al nodo anterior, luego cambia a la derecha para procesar los elementos de la izquierda de ese nodo, luego vuelve atrás y así sucesivamente.

En el árbol binario de ejemplo, el orden de salida es el siguiente:

- Rama izquierda: 12 -> 9 -> 8 (es una hoja).
- Asciende por el nodo 9.
- Rama derecha: 10 (es una hoja).
- Asciende por el nodo 9, luego a la raíz 12.
- Rama derecha: 14.
- Rama izquierda: 13 (hoja).
- Asciende por el nodo 14.
- Rama izquierda: 16.
- El resultado final es: 12 9 8 10 14 13 16.

Para representarlo, es necesario utilizar una función o procedimiento recursivo.

```
Funcion prefijo(pNodo :puntero a nodo)
Inicio
  Si pNodo<>NIL Entonces
    Visualizar pNodo→valor // raíz
    prefijo(pNodo→pIzquierda) // subárbol izquierdo
    prefijo(pNodo→pDerecha) // súbárbol derecho
  FinSi
Fin
```

Existen otros dos tipos de rutas. La ruta **postfija**, que se ocupa de este orden:

- el subárbol izquierdo,
- el subárbol derecho,
- la raíz.

El orden de salida es 8 10 9 13 16 14 12.

```
Funcion postfijo(pNodo :puntero a nodo)
Inicio
  Si pNodo<>NIL Entonces
    prefijo(pNodo→pIzquierda) // subárbol izquierdo
    prefijo(pNodo→pDerecha) // subárbol derecho
    Visualizar pNodo→valor // raíz
  FinSi
Fin
```

Y el recorrido **infijo**, también conocido como recorrido **simétrico** o jerárquico canónico. Este recorrido será muy útil más adelante. El orden es el siguiente:

- el subárbol izquierdo,
- la raíz,
- el subárbol derecho.

Esta vez el orden de salida es el siguiente:

- subárbol izquierdo: 8 9 10,
- raíz: 12,
- suárbol derecho: 13 14 16.

Se obtiene la secuencia 8 9 10 12 13 14 16. Esto es muy interesante: el árbol binario dado como ejemplo no se ha elegido al azar. Es un árbol binario ordenado, construido de tal manera que con un recorrido infijo se ordenan los valores de los distintos nodos.

```
Funcion infijo(pNodo :puntero a nodo)
Inicio
  Si pNodo<>NIL Entonces
    infijo(pNodo→pIzquierda) // subárbol izquierdo
    Visualizar pNodo→valor // raíz
    infixe(pNodo→pDerecha) // subárbol izquierdo
FinSi
Fin
```

3.4 Árbol binario ordenado

3.4.1 Aspectos principales

Un árbol binario está ordenado si, para un valor de nodo dado, el valor del hijo de la izquierda es menor que él y el valor del hijo de la derecha es mayor que él.

pIzquierda→valor < pActual→valor < pDerecha→valor

Imagine que quiere añadir el valor 15 al árbol:

- Compare 15 con la raíz 12: es superior, vaya al nodo de la derecha.
- Compara 15 con el nodo 14: es superior, vaya al nodo de la derecha.
- Compara 15 con el nodo 16: es inferior, vaya al nodo de la izquierda.
- No hay ningún nodo a la izquierda: coloque 15 en este nuevo nodo.

Cualquier ruta es posible y la ruta fija le da todos los valores que ya han sido ordenados.

3.4.2 Buscar un elemento

Para buscar un elemento, tiene dos soluciones: utilizar una solución iterativa o una solución recursiva. De hecho, ambas son posibles y bastante sencillas. Todo lo que tienes que hacer es comparar el valor que busca con el valor de cada nodo. Si es inferior, la búsqueda continúa hacia la izquierda, si no, continúa hacia la derecha, hasta llegar a una hoja y encontrar el valor.

La función busq1() recibe dos argumentos: el valor buscado y la raíz del árbol. Devuelve un booleano VERDADERO si se ha encontrado el valor, FALSO en caso contrario. Utiliza un bucle simple.

```
Funcion busq1(vbusq :entero, pArbol :puntero a nodo) :Booleano
Var
    encontrado :booleano
    pActual :puntero a nodo
Inicio
    pActual=pArbol
    encontrado=FALSO
    MientrasQue pActual<>NIL Y encontrado=FALSO Hacer
      Si pActual→valor=vbusq Entonces
        encontrado=VERDADERO
```

```
      Sino
        Si vbusq < pActual→valor Entonces
          pActual=pActual→pIzquierda
        Sino
          pActual=pActual→pDerecha
        Finsi
      FinSi
    FinMientrasQue
FinFuncion
```

La función busq2() es recursiva. Recibe tres argumentos: el valor buscado, la raíz del árbol y la dirección del nodo que contiene el valor encontrado. Si no se encuentra el valor, la dirección contiene NIL.

```
Funcion busq2(vbusq :entero, pArbol, pActual,punteros a nodo)
Inicio
  Si pArbol=NIL Entonces
    pActual=NIL
  Sino
    Si pArbol→valor=vbusq Entonces
      pActual=pArbol
    Sino
      Si pArbol→valor > vbusq Entonces
        busq2(valor,pArbol→pIzquierda, pActual)
      Sino
        busq2(valor,pArbol→pDerecha, pActual)
      FinSi
    Finsi
  FinSi
FinFuncion
```

3.4.3 Añadir un elemento

Cuando añade un elemento, debe respetar la estructura del árbol ordenado. Al añadir un elemento se añade una hoja al árbol. Es necesario encontrar el camino hacia el nodo padre. La función busq2() se puede modificar de este modo: si no se encuentra el elemento que se va a añadir, entonces el último elemento, que es entonces NIL, se debe sustituir por la nueva hoja y conectarse a la rama derecha en el padre. Por lo tanto, la dirección del padre se debe conservar.

La función insertar() recibe tres argumentos: el valor a añadir, la dirección del árbol y la dirección del nodo al que añadir el valor, a la derecha o a la izquierda según corresponda.

```
Funcion insertar(v:entero, pArbol, pPrec : punteros a nodo)
Var
    pNuevo=puntero a nodo
Inicio
    Si pArbol=NIL Entonces
      pNuevo=nuevo nodo
      pNuevo→valor=v
      pNuevo→pIzquierda=NIL
      pNuevo→pDerecha=NIL
      Si pPrec<> NIL Entonces
        Si v>pPrec→Valor Entonces
             pPrec→pDerecha=pNuevo
        Sino
             pPrec→pIzquierda=pNuevo
        FinSI
      FinSi
    Sino
      Si pArbol→valor<>v Entonces
        Si  v > pArbol→valor Entonces
             insertar (v, pArbol, pArbol→pDerecha)
        Sino
             insertar (v,pArbol, pArbol→pIzquierda)
        FinSi
      FinSi
    FinSi
FinFuncion
```

3.4.4 Eliminar un nodo

Para el último punto de este capítulo, va a escribir el algoritmo de la función necesaria para eliminar el nodo. Hay tres casos a tratar:

- Eliminar un nodo sin hijos (una hoja) es el caso más sencillo. El puntero correspondiente (derecho o izquierdo) al padre se debe poner a NIL.
- Eliminar un nodo con un hijo: el hijo debe estar conectado al puntero derecho del abuelo.
- Borrar un nodo con dos hijos. Este es el caso más problemático.

En este último caso, puede hacer el encadenamiento directamente. Por ejemplo, en un trozo del árbol de ejemplo, se desea eliminar el nodo 8:

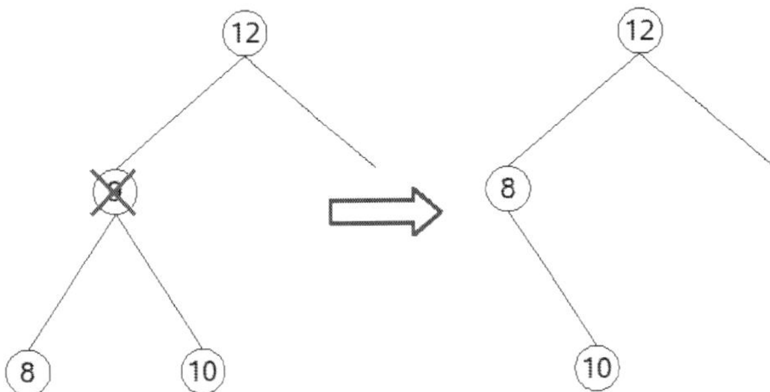

Eliminar un nodo de dos hilos

Como se ha eliminado el nodo 8, tenemos que reorganizar el árbol en consecuencia. El nodo tenía dos hijos: el de la izquierda (y todo su subárbol) sustituye al nodo eliminado y el de la derecha (y todo su subárbol) va a la derecha del nuevo nodo.

Otra posibilidad es eliminar el nodo, recorrer los dos subárboles de este antiguo nodo y añadir cada elemento al primer árbol.

3.5 Ejemplos de ordenación

3.5.1 Ordenación por fusión

El objetivo es ordenar los valores de una lista dispuestos en una estructura de tabla en orden ascendente. La tabla inicial se divide en dos subtablas de la mitad del tamaño inicial y así sucesivamente HastaQue las tablas contengan un solo elemento. A continuación, el algoritmo fusiona las dos subtablas en una tabla ordenada de dos valores y el proceso recursivo garantiza la reconstitución de toda la tabla.

Ejemplo con T= [3,1,6,8,4,5,9,7,2].

El siguiente árbol explica el principio de división (D) y fusión (F) del algoritmo.

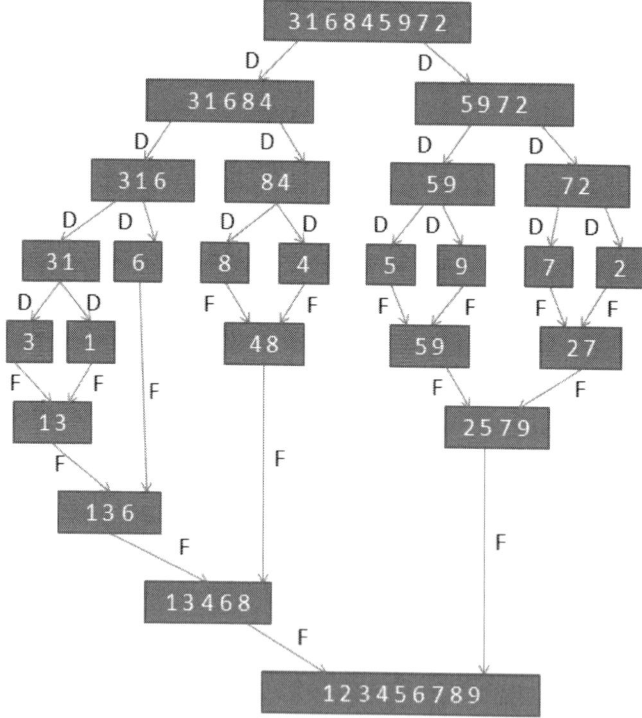

Por tanto, el algoritmo es:

```
Procedimiento fusion(@T,g,d:enteros)
// g: índice de la primera mitad de la tabla

// d: índice del final de la tabla
VAR
   p: entero;
Debut
   Si (g < d) Entonces
      p ← (g + d) / 2;
      fusion(T,g,p);
      fusion(T,p + 1,d);
      fusionar(@T,g,p,d);
   FinSi
Fin.
Procedimiento fusionar(@T,g,p,d:enteros)
VAR
 T_temp:tabla;
 Inicio
   T_temp ← T
   i1 ← q
   i2 ← p
   i ← q
   MientrasQue  (i1 < p Y i2 < d)
     Si (T_temp[i1] ? T_temp[i2]) Entonces
            T[i] ← T_temp[i1]
            i1++;
     Sino
            T[i] ← T_temp[i2]
            i2++;
     FinSi
     i++
   FinMientrasQue
   Si (i ? d) Entonces
     MientrasQue  (i1 < p)
       T[i] ← T_temp[i1]
       i1++
       i++
     FinMientrasQue
     MientrasQue  (i2 < d)
       T[i] ← T_temp[i2]
       i2++
       i++
     FinMientrasQue
   FinSi

 Fin
```

3.5.2 Ordenación rápida

La idea es dividir la tabla en dos. Para ello, elegimos un valor de nuestra tabla base, al que llamamos pivote. El pivote suele ser el valor de la primera celda de la tabla. A continuación, construimos dos "subtablas": una que contiene todos los valores de la primera tabla que son menores o iguales que el pivote y otra que contiene los valores mayores que el pivote.

Para terminar la ordenación, simplemente ordena de nuevo cada una de las dos subtablas utilizando tu función recursiva y, a continuación, concatena las dos tablas.

Este es el algoritmo:

```
Procedimiento particionar(tabla @T, entero primero, entero ultimo, entero pivote)
    intercambiar T[pivote] y T[ultimo]  // intercambia el pivote con
el último de la tabla, el pivote se convierte en el último de la tabla
Inicio
    VAR j ← primero
    para i de primero hasta ultimo - 1  // el bucle termina
cuando i = (ultimo elemento de la tabla).
        Si T[i] <= T[ultimo] ENTONCES
            intercambiar T[i] y T[j]
            j ← j + 1
        FinSi
    intercambiar T[ultimo] y T[j]
    devolver j
Fin

Procedimiento ordenar_rapido(tabla T, entero primero, entero ultimo)
Inicio
        Si primero < ultimo ENTONCES
            pivote ← opcion_pivote(T, primero, ultimo)
            pivote ← particionar(T, primero, ultimo, pivote)
            ordenar_rapido(T, primero, pivote-1)
            ordenar_rapido(T, pivote+1, ultimo)
        FinSI
Fin
```

Aquí está el algoritmo de ordenación rápida en PHP:

```
<?php

function exchange (&$tab, $a, $b)
{
    $temp = $tab[$a];
    $tab[$a] = $tab[$b];
    $tab[$b] = $temp;
}

function QuickSort (&$tab, $begin, $end)
{
    $left = $begin -1;
    $right = $end +1;
    $pivot = $tab[$begin ];

    /* Si la tabla es de longitud nula, no hay nada que hacer. */
    if($ begin >= $end )
        return;

    /* En caso contrario, recorremos la tabla, una vez de derecha a izquierda,
y
       otra de izquierda a derecha, buscando elementos mal ubicados,
       que permutamos. Si los dos recorridos se cruzan, no detenemos. */
    while(1)
    {
        do {$right--;} while($tab[$right] > $pivot);
        do {$left++;} while($tab[$left] < $pivot);

        if($left < $right)
           exchange($tab, $left, $right);
        else break;
    }

    /* Todos los elementos inferiores al pivote están antes que esos
       Superiores al pivote. Por tanto, es necesario clasificar dos grupos.
Usamos
       para esto el método QuickSort de forma recursiva */
   QuickSort ($tab, $begin, $right);
   QuickSort ($tab, $right+1, $end );

}
$table = array();
$ table = [3,1,6,8,4,5,9,7,2];
QuickSort ($table ,0,count($table )-1);
print_r($table );
?>
```

4. Ejercicios

Ejercicio 1

Escriba en PHP el algoritmo de ordenación por fusión explicado en la sección de ejemplos de ordenación.

Ejercicio 2

Busque en la documentación de PHP el nombre SplDoublyLinkedList. Implemente un ejemplo añadiendo las cuatro primeras letras del alfabeto a la lista. A continuación, muestre todo el contenido en modo FIFO (*First In First Out*).

A continuación, muestre el primer valor, el último valor y el número de elementos de la lista.

Ejercicio 3

Considere el siguiente árbol:

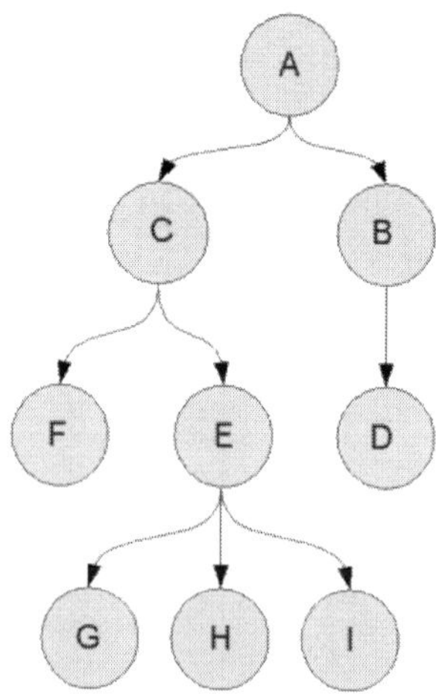

Representar el árbol de ejemplo en PHP. Este árbol es un tabla multidimensional con el valor (A, B, D, etc.) como clave y el hijo como valor. Muestre el árbol completo utilizando la función var_dump().

Ejercicio 4

Considere el siguiente árbol:

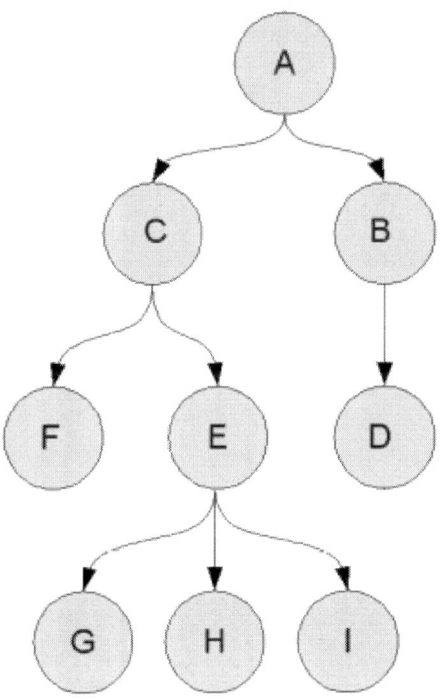

Representar el árbol de ejemplo en PHP. Crear una función árbol que reciba como argumentos el valor y el hijo. Mostrar el árbol completo utilizando la función var_dump().

Capítulo 9
El enfoque de objetos

1. Aspectos principales del objeto, un concepto obvio

1.1 Antes de continuar

Se encuentra en el penúltimo capítulo de este libro. Si su objetivo era aprender a programar en lenguajes procedimentales o funcionales, es decir, basados en el uso de subprogramas como los presentados aquí, podría detenerse aquí. De hecho, ahora tiene todo lo que necesita para programar en C o Pascal.

Sin embargo, sería una lástima no continuar, aunque no tenga que empezar a programar con objetos de inmediato. Desde principios de los años 90, la programación de objetos no sólo se ha convertido en un clásico, sino que ha pasado a formar parte de la cultura informática. Lenguajes como C++, una evolución del lenguaje C e incluso otros como Delphi derivado de Pascal, Visual Basic derivado de Basic, así como la mayoría de los lenguajes de macros de MS Office u OpenOffice.org o los lenguajes de ciertos gestores de bases de datos, son lenguajes de objetos.

Si no comprende su finalidad, corre el riesgo de perderse muchos productos, muchas funcionalidades y, a veces, incluso una mayor simplicidad en determinados procesos.

1.2 Recordatorios sobre programación procedimental

Los procedimientos o funciones reciben datos como argumentos (argumentos). Devuelven valores bien por el mismo camino (punteros o referencias), bien devolviendo datos directamente como resultado de la función.

En un lenguaje procedimental (o funcional), los datos están separados de los programas que los utilizan.

1.2.1 Los datos

Cada variable tiene un tipo que indica qué clase de valor puede contener. Se dice que estos tipos son primitivos cuando los propone directamente el propio lenguaje. Pueden diferir de un lenguaje a otro, pero C ofrece una serie de enteros, reales y caracteres. Otros son las cadenas.

El tipo de variable también puede ser definido por el programador. Se trata de los tipos estructurados que usted mismo describe.

Las tablas se utilizan para agrupar varias apariciones de valores en la misma variable. Pueden contener n valores, generalmente del mismo tipo (en lenguajes tipados como C) o no (en lenguajes no tipados como PHP).

Las variables especiales llamadas punteros no contienen directamente un valor, sino la dirección de una variable que contiene ese valor, es decir, la dirección de la ubicación de ese valor en la memoria del ordenador. Aunque son más difíciles de entender, ofrecen una flexibilidad inigualable a la hora de manipular valores. Para compensar el riesgo de complejidad en ciertos lenguajes avanzados, la noción de referencia sustituye a veces a la de puntero, sobre todo en Java y PHP.

1.2.2 Procesamientos

El procesamiento se lleva a cabo en el programa principal (a veces denominado cuerpo del programa) o en subprogramas denominados procedimientos o funciones. En este último caso, la función se utiliza como una instrucción que devuelve un valor, mientras que el procedimiento es un bloque de instrucciones sin valor pero que puede devolverlo pasando valores mediante argumentos. Lenguajes como C, PHP o Java no distinguen entre estos dos conceptos, ya que una función no devuelve necesariamente un valor.

1.3 El objeto

1.3.1 En la vida cotidiana

Observe a su alrededor todos los objetos reales o abstractos que le rodean. Un objeto real es, por ejemplo, un salero, un cuchillo, un bolígrafo, un coche, la pantalla de su ordenador, un teléfono, etc. Un objeto abstracto es una empresa, un servicio, una organización de algún tipo, etc.

Estos objetos tienen propiedades intrínsecas. Tomemos una pantalla. Entre sus propiedades físicas y de uso se encuentran:

- sus dimensiones,
- su tipo (crt, lcd, etc.),
- sus conectores (vga, dvi),
- su peso,
- la diagonal de la pantalla en pulgadas,
- resoluciones de pantalla compatibles y frecuencias asociadas,
- etc.

Esta misma pantalla dispone probablemente de un manual de usuario en el que se describen las operaciones de hardware y software necesarias para configurar sus argumentos, por ejemplo:

- ajustar los colores (y el contraste asociado, etc.),
- configurar el área de visualización,

– resolución de modificación,

– etc.

Por tanto, un objeto como una pantalla tiene propiedades: es la descripción de lo que es, su estado.

También tiene métodos: qué acciones son posibles para modificar su estado, su comportamiento, para utilizarlo. Eso es lo que sabe hacer.

Todos los objetos cotidianos tienen propiedades y métodos. Incluso un salero (tamaño, color, número de agujeros, contenido, métodos para hacer que la sal fluya más o menos rápido, abrirlo, llenarlo, cerrarlo, etc.). Imagine el número de propiedades y métodos de un ser humano.

La definición de propiedades y métodos descrita para una pantalla es válida para el 99% de las pantallas si no más. El contenido de las propiedades probablemente se modificará, pero si la pantalla es estándar el cambio de resolución a través de Windows, Mac OS o Linux se realizará de la misma manera. La definición global (propiedades y métodos) de un objeto de este tipo puede formar una especie de molde común para todos los objetos, pantallas, del mismo tipo.

Una vez que tenga este "molde", puede aplicarlo a tantos objetos, las pantallas, como quieras, con posibles variaciones, aplicando los mismos métodos.

1.3.2 En informática

Programación procedimental

En la programación procedimental, la pregunta que hay que hacerse al desarrollar es "¿Cuál es el propósito del programa? En este caso, sirve para manipular la información y las funciones de una pantalla.

¿Cómo se pueden representar en programación las propiedades de la pantalla y las operaciones asociadas? Hasta ahora, probablemente habría pensado así:

– agrupar toda la información sobre la pantalla en un tipo estructurado tPantalla (por ejemplo);

– crear subprogramas para gestionar los argumentos de pantalla, utilizando como argumentos la estructura correspondiente;

- para n pantallas, se crean n registros (estructuras) de tipo tPantalla, uno por pantalla, en diferentes variables o en tablas.

En resumen, en algoritmia se escribiría algo más o menos así:

```
Tipo
  Estructura tPantalla
    tipo :cadena
    marca :cadena
    modelo :cadena
    diagonal :entero
    altura :real
    anchura :real
    profundidad :real
    peso :real
    conector :cadena
    resolucion : tabla[1..10] de cadenas
  FinEstructura
Procedimiento cambiar_resolucion(...)
Procedimiento suspender(...)
Procedimiento encender(...)
Procedimiento ajustar_visualizacion(...)
...
```

Está bien, es posible que tenga que jugar con punteros y referencias para pasar la estructura, así que por qué no. Miles de programas se han desarrollado de esta manera. Pero hágase esta pregunta: ¿por qué no combinar las propiedades de un objeto y el procesamiento asociado en un único conjunto?

Programación de objetos

A la hora de programar objetos, la pregunta que hay que hacerse es "¿De qué trata el programa? La respuesta es: las pantallas. Puesto que el programa trata de pantallas, ¿por qué no intentar responder a la pregunta planteada al final del punto anterior? La respuesta es "por qué no" y éste es el objetivo o uno de los objetivos, de la programación por objetos.

En lenguaje procedimental o en algorítmica, una estructura ya se denomina objeto en algunos trabajos algorítmicos algo más antiguos (años 80), en el sentido de que contiene un conjunto de datos coherentes sobre un tema muy concreto. La estructura tarticulo contenía todas las propiedades de un artículo. Se accede a la información mediante el punto "." o la flecha "->" si el registro es una referencia.

Por tanto, la estructura codifica todas las propiedades de un objeto real o abstracto. Sin embargo, todo el procesamiento asociado se lleva a cabo en subprogramas independientes.

Eche un vistazo a estas líneas del ejemplo PHP en:

```
class tarticulo {
  public $ref;
  public $etiqueta;
  public $precio;
  public $fab;
}


$articulo=new tarticulo();
$articulo->ref="Art001_01";
```

En principio, la variable $articulo es una estructura. Sin embargo, no es el caso. Es una variable objeto (una instancia). La flecha "->" le lleva a una propiedad, un dato del objeto. No accede a registros, sino a atributos asociados a la variable. He aquí una definición del objeto:

En los lenguajes de objetos, los datos y los procesos que manipulan esos datos se agrupan en una única entidad denominada objeto.

En PHP, los objetos se describen utilizando la palabra clave **class**". En algoritmos, se describen usando la palabra clave "**clase**".

¿Cuáles son las propiedades de una cadena de caracteres?

- La cadena propiamente dicha, formada por una serie de caracteres.

¿Qué tratamientos se aplican a una cadena?

- calcular su longitud,
- descomponer en subcadenas,

- concatenar con otra cadena,
- buscar otra cadena dentro,
- dividir la cadena en función de un delimitador,
- convertir a mayúsculas o minúsculas,
- borrar espacios antes y después,
- etc.

Ahora, combine las propiedades de la cadena y todos los tratamientos posibles sobre ella en un todo único. Tiene un objeto.

Un programa objeto está formado por un conjunto de objetos que se comunican entre sí, enviando y recibiendo mensajes para llevar a cabo el procesamiento final. Suena así de impresionante y complicado, pero en realidad es muy sencillo. En la siguiente línea:

```
$cnt=$tab.count();
```

el objeto llamado $tab, un array PHP declarado como arrayObject, recibe la orden asociada a su función count(): contar el número de elementos de este array.

Si aún no lo ha entendido, piense que un objeto real en informática es algo así como un registro (tiene las mismas propiedades que los campos) al que se han añadido subprogramas para manipular sus campos. Los subprogramas ya no estarían separados, sino que formarían parte de la estructura, que entonces ya no sería la definición de un registro, sino de un objeto.

1.4 Clase, objetos

Para definir un objeto es necesario conocer algunas palabras del vocabulario. Un objeto se define por:

- datos sobre sí mismo: sus propiedades, su estado,
- lo que hace: los procesos que asocia a sus datos o los datos que recibe de otros objetos.

Al igual que las estructuras se definen con la palabra clave del mismo nombre, la estructura de un objeto se describe con la palabra clave "**Clase**" para clase de objeto. Esta estructura de objeto define lo que será un objeto de este tipo. La clase es el tipo de objeto.

- Un objeto es una variable cuyo tipo es su clase.
- Una clase es, de hecho, un molde que sirve para crear varios objetos. Los objetos de una misma clase son diferentes entre sí porque los valores de sus propiedades no son siempre los mismos.
- Como puede haber varios objetos del mismo tipo de clase, decimos que un objeto es una **instancia de una clase**.

La definición de objeto es un poco parecida a la de estructura, salvo que se compone de dos partes:

- Los **atributos** son las propiedades del objeto, es decir, las distintas variables que definen lo que representa, su estado.
- Los **métodos** son los subprogramas, funciones o procedimientos que afectan al objeto, por ejemplo, a sus atributos.

Estas dos partes se denominan **miembros** del objeto.

Los atributos son variables de cualquier tipo: primitivo, tabla, objeto, etc. Los métodos son el equivalente a los subprogramas vistos hasta ahora, pero específicos del objeto.

```
Clase mi_objeto
  atributos
    atrib1 :entero
    atrib2 :tabla[1..10] de reales
    ...
  metodos
    procedimiento visualizar()
    procedimiento eliminar()
  ...
FinClase
```

Tomemos de nuevo el ejemplo del procedimiento de la pantalla. Este es el aspecto que podría tener la clase del objeto Pantalla:

```
Tipo
Clase Pantalla
  atributos
    tipo :Cadena
    marca :cadena
    modelo :cadena
    diagonal :entero
    altura :real
    anchura :real
    profundidad :real
    peso :real
    conector :cadena
    resolucion : tabla[1..10] de cadenas
  metodos
    Procedimiento cambiar_resolucion(...)
    Procedimiento suspender(...)
    Procedimiento encender(...)
    Procedimiento ajustar_visualizacion(...)
    Procedimiento muestra_modelo()
    Procedimiento indicar_modelo()
FinClase
```

1.5 Declaración y acceso

Un objeto se declara como una variable o un registro, salvo que el nombre del tipo es el nombre de la clase:

```
Var
  pantalla1 :Pantalla
  pantalla2 :Pantalla
```

También puedes crear tablas de objetos:

```
Var
  pantallas :tabla[1..10] de Pantallas
```

E incluso declarar punteros a objetos, ya que también ocupan una zona de memoria:

```
Var
  pantalla :Pantalla
  pPantalla :puntero a Pantalla
```

Por convención, las variables de objeto, que en lo sucesivo se llamarán simplemente objetos, suelen empezar por la letra o: oPantalla1, o1, o2, etcétera. Pero no tiene ninguna obligación de seguir esta convención, a menos que le venga impuesta.

Se accede a los distintos miembros del objeto utilizando el punto "." entre el nombre del objeto y sus miembros, exactamente igual que en el caso de una estructura. La única diferencia es que después del punto puede asociar un campo (un atributo) y también un subprograma (un método). Cuando coloca un método después del punto, lanza su ejecución.

```
Tipo
  Clase Pantalla
  ...
  FinClase
Programa obj1
Var
  o1 :Pantalla
Inicio
  // modificación de los atributos
  o1.tipo←"LCD"
  o1.conector←"VGA"

  // acceso directo a los atributos
  Visualizar o1.tipo

  // llamada a los métodos
  o1.suspender()
  o1.encender()
  o1.muestra_modelo()
Fin
```

1.6 Los métodos

Agrupar funciones y datos en una misma estructura, denominada objeto, ya es una forma de pensar mucho más coherente. Pero, ¿cómo manipular los atributos del objeto dentro de uno de sus métodos? Ahí es donde reside la gran ventaja: mientras que en la programación procedimental había que pasar los datos (la variable) como argumento, esto es totalmente innecesario: el método "sabe" implícitamente que el atributo al que accede pertenece al objeto:

```
Clase Pantalla
  atributos
    tipo :cadena
    ...
  metodos
    Procedimiento modifica_tipo(E :t :cadena)
    Inicio
      tipo←t
    FinProcedimiento
    ...
FinClase
```

A veces, los nombres de los atributos son idénticos a los de otros objetos o argumentos pasados como argumentos de métodos. Para evitar confusiones, puede designar explícitamente que el miembro pertenece a su objeto especificando la palabra clave '**this**' seguida del punto y su nombre. Éste será sustituido por el propio objeto cuando se realice la llamada.

```
Clase Pantalla
    ...
    Procedimiento modifica_tipo(E :t :cadena)
    Inicio
      this.tipo←t
    FinProcedimiento
    ...
FinClase
```

En la programación de objetos pura, ya no existe la noción de programa principal y subprogramas: todo el procesamiento tiene lugar dentro de métodos e incluso el bloque principal de instrucciones es un método dentro de una clase, como en Java.

Como todos los componentes de un programa son objetos, existe comunicación entre los objetos. En la práctica, obviamente es usted quien inicia esta comunicación: cuando decimos que un primer objeto solicita algo a un segundo, significa que uno de los métodos del primer objeto llama a uno de los métodos del segundo. Como todo es un objeto, puede crear una instancia del segundo objeto como atributo del primero o incluso pasar objetos como argumentos de métodos.

En el ejemplo anterior, el objeto Pantalla puede recibir el mensaje `modifica_tipo`, que modifica el atributo tipo.

Es posible describir (programar) un método fuera de la definición de la clase (en algorítmica). En este caso, en la definición de la clase se escribe el prototipo del método (nombre+argumentos) y debajo se define el método. Debe utilizar la siguiente sintaxis, con dos puntos dobles "`::`" entre el nombre de la clase y el del método:

```
Procedimiento class::metodo(argums)
```

Por ejemplo:

```
Clase Pantalla
  ...
  metodos
    Procedimiento modifica_tipo(E :t :cadena)
    ...
FinClase

Procedimiento Pantalla::modifica_tipo(E :t :cadena)
Inicio
  this.tipo←t
FinProcedimiento
```

1.7 Ámbito de los miembros

En el programa obj1, se accede directamente a los distintos miembros, atributos y métodos. El programa accede a los miembros a través del objeto y del operador punto. Esto se debe a que, en la definición de la clase, los miembros suelen ser públicos: son accesibles sin ningún tipo de protección.

Puede elegir que los distintos miembros sean públicos o privados. Por defecto, en PHP por ejemplo, si no se especifica nada todos son públicos. En algoritmia, los atributos son privados por defecto y los métodos son públicos.

- **Público**: los miembros son directamente accesibles desde cualquier otra parte del programa u objeto, como en los ejemplos anteriores, utilizando el operador punto.
- **Privado**: miembros ya no son accesibles desde el exterior del objeto. Sólo se puede acceder a ellos desde el interior del objeto.

Puede especificar el tipo de acceso a sus miembros en las declaraciones. Aquí hay un ejemplo de la clase Pantalla, donde los atributos son privados, por lo que sólo se puede acceder desde los métodos del objeto y los métodos públicos:

```
Clase Pantalla
  atributos privados
    tipo :cadena
    marca :cadena
    modelo :cadena
    ...
  metodos publicos
    Procedimiento ajustar_visualizacion(...)
    Procedimiento muestra_modelo()
    Procedimiento indica_modelo()
FinClase
```

Con esta nueva definición, ya no puede utilizar el programa obj1 tal cual. Tiene que modificarlo.

```
Programa obj2
Var
  o1:Pantalla
Inicio
  // Atributos privados : acceso desde el exterior prohibido
  o1.tipo←"LCD" // *** PROHIBIDO !!! ***
  // Acceso directo a los atributos
  Visualizar o1.tipo // *** PROHIBIDO !!! ***

  // Métodos públicos: acceso permitido
  o1.indica_modelo("Multisync FE1250+")
  o1.muestra_modelo()
Fin
```

Existe un tercer tipo de acceso: el acceso **protegido (protected)**. Este es un tipo especial de acceso y volverá a él más adelante cuando hablemos de la noción de herencia. Un miembro protegido se considera privado para otros objetos independientes porque no se puede acceder a él desde ellos, pero público dentro del objeto y de los objetos derivados de él.

1.8 Encapsulación de datos

Los miembros pueden ser públicos o privados. La estructura interna de un objeto incluye un cierto número de atributos y métodos que le son propios y que reflejan su estructura interna. Algunos de los atributos y métodos del objeto sólo son útiles para otros métodos y, por tanto, no deben ser accesibles desde fuera del objeto. Del mismo modo, para dejar un único punto de entrada a los distintos atributos, no se debe permitir el acceso a ellos tanto directamente como a través de métodos.

Una buena práctica es prohibir el acceso público a los atributos. Sólo los métodos pueden acceder a ellos y, si quiere manipularlos, define métodos públicos para este propósito. Esto evita que el programador manipule directamente la estructura interna de su objeto y ponga cualquier cosa en ella, porque puede controlar esto dentro de los métodos. Este es el principio de la **encapsulación** de datos:

- Los atributos son privados (o protegidos).
- Se manipulan utilizando métodos públicos.

El siguiente ejemplo modificado destaca lo que podría haber sido un problema: quiere cambiar el tipo de pantalla. Al pasar directamente a través de un atributo público, podría haber puesto cualquier cosa, como "PLANO". Pero el método modifica_tipo comprueba primero lo que ha puesto en una opción predefinida (crt, lcd, led). Si el tipo que quiere no coincide, es rechazado. Acaba de proteger (un poco) su objeto impidiendo que nadie lo "rompa". Ahora reconoce la importancia, en ciertos casos, de la encapsulación de datos.

```
Tipos
Clase Pantalla
  atributos privados
    ...
    tipo:cadena
    ...
  metodos publicos
    ...
    Funcion modif_tipo(mod :cadena) :booleano
    ...
FinClase
Funcion Pantalla::modif_tipo(mod :cadena) :booleano
Var
  tmod :tabla[1..3]<-{"CRT","LCD","LED"} de cadenas
  ok :booleano
  i :entero
Inicio
  ok←FALSO
  i←1
  Mientras Que i<=3 Y NO ok Hacer
    Si mod=tmod[i] Entonces
      ok←VERDADERO
    FinSi
    i=i+1
  FinMientrasQue
  Si ok Entonces
    this.tipo←mod
  FinSi
  Devuelve OK
FinFunc
Programa obj3
Var
  oPantalla :Pantalla

Inicio
  Si NO oPantalla.modifica_tipo("PLAT") Entonces
    Visualizar "Error en la modificación del tipo"
  FinSi
Fin
```

Los usuarios de sus clases no siempre necesitan saber cómo están definidas sus clases: sólo tienen acceso a los miembros públicos de su clase. De hecho, se definen **interfaces** (la lista de métodos) a partir de las cuales los usuarios pueden acceder indirectamente a los atributos. Los métodos utilizados para manipular el objeto son los mismos, sean cuales sean los valores de los atributos del objeto. Esta es la razón por la que un objeto cuyo atributo de tipo es CRT o LCD se utiliza de la misma manera: este es el principio de **abstracción**: el usuario puede manipular cualquier instancia de una clase sin saber nada de su complejidad interna.

1.9 La herencia

1.9.1 Aspectos principales

La noción de herencia sólo se encuentra en el objeto. Permite crear una nueva clase a partir de una clase existente. Entonces decimos que la nueva clase **hereda** de la primera o que **deriva** de la primera. En la programación de objetos oirá hablar con frecuencia de clases derivadas.

Cuando una clase hereda de otra, hereda todos sus atributos y métodos. Se dice que la clase base es una **superclase**. La clase derivada hereda los miembros de la superclase. Sólo que en la clase derivada se pueden añadir nuevos atributos y métodos e incluso redefinir los métodos de la clase base: ésta es una característica importante del concepto de objeto.

Sea una clase animal:

```
Clase animal
  atributos privados
    forma :cadena
    orden :cadena
    ...
  metodos publicos
    Procedimiento modifica_orden(E :orden :cadena)
    ...
FinClase
```

El reino animal es complejo y se podría dividir en un enorme número de categorías: vertebrados, invertebrados, mamíferos, insectos, herbívoros, carnívoros y omnívoros. Estos tres últimos son la base de todos los animales: las clases de este tipo derivan de la clase animal.

Para declarar una clase que deriva de otra, utilice la siguiente sintaxis:

```
Clase miClase hereda de Superclasse
  atributos
    ...
  metodos
FinClase
```

Para definir clases herbívoras, carnívoras u omnívoras, se heredan las propiedades básicas del subreino animal asociado.

```
Clase herbivoro hereda de animal
  ...
FinClase
Clase carnivoro hereda de animal
  ...
FinClase
Clase omnivoro hereda de animal
  ...
FinClase
```

Con la herencia, puede diseñar clases cada vez más especializadas. Del mismo modo, si necesita diseñar clases con propiedades muy similares, en lugar de reprogramar todo desde cero, puede diseñar una clase base (la superclase) y crear dos clases que hereden de ella.

Asigne uno o dos nombres de animales de cada categoría. Las vacas son herbívoras y los caballos también. No tienen la misma dieta ni el mismo número de estómagos. Puede diferenciarlos en dos clases distintas que derivan de la clase de los herbívoros:

```
Clase caballo hereda de herbivoro
  ...
FinClase
Clase vaca hereda de herbivoro
  ...
FinClase
```

Puede hacer lo mismo con los carnívoros: león, tigre y omnívoros: hombre, mono. Así va construyendo un conjunto de clases derivadas cada vez más especializadas.

En una clase derivada se tiene acceso directo a los miembros, tanto atributos como métodos, de todas las superclases originales, en cascada. Así que esto es correcto, suponiendo que omnívoro deriva de animal puede llamar al método modifica_orden() de la superclase animal.

```
Programa obj4
Var
  o3:herbivoro
Inicio
  o3.modifica_orden(mammifero)
Fin
```

Recuerde, sin embargo, que el acceso a los atributos depende de su protección. Si los atributos de la superclase son privados, una clase derivada no puede acceder a ellos directamente. Si están protegidos o son públicos, sí es posible.

1.9.2 Comercio

La ventaja es enorme, hasta el punto de que para lenguajes como C++, PHP o Java existen editores de software especializados en la venta de clases, agrupadas en forma de librerías. Así pues, existe un comercio de objetos y, como las clases son moldes que se pueden reutilizar a voluntad, hay para todos los gustos. Estos productos se conocen como API (*Application Programming Interface*). Hay APIs para casi todos los ámbitos de la informática: un API para facilitar el acceso a bases de datos, un API para ayudar a desarrollar software de gestión de consultas médicas, etc. En Internet encontrará sitios especializados en la distribución, a menudo gratuita, de clases muy prácticas. Si la clase PHP básica para gestionar tablas no le basta, puede encontrar otras que ofrecen todo tipo de ordenaciones, reconstituir una cadena, asignar dinámicamente elementos adicionales, gestionar listas enlazadas por usted, etc. Todo es posible.

En pocas palabras, la gran fuerza del objeto es que se puede reutilizar, lo que acelera el desarrollo de aplicaciones al utilizar componentes que ya han sido probados y validados.

1.9.3 Jerarquía

Cuando una clase hereda de otra, se dice que es una clase hija (y el objeto resultante un hijo). Así que hay una relación jerárquica basada en la genealogía. Hay objetos padre, objetos abuelo, etc., hasta llegar a una clase base. Como varias clases distintas pueden derivar de una superclase y otras pueden descender en cascada a partir de las nuevas clases, se obtiene una jerarquía entre clases, un árbol de clases (y objetos asociados), como un árbol genealógico: una clase base tiene tantos hijos que, a su vez tienen muchos hijos y así sucesivamente. Esta jerarquía describe una estructura de árbol.

Esto es obvio en Java, donde todas las clases heredan de una única superclase llamada **Object**. Esta clase sirve de prototipo, de base, para todas las demás. Todas las clases ofrecidas por defecto por Java (todas las API del SDK) derivan de la clase Object. La clase Object propone métodos que son todos reimplementados en las clases derivadas. La clase Object es, por tanto, la superclase de todas las clases Java.

Si tomamos el ejemplo de las dietas animales, obtenemos una estructura de árbol como ésta:

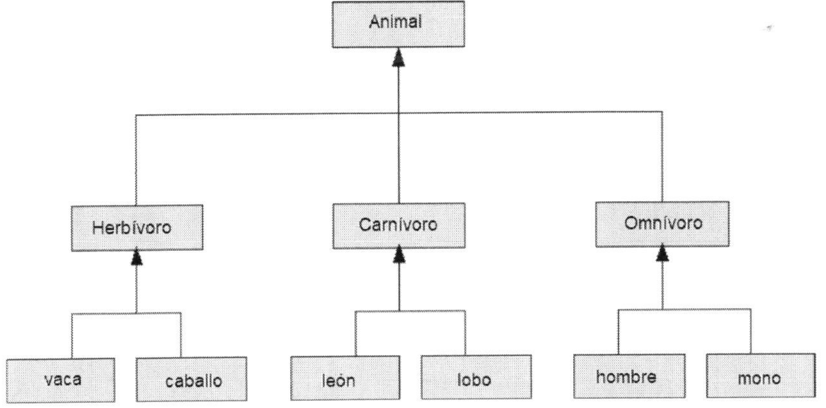

Herencia y jerarquías de clases

1.9.4 Individual o múltiple

N clases pueden derivar de una superclase, eso es lo que has visto hasta ahora. Si se fija en la jerarquía actual, quizá sea posible cambiar algo. Un omnívoro come tanto hierba (fruta y verdura) como carne. Por tanto, es a la vez herbívoro y carnívoro. ¿Podríamos entonces crear una clase Omnívoro derivada de las clases Carnívoro y Herbívoro? Es posible. En este caso, la nueva clase hereda los miembros de las dos clases padre.

```
Clase omnivoro hereda de Herbivoro, Carnivoro
  ...
FinClase
```

La jerarquía se convierte en:

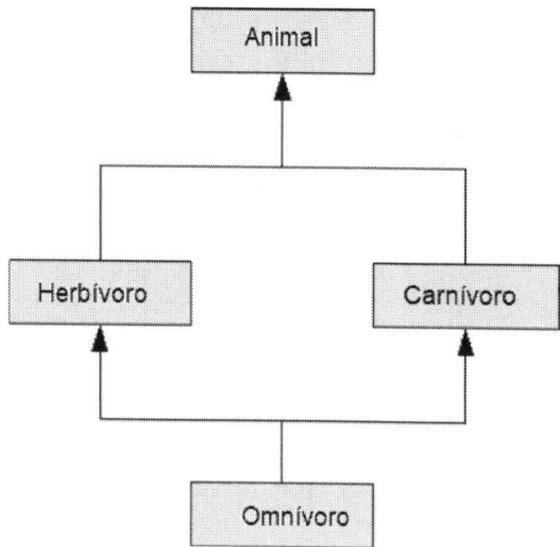

Herencia múltiple, cuidado con la complejidad

Es posible, pero a menudo causa más problemas de los que resuelve. Hay división de opiniones al respecto. Pero he aquí un breve ejemplo de las implicaciones un poco retorcidas que genera la herencia múltiple: si dos métodos con el mismo nombre están definidos en las dos superclases y no en la clase derivada, ¿a qué método se debe llamar si se llama a su nombre en la clase derivada? Los lenguajes ofrecen trucos para tratar este tipo de casos, pero resulta muy complejo. La herencia múltiple se ha implementado en C++ pero no en Java o PHP, al menos no directamente: una clase deriva de una sola clase.

Antes de embarcarse en la herencia múltiple, intente ver si es posible transformar la jerarquía en herencia simple, utilizar clases que instancien otras clases como atributos o utilizar interfaces. Casi nunca es obligatorio utilizar la herencia múltiple.

1.10 El polimorfismo

1.10.1 Aspectos principales

Cuando hereda de una clase, puede acceder a los métodos de las superclases directamente desde un objeto de la nueva clase: de hecho, todos forman parte de la clase derivada. Sin embargo, es probable que si ha derivado de la superclase es porque ha encontrado una ventaja al añadir nuevos atributos y métodos. Algunos de estos nuevos métodos pueden sustituir o llamar a los métodos de la superclase.

El polimorfismo de métodos es otro concepto esencial en la programación de objetos. Polimorfismo significa que una misma cosa puede adoptar varias formas. Algunos animales se especializan en ello, como las abejas: dentro de una misma especie, existen tres formas de individuos, la hembra (reina), los machos (zánganos) y las obreras (hembras estériles). Tres formas diferentes para una misma especie o, mejor dicho, una misma larva de base.

En cuanto a los objetos, el polimorfismo permite crear varios métodos con el mismo nombre. Existen tres tipos de polimorfismo.

1.10.2 Polimorfismo ad hoc

Generalmente, en un lenguaje procedimental, sólo se puede tener un procedimiento con el mismo nombre en el mismo programa. Si el subprograma Muestra() se va a utilizar para datos diferentes, deberá adaptarlo en consecuencia o crear tantos subprogramas Muestra_xxx() donde xxx daría nombre al papel exacto del subprograma.

En objetos, como cada definición de clase es independiente de su vecina, puede reutilizar los mismos nombres de método en diferentes clases, ya que no tienen nada que ver entre sí.

```
Clase leon hereda de Carnivoro
  ...
  metodos publicos
    Procedimiento muestra_nom()
    ...
FinClase
Clase Pantalla
  ...
  metodos publicos
    Procedimiento muestra_nom()
    ...
FinClase
```

1.10.3 Polimorfismo de herencia

Se puede y, a menudo se hace, redefinir un método de una superclase en una clase derivada, utilizando el mismo nombre de método. Una clase Object, como en Java, define métodos básicos, que se redefinen en las clases derivadas en función de sus nuevas propiedades. Un ejemplo clásico es un juego de ajedrez y sus piezas. Cada pieza del juego tiene un número más o menos limitado de movimientos permitidos.

Una clase pieza definirá un método movimiento(). Las clases derivadas peón, alfil, torre, caballo, rey y reina también contendrán un método movimiento(), que determinará sus propios movimientos:

```
Clase Pieza
  ...
  metodos publicos
    Procedimiento movimiento()
    Inicio
      Visualizar "Movimiento de Pieza"
    FinProcedimiento
  ...
FinClase
Clase Torre hereda de Pieza
  ...
  metodos publicos
    Procedimiento movimiento()
    Inicio
      Visualizar "Movimiento de Torre"
    FinProcedimiento
    ...
FinClase
```

Al declarar un objeto de tipo torre y acceder al método movimiento(), se llamará al método movimiento() de Torre y se mostrará el mensaje correspondiente "Movimiento de torre".

```
Programa obj5
var
  mitorre :Torre
Inicio
  ...
  // Llamada de movimiento() del objeto mitorre1
```

Puede llamar explícitamente al método de la superclase Pieza de la que deriva Torre utilizando la palabra clave **super** (de superclase) dentro del método o métodos en cuestión. En el ejemplo siguiente, el método movimiento() de la clase Torre se ha modificado para llamar al método movimiento() de la clase Pieza. Al final de este programa, se muestran los dos mensajes, primero el de la clase Pieza y después el de la clase Torre. Este principio se denomina sustitución.

```
Clase Torre hereda de Pieza
  ...
  metodos publicos
    Procedimiento movimiento()
    Inicio
      // Llamada a movimiento() de Pieza
      super.movimiento()
      Visualizar "Movimiento de Torre"
    FinProcedimiento
    ...
FinClase
Programa obj6
var
  mitorre1 :Torre
Inicio
  ...
  // Llamada de movimiento() del objet mitorre1
  mitorre1.movimiento()
Fin
```

Observación

En el caso de la herencia en cascada, la palabra clave super se refiere a la clase padre, es decir, la clase de la que deriva directamente la clase hija. Para ascender en la jerarquía de clases, es necesario utilizar la palabra clave super en todos los métodos de todas las clases precedentes, en cascada.

1.10.4 Polimorfismo paramétrico

Cada método dentro de una clase tiene una **firma** específica. Esta firma consiste en el nombre del método, los argumentos que toma y el valor que devuelve. El lenguaje objeto utiliza esta firma para llamar al método correcto.

El principio del objeto establece que si sólo varía uno de estos tres componentes de la firma, se considera que el método es diferente. Por ejemplo, se puede variar el tipo de variable devuelta por el método y también los argumentos, pero no el nombre del método¿ ¿Ve las implicaciones directas¿ Está permitido dar el mismo nombre a varios métodos, siempre que el número o los tipos de los argumentos no sean idénticos.

Se trata de una clase de cálculo que redefine operaciones sobre distintos tipos de variables: enteros, reales, pero también cadenas de caracteres para concatenarlas, por ejemplo. En esta clase, cuando se llama al método adicion(), se desea que los dos valores pasados como argumentos se sumen, independientemente de su tipo. Esto no plantea ningún problema. El siguiente ejemplo implementa estos tres métodos y el programa principal los utiliza. Este principio se llama sobrecarga, pero no es posible en PHP.

```
Clase calculo
 ...
 metodos publicos
 // Adición de dos enteros
 Funcion adicion(x,y :enteros) :entero
 Inicio
   Devuelve x+y
 FinFunc

 // Adición de dos reales
 Funcion adicion(x,y :reales) :real
 Inicio
   Devuelve x+y
 FinFunc
```

```
  // Concatenación de dos cadenas
  Funcion adicion(x,y :cadenas) :cadena
  Inicio
    Devuelve x&y
  FinFunc
  ...
FinClase
Programa obj7
Var
  oCalc :Calculo
Inicio
  // Dos enteros
  Visualizar oCalc.adicion(10,20)

  // Dos reales
  Visualizar oCalc.adicion(3.1415927,14.984)

  // Dos cadenas
  Visualizar oCalc.adicion("Hola" ,"amigos")
Fin
```

2. Manipulación de objetos

2.1 Los constructores

2.1.1 Declaración

Cuando instancia una clase, es decir, cuando crea un objeto de un tipo de clase determinado, a menudo necesita llamar a varios métodos para rellenar sus atributos con los valores correctos. Tomando de nuevo el ejemplo de la clase Pantalla, no cabe duda de que al crear un objeto de este tipo querrá establecer los atributos tipo, marca, modelo, etc. en los valores correctos. La solución actual es llamar explícitamente a los métodos previstos para ello: modif_tipo(), modif_marca(), modif_modelo(), etc.

Existe una forma más eficiente e implícita de establecer los valores correctos de los atributos (y realizar cualquier otra operación necesaria) en la instanciación. Se trata del **constructor**.

El constructor es un método especial que se llama automáticamente en cuanto crea un objeto sin que tenga que especificarlo, ya sea por declaración o por asignación dinámica (mediante un puntero). En este método, es libre de hacer lo que quiera, pero en el 90% de los casos su función será dar a los atributos sus valores iniciales correctos o valores por defecto.

Un constructor debe tener las dos propiedades siguientes:

- Tiene el mismo nombre que la clase.
- No devuelve ningún valor.

Usando el polimorfismo paramétrico (también conocido como sobrecarga de métodos), puede crear tantos constructores como quiera, uno para cada caso dependiendo de los argumentos pasados. En los algoritmos, se añade la palabra clave constructor delante del nombre del método para sustituir a Procedimiento o Funcion. Esto no es necesariamente obligatorio, ya que ningún otro método debe tener el mismo nombre que la clase.

2.1.2 Llamada implícita

Se han añadido dos constructores a la clase Pantalla: el primero no recibe argumentos y se utilizará cuando el objeto no reciba ningún valor al crearse. El segundo recibe tres argumentos (tipo, marca, modelo) para inicializarlos cuando se crea el objeto.

Observación

Un constructor que no recibe argumentos se denomina constructor por defecto. Se llama cuando no se pasa ningún valor al objeto cuando se crea.

```
Clase Pantalla
  atributos privados
    tipo :cadena
    marca :cadena
    modelo :cadena
  metodos publicos
    Constructor Pantalla()
    Inicio
```

```
      Visualizar "Constructor por defecto"
      this.tipo←"Desconocido"
      this.marca←" Desconocido"
      this.modelo←" Desconocido"
    Fin
    Constructor Pantalla(t,mq,mdl :cadenas)
    Inicio
      Visualizar "Constructor con 3 argumentos"
      this.tipo←t
      this.marca←mq
      this.modelo←mdl
    Fin
FinClase
```

¿Cómo sabe a qué constructor se va a llamar cuando se crea el objeto? Depende de usted pasar los valores correctos al objeto, tan pronto como sea instanciado (declarado o creado). En el siguiente ejemplo, se crean dos objetos Pantalla. El primero se crea de la forma habitual: se llama al constructor por defecto (sin argumentos). El segundo recibe tres argumentos entre paréntesis, como si se pasaran argumentos a un método: se llama al constructor asociado.

```
Programa obj8
Var
  // Llamada implícita a Pantalla()
  o1:Pantalla
  // Llamada implícita a Pantalla(t,mq,mdl)
  o2:Pantalla("LCD","LG","L1915S")
Inicio
  o1.muestra_modelo() // DESCONOCIDO
  o2.muestra_modelo() // L1915S
Fin
```

En tiempo de ejecución, sin haber pedido nada, se muestran los dos mensajes dentro de los constructores y los atributos ya tienen valores, colocados allí por los constructores.

Con una asignación dinámica, es lo mismo:

```
Programa obj9
Var
  p_oPantalla :puntero a Pantalla
Inicio
  p_oPantalla←nueva Pantalla("LCD","LG","L1915S")
  p_oPantalla->muestra_modelo() // L1915S
  ...
Fin
```

2.1.3 La herencia

¿Qué ocurre al instanciar un objeto de una clase derivada?

- Si la clase derivada no tiene constructor, se llama al constructor de la superclase si es posible (argumentos idénticos, por ejemplo).
- Si la clase derivada tiene un constructor, se le llama.
- Por defecto, si el constructor de una clase derivada está presente, no se llama al constructor de la superclase. Depende de usted llamarlo explícitamente.

```
Clase A
  ...
  Constructor A()
  Inicio
    Visualizar "Soy A"
  Fin
 ...
FinClase

Clase B hereda de A
  ...
  Constructor B()
  Inicio
    Visualizar "Soy B"
  Fin
 ...
FinClase

Programa obj10
Var
  o1 :A
  o2 :B
```

```
Inicio
  ...
Fin
```

El programa obj10 crea dos objetos y los muestra de la siguiente manera:

```
Soy A
Soy B
```

Para llamar explícitamente al constructor de A desde B, debe hacerlo explícitamente dentro del constructor de B mediante la palabra clave **super**. Como esto sustituye al objeto de la superclase, se utiliza como un objeto. Modifica el constructor de B como sigue:

```
Clase B hereda de A
  ...
  Constructor B()
  Inicio
    super()
    Visualizar "Soy B"
  Fin
  ...
FinClase
```

Volviendo a lanzar obj10, obtiene el siguiente resultado:

```
Soy A
Soy A
Soy B
```

Aparece una nueva línea correspondiente a la llamada al constructor de A desde B. Una vez más, en el caso de la herencia en cascada, debe llamar a los constructores en cascada.

Es importante entender por qué la llamada al constructor de la superclase no es automática: no hay nada que le impida inicializar los atributos de la superclase dentro del constructor de la clase derivada, ya que tiene acceso directo a ellos, a menos que sean privados. Si se llama implícitamente al constructor de la superclase, se corre el riesgo de duplicar el trabajo o sobrescribir los valores.

2.2 Los destructores

Al igual que se llama al constructor cuando se crea un objeto, se llama al destructor cuando se destruye el objeto o se libera la asignación dinámica. No todos los lenguajes ofrecen destructores, en particular Java, pero a veces ofrecen métodos especiales que se llaman automáticamente cuando el objeto ya no está en uso (salida de la función cuando el objeto es local, restablecimiento de su valor a NIL, etc.).

PHP 7 ofrece un destructor, llamado __destruct.

El destructor rara vez se utiliza en algoritmos porque los profesores que lo enseñan suelen tener en mente Java como lenguaje de implementación y no C++, por ejemplo. Sin embargo, puede ser importante en lenguajes donde la asignación de memoria es dinámica. Un atributo de un objeto puede ser un puntero asignado dinámicamente. Cuando ya no se necesita el objeto y se libera, ¿qué ocurre con el puntero? También hay que liberar el área asignada.

El destructor es muy similar al constructor, salvo que:

- Sólo hay un destructor.
- No necesita argumentos.
- Su nombre tiene una tilde seguida del nombre de la clase.
- Lo precede con la palabra Destructor.

Tiene las mismas propiedades para las clases derivadas. Puede que necesites llamarlo usted misma, en cascada.

```
Clase B hereda de A
  ...
  Constructor B()
  Destructor ~B()
  Inicio
    // Llamada explícita del destructor de A
    super.~A()
  Fin
FinClase

Programa obj11
Var
  p_o1 :puntero a B
```

```
Inicio
  p_o1←nuevo B // llamada implícita al constructor
  ...
  Liberar p_o1 // llamada implícita al destructor
Fin
```

2.3 Los atributos estáticos

Cuando se crea una instancia de una clase (un objeto), cada objeto resultante tiene su propio espacio de memoria y, por tanto, cada atributo dado tiene su propio valor, completamente independiente del mismo atributo de otro objeto.

Sin embargo, puede haber casos en los que desee compartir un atributo común a todos los objetos de este tipo de clase. El caso clásico es cuando se desea conocer el número de veces que se ha instanciado la clase. En el caso de la clase Pantalla, por ejemplo, le gustaría saber cuántos objetos de tipo Pantalla se han creado.

Para ello, el atributo debe ser común a todos los objetos y cada objeto debe poder modificar el valor de este atributo, que será entonces el mismo para todos los objetos. Esta es la función del atributo **estático**.

Un atributo estático es un atributo que se crea en una única instancia y que es común a todos los objetos de la clase.

Se declara como cualquier otro atributo, salvo que se añade la palabra clave "estatico" después de su tipo. El atributo estatico puede ser privado o público. Puede ser importante inicializar un valor por defecto para un atributo estático.

```
Clase Pantalla
  atributos privados
    num_pantallas←0 :entero estatico
    ...
FinClase
```

En lugar de utilizar **this** para acceder a él, se utiliza el nombre de la propia clase, tanto desde fuera del objeto (si el atributo es público) como desde dentro. El siguiente ejemplo muestra las posibilidades asociadas a dos objetos: el constructor suma 1, el destructor resta 1. Los pasos intermedios muestran el estado del atributo estático num_pantallas.

```
Clase Pantalla
  atributos publicos
    num_pantallas←0 :entero estatico
    ...
  metodos publicos
    Constructor Pantalla()
    Inicio
      num_pantallas←num_pantalla+1
    Fin
    Destructor ~Pantalla()
    Inicio
      num_pantallas←num_pantalla-1
    Fin
    Procedimiento numPantallas()
    Inicio
      Visualizar num_pantallas
  FinProcedimiento
FinClase

Programa obj11
Var
  p_o1 :puntero a Pantalla
  p_o2 :puntero a Pantalla
Inicio
  p_o1←nueva Pantalla
  p_o1->numPantallas() // 1

  p_o2←nueva Pantalla
  p_o2->numPantallas() // 2

  Visualizar Pantalla.num_pantallas // Acceso a publico: 2

  Liberar p_o1
  p_o2->numPantallas() // 1

  Liberar p_o2
  Visualizar Pantalla.num_pantallas // Única media aquí: 0
Fin
```

2.4 Clases y métodos abstractos

Hay ocasiones en las que es necesario definir un prototipo de clase en el que se declararán métodos, pero no necesariamente su implementación. Por ejemplo, puede que desee crear clases que representen formas geométricas para diseñar software de diseño asistido por ordenador. En dicho software (2D o 3D), las distintas figuras dibujadas tienen propiedades propias, como sus dimensiones, área, perímetro, volumen, color de relleno, color de contorno, etc. Los valores de estos atributos varían de una clase a otra, lo cual es normal, pero algunos métodos pueden ser idénticos, como los del color y otros no, como el cálculo de áreas, volúmenes y perímetros. Sin embargo, todas las figuras (cuadrados, rectángulos, polígonos, triángulos, trapecios, rombos, etc.) deben tener estos métodos. ¿Cómo podemos describir esto en un objeto?

La solución es escribir una clase base que se convertirá en la superclase de todas las formas geométricas y que contendrá todos los atributos básicos, como la posición inicial x,y de la forma y sus colores, así como todos los métodos que no sólo son básicos sino que deben implementarse en todas las clases que deriven de ella. Los métodos de cálculo del área y del perímetro se deben declarar en esta clase. Sin embargo, no contendrán código: corresponderá a la clase derivada programarlos.

Esta clase base que contiene métodos no implementados no se puede instanciar y no se puede crear un objeto a partir de ella, ya que es inutilizable de facto y sólo sirve como base para los métodos derivados.

Una clase que no se puede instanciar y que contiene métodos no implementados y que sólo está pensada para ser derivada, se denomina clase abstracta. Los métodos no implementados que contiene se denominan métodos abstractos.

- Para crear una clase abstracta, añada la palabra clave "abstracta" después del nombre de la clase.
- Para crear un método abstracto, añada la palabra clave "abstracta" antes de su nombre.

```
Clase figura abstracta
  atributos privados
    x :real
    y :real
```

```
    c_contorno :cadena // color contorno
    c_rell :cadena // color relleno
    superficie :real
    perimetro :real
  metodos publicos
    Procedimiento setcolor_c(E :color :cadena)
    Inicio
      this.c_contorno←color
    Fin
    ...
    Funcion abstracta getSuperficie() :real
    Funcion abstracta getPerimetro() :real
    ...
FinClase
```

En cuanto una clase contiene un método abstracto, ya es abstracta. La clase figura es abstracta: contiene métodos abstractos, sin implementación. También contiene métodos que no son abstractos, como setcolor_c(), que no necesariamente tendrán que ser reimplementados en las clases derivadas.

Por lo tanto, es imposible crear un objeto de tipo figura. Ahora hay que crear las clases que heredan de ella. Aquí tiene dos ejemplos simplificados de clases: circulo y rectángulo. Tiene que implementar en ellas los métodos abstractos de la superclase.

Observación

*Nota importante: está **obligado** a implementar los métodos abstractos de la superclase en la clase derivada. Si no quiere hacerlo, debe volver a declarar el método como abstracto y la clase derivada será, a su vez, abstracta.*

```
Clase circulo hereda de figura
  atributos privados
    radio :real
  metodos publicos
    Constructor circulo(c_x,c_y,r)
    Inicio
      this.x←c_x
      this.y←c_y
      this.radio←r
    Fin
    Funcion getSuperficie() :real
    Inicio
```

```
      Devuelve PI*this.radio*this.radio
    FinFunc
    Funcion getPerimetro() :real
    Inicio
      Devuelve 2*PI*this.radio
    Fin
FinClase

Clase rectangulo hereda de figura
  atributos privados
    anchura :real
    altura :real
  metodos publicos
    Constructor rectangulo(c_x,c_y,r_l,r_h)
    Inicio
      this.x←c_x
      this.y←c_y
      this.anchura←r_l
      this.altura←r_h
    Fin
    Funcion getSuperficie() :real
    Inicio
      Devuelve this.anchura*this.altura
    FinFunc
    Funcion getPerimetro() :real
    Inicio
      Devuelve 2*(this.anchura+this.altura)
    Fin
FinClase
```

Como las clases circulo y rectangulo no tienen métodos abstractos, no son abstractas y se pueden instanciar.

2.5 Interfaces

Las clases abstractas son clases con métodos que se pueden implementar o no. Generalmente actúan como superclases de otras clases. Es posible llevar esta línea de razonamiento un paso más allá: ¿qué hay que hacer para crear una clase que sirva única y enteramente como prototipo de una clase? Esta clase debe tener las siguientes propiedades:

- no demostrable,
- abstracto,
- que sólo contiene métodos abstractos.

Así que cualquier clase derivada de esta clase especial tendría que implementar todos los métodos. ?Cuál es el objetivo¿ Para definir un modelo único y completo de métodos para las clases que decidan utilizarlos.

Estos tipos concretos de clases se denominan **interfaces**. En la práctica, una clase no hereda de una interfaz: aparte de las definiciones de métodos, una interfaz no contiene código. Para declarar una clase de interfaz, se utiliza la palabra clave Interface en lugar de Clase. Por ejemplo, quiere crear una interfaz que declare todos los métodos básicos para reproducir un archivo multimedia: lectura, pausa, stop, avance rápido, retroceso rápido, pista anterior y pista siguiente. La interfaz tendría este aspecto (los argumentos del método no se especifican aquí):

```
Interfaz lectura
  metodos publicos
    Procedimiento lectura() ;
    Procedimiento pausa() ;
    Procedimiento stop() ;
    Procedimiento avance() ;
    Procedimiento atras() ;
    Procedimiento anterior() ;
    Procedimiento siguiente() ;
FinInterfaz
```

Observación

Tenga en cuenta que una interfaz SÓLO contiene métodos y nada más.

Decimos que una clase que decide utilizar una interfaz implementa los métodos de la interfaz y, por tanto, **implementa** la interfaz. Se utiliza la misma palabra clave para especificarlo.

```
Clase titi implementa interfaz
```

Puede decidir implementar varias interfaces dentro de su clase, en cuyo caso separará los nombres de las interfaces con comas.

```
Clase titi implementa interfaz1, interfaz2, interfazn
```

Debe implementar todos los métodos de la interfaz en la clase. Si no lo hace, el método que no esté implementado se debe declarar abstracto y la clase pasa a ser abstracta y, por tanto, ininteligible.

La clase Musica recupera la interfaz de reproducción:

```
Clase Musica implementa lectura
  atributos privados
    fragmento :cadena
    pista :cadena
    posicion : entero
    duracion : entero
  metodos publicos
    Constructor Musica(m,p :cadenas)
    Inicio
      this.fragmento←fragmento
      this.pista←p
      posicion←0
      // Método de cálculo :duración del fragmento en segundos
      duracion←duracion_fragmento(fragmento)
    Fin
    // Inicio de implementación de la interfaz
    Procedimiento lectura()
    Inicio
      ...
    FinProcedimiento
    Procedimiento pausa()
    Inicio
      ...
    Fin
    Procedimiento stop()
    Inicio
      ...
```

```
    Fin

    // Continue aquí
    ...
FinClase
```

3. Objetos en PHP

3.1 Lenguajes objeto

Las dos partes anteriores de este capítulo le han introducido en la programación orientada a objetos. Existen varios lenguajes orientados a objetos. Se conocen como programación orientada a objetos (POO). Los inicios de la programación orientada a objetos se remontan muy atrás (en lo que a informática se refiere): 1967 con el lenguaje Simula, seguido de Smalltalk. La edad de oro comenzó a principios de los 80, primero con Objective C (todavía muy utilizado, sobre todo en el desarrollo de Mac OS y sus herramientas), luego "C con clases" en 1983, que se convirtió en C++, seguido de Eiffel, Object Lisp y así sucesivamente.

En los años 90 se produjo una explosión en el uso de objetos de todo tipo, para bien o para mal, y no sólo en los lenguajes. Aparecieron las bases de datos de objetos. Lenguajes antiguos como Pascal, Basic e incluso COBOL evolucionaron hacia el objeto: Delphi, Visual Basic, Cobol Objet, etc. Incluso los macrolenguajes específicos de las suites ofimáticas (MS Office, OpenOffice.org) o de las bases de datos (Access, Paradox) pretenden ser lenguajes orientados a objetos. Si la definición de objeto corresponde más o menos a lo que se le ha presentado desde el principio de este capítulo, los puristas se reirán en algunos casos.

La llegada de Java como verdadero lenguaje objeto de alto nivel, ha cambiado muchas cosas: tomando las buenas ideas de C++, las adapta en un todo más sencillo y práctico, adaptado a las necesidades modernas de los desarrolladores y, sobre todo, de las aplicaciones.

La fuerza de SUN reside en su capacidad para ofrecer un lenguaje adaptado a un amplio abanico de necesidades: applets Java, aprendizaje de objetos, aplicaciones remotas, servidores de aplicaciones, etc.

Un gran competidor de la plataforma Java (Java, sus herramientas, sus API, etc.) es .NET con el lenguaje C# (pronunciado C sharp) y está obviamente orientado a objetos. Los ejemplos de este libro se podrían haber desarrollado perfectamente en C#, teniendo en cuenta que el lenguaje ya está disponible fuera de Windows.

Otro competidor de Java y .NET es PHP. El objeto apareció en la versión 4 de PHP, tras numerosas peticiones al respecto. Sin embargo, era muy simple y bastante limitado. PHP se convirtió en un verdadero lenguaje orientado a objetos con la versión 5, basada en Java. De hecho, es bastante sencillo convertir programas Java en PHP.

La siguiente sección introduce los conceptos de objetos en PHP. Se limitará a los conceptos que ha encontrado desde el principio de este capítulo.

3.2 Declaración de clases y objetos

Sea consciente de ello o no, lleva utilizando objetos desde la presentación de las estructuras en PHP, para las que se hablaba de "hacer trampas". Las estructuras programadas en PHP son objetos.

Una clase, sus atributos y sus miembros, se declaran de la siguiente manera:

```
class nombre_clase {
  // lista de atributos
  public $atr1 ;
  protected $atr2 ;
  private $atr3 ;

  // lista de métodos
  public function metodo1() {
    // código método1
  }
  private function metodo2() {
    // código metodo2
  }
}
```

Notará que esto se parece mucho a las estructuras del capítulo Tablas y estructuras. Y con buena razón: PHP tuvo que hacer trampa para usar una clase como estructura. La estructura es de hecho una clase compuesta únicamente de atributos públicos, de ahí la expresión común de que una clase es una estructura con funciones.

A continuación, se muestra un ejemplo simplificado de cómo implementar la clase Pantalla, utilizando un constructor con tres argumentos puestos a null por defecto y un método `modif_tipo()` llamado por uno de los constructores o desde donde se quiera, ya que el método es público. Este ejemplo también muestra el uso de una variable estática y su uso desde el programa principal.

Como recordatorio, un atributo estático es un atributo específico de la clase y no del objeto, como es el caso de los métodos estáticos. Es el mismo principio que para una constante, salvo que como el atributo es una variable, es posible cambiar su valor.

Un atributo estático se marca añadiendo la palabra clave static antes de su nombre.

En el siguiente ejemplo, hay un atributo estático `$num_pantallas` que representa un contador que indica el número de veces que se ha instanciado la clase Pantalla.

```
<html>
  <head><meta/>
    <title>Objetos Pantalla</title>
  </head>
  <body>
  <?php

  class Pantalla {
    private $tipo,$marca,$modelo,$conector;
    private $resolucion;
    private $diagonal;
    private $altura,$anchura,$profundidad,$peso;
    public static $num_pantallas=0;

    // constructor por defecto

    // constructor con 3 argumentos
    function _construct($t=null, $mq=null, $mdl=null) {
```

```
      echo "Constructor con très argumentos<br />";

      if($t==null) {
        $this->tipo="Desconocido" ;
        $this->marca="Desconocido" ;
        $this->modele="Desconocido" ;
        $this->num_pantallas++ ;
      } else {
        $this->modif_tipo($t) ;
        $this->marca=$mq ;
        $this->modelo=$mdl;
        self::$num_pantallas++ ;
      }
    }

    public function modif_tipo($mod) {
      $tmod=array("CRT","LCD","LED");

      $ok=array_search($mod,$tmod);

      if($ok) $this->tipo=$mod;
      return $ok;
    }

    public function muestra_tipo() {
      echo $this->tipo."<br />";
  }

    // función estática
    public static function numPantallas() {
      echo self::$num_pantallas."<br />";
    }
  }

    // asignación dinámica con construcción
    $o1=new Pantalla("LCD","LG","L1915S");

    // llamada de un método
    $o1->muestra_tipo();

    // Las dos líneas hacen lo mismo
    Pantalla::numPantallas();
    echo $o1->numPantallas()."<br />";

  ?>
  </body>
</html>
```

A diferencia de los algoritmos, los atributos y métodos no se agrupan en bloques públicos, privados o protegidos. Depende de usted añadir antes del nombre y tipo del miembro si es público, privado o protegido. Las definiciones public y **private** son exactamente las vistas anteriormente, mientras que **protected** limita el alcance de los atributos a las clases derivadas.

No es posible utilizar la sobrecarga en PHP, lo que impide la creación de varios constructores. Así que tiene que trabajar alrededor de esto. Aquí es bastante simple, pero hay otras maneras de comprobar la lista de argumentos pasados a una función.

3.3 Herencia

PHP permite herencia simple pero no herencia múltiple. Verá, sin embargo, que es posible salirse con la suya con un poco de truco con las interfaces. El ejemplo de las formas geométricas se puede aplicar aquí, ya que PHP soporta muy bien clases y métodos abstractos.

La herencia es exactamente igual que en algoritmia, salvo que en lugar de "hereda de" se utiliza la palabra clave **extends**. Para las clases y métodos abstractos, se añade la palabra clave **abstract** delante del nombre.

Observe que en la definición de la clase abstracta, algunos atributos privados se sustituyen por atributos protegidos. De lo contrario, las clases derivadas no tendrían derecho a acceder a ellos.

Por último, nótese el uso de la palabra clave **parent** que sustituye a la clase (o más bien objeto) heredada, utilizada aquí para llamar al constructor de la clase figura, responsable de establecer los colores correctos.

Desde PHP7.4 es posible definir tipos para las propiedades de las clases.

En los siguientes ejemplos, se definirá el tipo de cada propiedad y método.

```
<html>
  <head><meta/>
    <title>Herencia en PHP</title>
  </head>
  <body>
  <?php
abstract class figura {
```

```
  protected float $x;
  protected float $y;
  protected float $surface;
  protected float $perimeter;
  protected string $c_outline;
  protected string $c_filling;
  const PI=3.1415927;

  function __construct(string $c1, string $c2) {
    $this->setcolor_c($c1);
    $this->setcolor_r($c2);
  }

  public function setcolor_c(string $color): void {
    $this->c_outline=$color;
  }

  public function setcolor_r(string $color): void {
    $this->c_filling=$color;
  }

  abstract public function getSurface(): float;
  abstract public function getPerimeter(): float;
}

class circulo extends figura {
  private float $radius=0;

  // constructor
  function __construct(float $c_x,float $c_y,float $r) {
    parent::__construct("negro","blanco");
    $this->x=$c_x;
    $this->y=$c_y;
    $this->radius=$r;
  }

  // implementación de los métodos abstractos
  public function getSurface(): float {
    return self::PI*$this->radius*$this->radius;
  }


  public function getPerimeter(): float {
    return 2*self::PI*$this->radius;
  }
}

class rectangulo extends figura {
```

```
    private float $width;
    private float $height;

    // constructor
    function __construct(float $c_x,float $c_y,float $r_w,float $r_h) {
        parent::__construct("violeta","marrón");
        $this->x=$c_x;
        $this->y=$c_y;
        $this->width=$r_w;
        $this->height=$r_h;
    }

  // implementación de los métodos abstractas
  public function getSurface(): float {
    return $this->width*$this->height;
  }

  public function getPerimeter(): float {
    return 2*($this->width+$this->height);
  }
}

  $o1=new circulo(100,100,10);
  echo $o1->getSurface()."<br />";
  echo $o1->getPerimeter()."<br />";

  $o2=new rectangulo(10,10,35,25);
  echo $o2->getSurface()."<br />";
  echo $o2->getPerimeter()."<br />";

  ?>
  </body>
</html>
```

3.4 Interfaces

Una vez más, en PHP las interfaces son exactamente iguales que en los algoritmos. Se crea una interfaz con la palabra clave interface y se indica que la clase implementa esta **interface** con la palabra clave **implements** después del nombre de la clase, seguido del nombre de la interfaz.

```
<html>
  <head><meta/>
    <title>Interfaces en PHP</title>
  </head>
  <body>
  <?php

  interface play {
    public function play() ;
    public function break() ;
    public function stop() ;
    public function forward() ;
    public function back() ;
    public function previous() ;
    public function next() ;
  }
class Music implements play {
    private string $song;
    private int $posicion;
    private int $track;

    function __construct(string $m,int $p) {
      $this->song=$m;
      $this->track=$p;
      $posicion=0;
    }

    // Inicio de implementación de la interfaz
    public function play(): void {
      echo "lectura de {$this->song}<br />";
    }
    public function break(): void {
      echo "Pausa a {$this->posicion}<br />";
    }
    public function stop(): void {
      echo "Detiene pista {$this->track}<br />";
    }
    public function forward(): void {
      echo "Avanza<br />";
    }
    public function back(): void {
      echo "atrás<br />";
   }
   public function previous(): void {
```

```
    echo "Anterior<br />";
  }
  public function next(): void {
    echo "Siguiente<br />";
  }
}

$o1=new Music("Somebody to love",10);
$o1->play();
?>
</body>
</html>
```

Una clase puede implementar varias interfaces. En este caso, separe los nombres de las interfaces con comas.

Una interfaz puede heredar de otra u otras interfaces utilizando la palabra clave **extends** seguida del nombre de la(s) interfaz(es) heredada(s).

```
interface lectura1 {
  public function lectura() ;
  public function pausa() ;
  public function stop() ;
}
interface lectura2 {
  public function avance() ;
  public function atras() ;
  public function precedent() ;
}
interface lectura extends lectura1, lectura2 {
  public function siguiente() ;
}
```

Estos dos últimos casos son los únicos en PHP en los que, indirectamente, se ha implementado una especie de herencia múltiple, en el sentido de que una clase puede heredar varias definiciones de métodos. Esto es simplista en el sentido de que, en cualquier caso, estos métodos deben ser implementados en la clase que usa las interfaces, por lo que PHP no tiene que saber si usar un método en particular de una de las clases heredadas.

4. Ejercicios

Ejercicio 1

Cree las cinco clases del siguiente diagrama, teniendo en cuenta su herencia. Todos los métodos son públicos y los atributos privados.

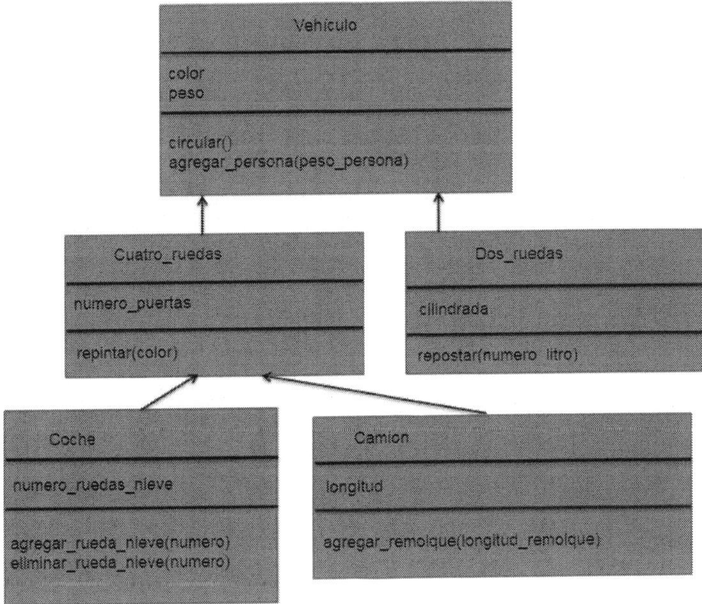

Ejercicio 2 (continuación del 1)

Cree accesores para todos los atributos. Cree un constructor en la clase Vehiculo tomando como argumentos el color y el peso. Modifica el método circular() para que muestre "El vehículo está rodando". Modifica el método agregar_persona(peso_persona) para que cambie el peso del vehículo según el peso de la persona pasada como argumento.

Cree una página visualizar.php creando un vehículo negro de 1500 kg de peso. Condúcelo.

Añade una persona de 70 kg y visualiza el nuevo peso del vehículo.

Ejercicio 3 (continuación del 2)

Implemente el método repintar(color) para cambiar el color definido en la clase Vehiculo. Implemente el método repostar(numero_litros) para cambiar el peso definido en la clase Vehiculo. Para este ejercicio, un litro corresponde a un kilogramo.

Implemente los métodos agregar_neumatico_nieve(numero) y eliminar_neumatico_nieve(number) modificando el atributo numero _neumatico_nieve.

Implemente el método agregar_remolque (longitud_remolque), modificando el atributo longitud.

En la página visualizar.php, cree un coche verde que pese 1400 kg. Añada dos personas de 65 kg cada una. Muestre su color y su nuevo peso.

Vuelva a pintar el coche de rojo y añada dos neumáticos de nieve.

Muestre el color y el número de neumáticos de nieve.

Cree un objeto negro de dos ruedas que pese 120 kg. Añada una persona que pese 80 kg. Añade 20 litros de gasolina.

Muestre el color y el peso del vehículo de dos ruedas.

Cree un camión azul de 10.000 kg y 10 metros de largo con 2 puertas. Añada un remolque de 5 metros y una persona de 80 kg.

Muestre su color, peso, longitud y número de puertas.

Ejercicio 4 (continuación del 3)

Hacer abstracta la clase Vehiculo y su método agrega_persona(peso_persona).

Defina el método agregar_persona(peso_persona) en la clase Dos_ruedas para que este método añada el peso de la persona más 2 kg correspondientes al casco del vehículo de dos ruedas.

Defina el método agregar_persona(peso_persona) en la clase Cuatro_ruedas para que haga lo mismo que hacía en la clase Vehiculo.

Cree un método público estático en la clase Vehiculo llamado mostrar_atributo. Este método recibe un objeto como argumento y muestra el valor de todos sus atributos (si existen), es decir, el color, el peso, el número de puertas, la cilindrada, la longitud y el número de neumáticos de nieve.

En la página visualizar.php, cree un vehículo rojo de dos ruedas que pese 150 kg.

Añada una persona de 70 kg y muestre su peso total.

Cambia el color del vehículo de dos ruedas a verde. Asígnele una cilindrada de 1000.

Muestra todos los valores de los atributos del vehículo de dos ruedas mediante la función visualizar_atributo.

Cree un camión blanco de 6.000 kg.

Añada una persona que pese 84 kg. Píntelo de azul. Añada 2 puertas.

Mostrar todos los valores de los atributos del camión utilizando la función visualizar_atributo. Utilizar la función metodo_existe, que recibe como argumentos una instancia de un objeto o el nombre de una clase y el nombre del método y devuelve verdadero o falso.

Ejercicio 5 (continuación del 4)

Añada un constructor a la clase Cuatro_ruedas, que reciba como argumentos el color, el peso y el número de puertas.

Sustituya el método público agregar_persona(peso_persona) en la clase Vehiculo. Este método ejecuta el método agregar_persona(peso_persona) de la clase Cuatro_ruedas y muestre "Atención, ponga cuatro ruedas de nueve" si el peso total del vehículo es mayor o igual a 1500 kg y si hay 2 neumáticos de nieve o menos.

Agregar una constante SALTO_DE_LINEA = '<br />' a la clase Vehiculo y modificar el método visualizar_atributo ($objecto) para reemplazar el '<br />'.

Añada un atributo estático protegido a esta clase, llamado numero_cambio_color, e inicialícelo a 0. Este atributo representa el número de veces que cambiará el color, sea cual sea el objeto cuyo color esté cambiando. Este cambio de color se realiza en el método setColor().

Cambia el accesor setPeso() de la clase Vehiculo para que el peso total del coche sea como máximo de 2100 kg.

En la página visualizar.php, crea un coche verde, 2100 kg con 4 puertas.

Añada 2 neumáticos de nieve y una persona que pese 80 kg.

Cambie el color del coche a azul.

Quite 4 neumáticos de nieve.

Repinte el coche de negro.

Muestre todos los atributos del coche y el número de veces que se ha cambiado el color utilizando el método visualizar_atributo($objeto).

El nuevo modelo es:

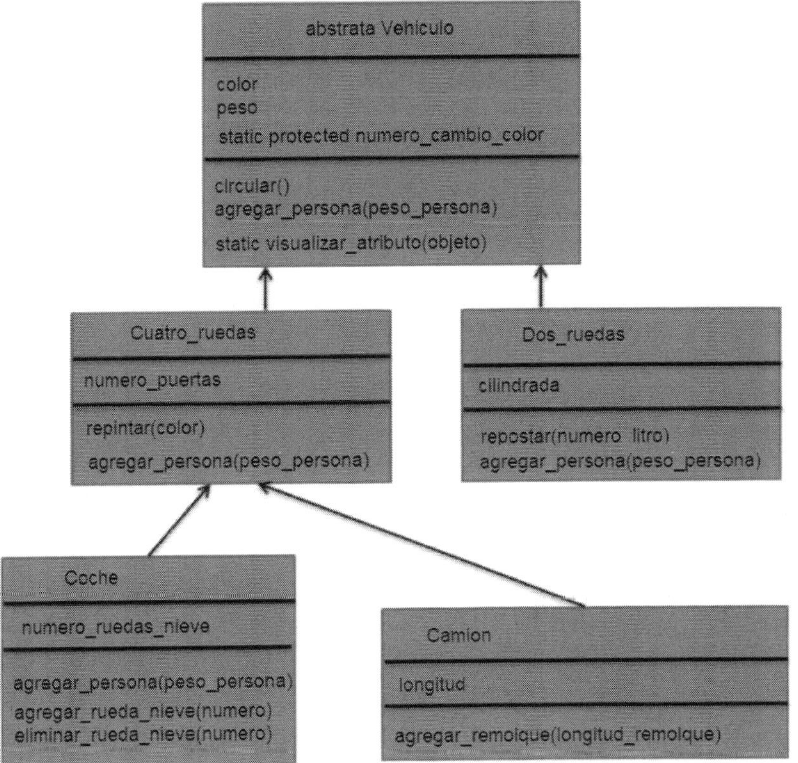

Los accesores no están representados.

Ejercicio 6 (continuación del 5)

Cree una interfaz Accion que contenga la firma de método repostar(int$numero_litros) :void.

Modifique la clase Camion para que implemente la interfaz Accion y, por tanto, redefina el método repostar(int $numero_litros) :void como en la clase Dos_ruedas.

En la página visualizar.php cree un camión azul, 10000 kg con 2 puertas.

Ajuste la longitud a 10 m.

Ponga 100 litros de gasolina.

Repinte el camión de verde.

Muestre todos los atributos del coche y el número de veces que se ha cambiado el color utilizando el método visualizar_atributo($objeto).

El nuevo modelo es:

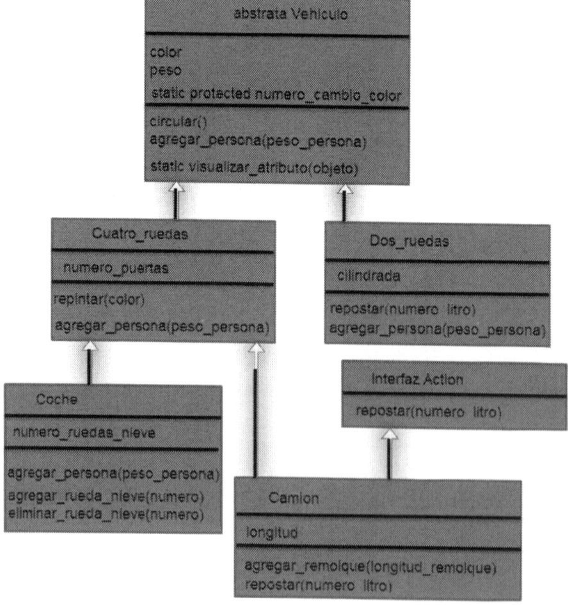

Capítulo 10
Ejercicios corregidos

1. Introducción a los algoritmos

Ejercicio 1

Para convertir un número binario en decimal, hacemos:

- Añadir números
- Utilizar potencias de 2 en función del peso
- Convertir grupos de 4 bits
- Sumar los números y dividirlos por 2

Solución

Utilizar potencias de 2 en función del peso.

Ejercicio 2

¿Cuál es el valor máximo de un número codificado en 16 bits sin tener en cuenta el signo? Indica cómo calcular este valor y expresa el resultado en decimal y hexadecimal.

Solución

El tamaño máximo de un número de 16 bits es 2^{16}-1. Este resultado se encuentra fácilmente así:

$1*2^{15} + 1*2^{14} + 1*2^{13} + \ldots + 1*2^{0}$

Esto da 65535, el número máximo que se puede almacenar en 16 bits, no 65536 (2^{16}).

Su representación hexadecimal es FFFF.

Ejercicio 3

Convierta el número decimal 3407 en binario y hexadecimal.

Solución

3407-2048 = 1359, por lo que hay 1 vez 2048 en 3407

1359-1024 = 335 así que 1

335-512 = -177 así que 0

335-256 = 79 así que 1

79-128 = -49 así que 0

79-64 = 15 así que 1

15-32 = -17 así que 0

15-16 = -1 así que 0

15-8 = 7 así que 1

7-4 = 3 así que 1

3-2 = 1 así que 1

1-1 = 0 entonces 1

El resultado es 1101 0100 1111, es decir, 12 bits.

En hexadecimal, podemos partir del resultado binario y consultar la tabla de este libro para encontrar: D4F.

Ejercicio 4

¿Cuál de los siguientes lenguajes no es correcto? Explíquelo, por favor.

- PHP
- Java
- HTML
- C++

Solución

HTML es un lenguaje de descripción basado en etiquetas, no en instrucciones o variables.

2. Variables y operadores

Ejercicio 1

¿Cuáles serán los valores de las variables A y B después de ejecutar las siguientes instrucciones?

```
VAR
A,B:enteros
INICIO
A←2
B←A+4
A←4
FIN
```

Solución

```
A←2←
```

A=2, B aún no tiene valor.

```
B←A+4
```

A=2, B=6.

```
A←4
```

A=4, B=6.

Ejercicio 2

¿Cuáles serán los valores de las variables A, B y C después de ejecutar las siguientes instrucciones?

```
VAR
A,B,C:enteros
INICIO
A←1
B←3
C←A+B
A←5
C←B-A
FIN
```

Solución

```
A←1
```

A=1, B y C aún no tiene valor.

```
B←3
```

A=1, B=3, C aún no tiene valor.

```
C←A+B
```

A=1, B=3, C=4.

```
A←5
```

A=5, B=3, C=4.

```
C←B-A
```

A=5, B=3, C=-2.

Ejercicio 3

¿Cuáles serán los valores de las variables A y B después de ejecutar las siguientes instrucciones?

```
VAR
A,B:enteros
INICIO
A←2
B←A+3
A←A+5
B←A-4
FIN
```

Solución

```
A←2
```

A=2, B todavía no tiene valor.

```
B←A+3
```

A=2, B=5.

```
A←A+5
```

A=7, B=5.

```
B←A-4
```

A=7, B=3.

Ejercicio 4

¿Cuáles son los valores de A y B al final del siguiente código? Adapte el algoritmo para intercambiar los valores de A y B.

```
VAR
A,B:enteros
INICIO
A←1
B←3
A←B
B←A
FIN
```

Solución

A=3, B=3

Se podría pensar que los dos valores se intercambian, pero no es así porque la instrucción A←B sobrescribe la variable A, que pierde su valor de forma permanente. Para intercambiar los valores de A y B, necesitaríamos utilizar una tercera variable, una variable temporal, para almacenar el valor de A antes de sobrescribirlo.

```
VAR
A,B:enteros
INICIO
A←1
B←3
C←A
A←B
B←C
FIN
```

A=3, B=1

Ejercicio 5

¿Qué muestra el siguiente algoritmo?

```
VAR
A,B:cadena
INICIO
A←"12"
B←"34"
Visualizar A+B
FIN
```

Solución

Se produce un error de ejecución porque no se pueden sumar dos cadenas.

Ejercicio 6

¿Qué muestra el siguiente algoritmo?

```
VAR
A,B:cadena
INICIO
A←"12"
B←"34"
Visualizar A & B
FIN
```

Solución

Muestra "1234" porque el operador & ha permitido concatenar cadenas.

Ejercicio 7

¿Qué muestra el siguiente algoritmo?

```
VAR
A,B:reales
C:entero
INICIO
A←3.2
B←4.6
C←A+B
Visualizar C
FIN
```

Solución

Muestra 7 y no 7,8. Al colocar el resultado en un número entero se pierde precisión. El valor se trunca.

Ejercicio 8

Cree un algoritmo para intercambiar los valores de A, B y C de forma que el valor de A esté en B, el valor de B esté en C y el valor de C esté en A.

Solución

No importa cuántas variables quiera intercambiar, sólo necesita utilizar una variable temporal.

```
VAR
A,B,C,D:enteros
INICIO
A←1
B←3
C←5
D←C
C←B
B←A
A←D
FIN
```

A=5, B=1 y C = 3

3. Pruebas y lógica booleana

Ejercicio 1

Escriba un algoritmo que utilice el teclado para leer tres nombres comunes y le diga si están en orden alfabético.

Solución

```
VAR
a, b, c:cadena
INICIO
Visualizar "1er nombre"
Introducir a
Visualizar "2° nombre"
Introducir b
Visualizar "3er nombre"
Introducir c

Si a < b Y b < c Entonces
  Visualizar "Los 3 nombres están en orden alfabético"
Sino
  Visualizar " Los 3 nombres no están en orden alfabético "
```

```
FinSi

Fin
```

Ejercicio 2

Utilizando comparaciones, escriba un algoritmo que lea las horas y los minutos del teclado y muestre la hora un minuto después. Por ejemplo, si el usuario teclea 20 y luego 33, el algoritmo debería responder:

"Dentro de un minuto serán 20 hora(s) 34 minuto(s).

Nota: se supone que el usuario introduce una hora válida.

Solución

```
VAR
h, m:entero
INICIO
Visualizar "Hora"
Introducir h
Visualizar "Minuto"
Introducir m
m←m+1
Si m = 60 Entonces
  m ← 0
  h ← h + 1
FinSi
Si h = 24 Entonces
  h ← 0
FinSi
Visualizar "En un minuto será " + h + " hora(s) " + m + "minuto(s)"
Fin
```

En la sentencia Visualizar, el signo + se utiliza para concatenar cadenas de caracteres ("En un minuto será") y las variables (h o m).

Ejercicio 3

Escriba el mismo algoritmo, pero utilizando dos variables booleanas para comprobar si los minutos son iguales a 60 y las horas a 24, sin comparaciones en los SI.

Solución

```
VAR
h, m:entero
boolH, boolM:booleanos
INICIO
Visualizar "Hora"
Introducir h
Visualizar "Minuto"
Introducir m
m←m+1
boolM←m = 60
Si boolM Entonces
  m ← 0
  h ← h + 1
FinSi
boolH←h = 24
Si boolH Entonces
  h ← 0
FinSi
Visualizar "En un minuto será " + h + " hora(s) " + m + "minuto(s)"
Fin
```

Ejercicio 4

Escriba un algoritmo que determine la categoría deportiva de un usuario en función de su edad:

18 a 19 años: junior

De 20 a 22 años: promesa

23 a 39 años: senior

40 años o más: veterano

Escriba el programa PHP equivalente.

Solución

```
VAR
edad:entero
INICIO
Visualizar "Edad"
Introducir edad
Si edad>=40 Entonces
Visualizar "veterano"
```

```
SinoSi edad>=23 Entonces
Visualizar "sénior"
SinoSi edad>=20 Entonces
Visualizar "promesa"
SinoSi edad>=18 Entonces
Visualizar "junior"
FinSi
FIN
```

En PHP:

```
<html>
  <head>
    <title>categoría deportiva</title>
    <meta http-equiv="Content-Type" content="text/html; charset=utf-8" />
  </head>
  <body>
  <?php
  if(!isset($_GET['edad'])) {
  ?>
    <form method="GET">
      Indique una edad: <input type="text" size="4" name="edad" /><br />
      <input type="submit" name="OK" />
    </form>
  <?php
  } else {
    $edad=$_GET['edad'];
    if($edad>=40) echo "veterano";
    else if($edad>=23) echo "sénior";
    else if($edad>=20) echo "promesa";
    else if($edad>=18) echo "junior";
  }
  ?>
  </body>
</html>
```

Ejercicio 5

Una compañía de seguros de coche debe aplicar un recargo en función de la edad, el sexo y el número de años de carné de conducir del interesado.

Los hombres mayores de 22 años pagan la prima adicional.

Las mujeres de entre 20 y 30 años pagan la prima adicional.

Las personas con más de cinco años de experiencia al volante no pagan la prima adicional.

Escriba un algoritmo para determinar si la persona debe o no pagar la prima adicional.

Escriba el programa PHP equivalente.

Solución

```
VAR
edad, year_number:entero
sexo:cadena
INICIO
Visualizar "Edad"
Introducir edad
Visualizar "Número de años de permiso"
Introducir year_number
Visualizar "Sexo"
Introducir sexo
C1 ← sexo = "M" Y edad > 22
C2 ← sexo = "H" Y (edad > 20 Y edad < 30)
C3← year_number < 5
Si (C1 o C2) y C3 Entonces
Visualizar "recargo"
Sino
Visualizar "sin recargo"
FinSi
FIN
```

En PHP:

```
<html>
<head>
<title>Recargo</title>
<html>
  <head>
    <title>Recargo</title>
    <meta http-equiv="Content-Type" content="text/html; charset=utf-8" />
  </head>
  <body>
  <?php
  if(!isset($_GET['age'])) {
  ?>
    <form method="GET">
      Indique una edad: <input type="text" size="4" name="edad" /><br />
      Indique un número de años de permiso: <input type="text" size="4"
name="num_year" /><br />
      Indique un sexo (H / M) : <input type="text" size="4" name="sexo"
/><br />
      <input type="submit" name="OK" />
```

```
    </form>
  <?php
  } else {
    $edad=$_GET['edad];
    $num_anios=$_GET['num_year'];
    $sexo=$_GET['sexo'];
    $C1 = $sexo = "H" && $edad > 22;
    $C2 = $sexo = "M" && ($edad > 20 && $edad < 30);
    $C3 = $num_year < 5;

    if (($C1 || $C2) && $C3) {
           echo "recargo";
    }
    else {
           echo "sin recargo";
    }
  }
  ?>
  </body>
</html>
```

Ejercicio 6

Escriba un algoritmo para calcular el día después de un día dado (día, mes, año). Se ignorarán los años bisiestos y febrero siempre tendrá 28 días.

Escriba el programa PHP equivalente.

Solución

```
VAR
day, month, year, new_day, new_month, new_year:entero
INICIO
Visualizar "Día"
Introducir  day
Visualizar "Mes"
Introducir  month
Visualizar "Año"
Introducir  year
new_year =  year
new_month =  month
SEGUNQUE
    ( month = 4) O ( month = 6) O ( month = 9) O ( month = 11):
        SI ( day = 30)
            new_day = 1
            new_month = new_month + 1
        SINO
```

```
            new_day =  day + 1
        FINSI
    ( month = 1) O ( month = 3) O ( month = 5) O ( month = 7) O ( month = 8) O
( month = 10):
        SI ( day = 31)
            new_day = 1
            new_month = new_month + 1
        SINO
            new_day =  day + 1
        FINSI
    ( month = 2):
        SI ( day = 28)
            new_day = 1
            new_month = new_month + 1
        SINO
            new_day =  day + 1
        FIN SI
    ( month = 12):
        SI ( day = 31)
            new_day = 1
            new_month = 1
            new_year = new_year + 1
        SINO
            new_day =  day + 1
        FINSI
FINSEGUNQUE
Visualizar new_day + "," + new_month+ "," + new_year
```

En PHP:

```
<html>
<head>
    <title>Pasado mañana</title>
    <meta http-equiv="Content-Type" content="text/html; charset=utf-8" />
  </head>
  <body>
  <?php
  if(!isset($_GET['day'])) {
  ?>
    <form method="GET">
      Indique un día: <input type="text" size="4" name="day" /><br />
      Indique un mes: <input type="text" size="4" name="month" /><br />
      Indique un año: <input type="text" size="4" name="year" /><br />
      <input type="submit" name="OK" />
    </form>
  <?php
  } else {
    $day =$_GET['day'];
```

```
$month =$_GET['month'];
$year=$_GET['year'];
$new_year = $year;
$new_month = $month;
switch($month) {
       case 4:
       case 6:
       case 9:
       case 11:
             if ($ day == 30) {
                    $new_day = 1;
                    $new_month = $new_month + 1;
             }
             else {
                    $new_day = $ day + 1;
             }
             break;
       case 1:
       case 3:
       case 5:
       case 7:
       case 8:
       case 10:
             if ($ day == 31) {
                    $new_day = 1;
                    $new_month = $new_month + 1;
             }
             else {
                    $new_day = $ day + 1;
             }
             break;
       caco 2:
             if ($ day == 28) {
                    $new_day = 1;
                    $new_month = $new_month + 1;
             }
             else {
                    $new_day = $ day + 1;
             }
             break;
       case 12:
             if ($ day == 31) {
                    $nnew_day = 1;
                    $new_month = 1;
                    $new_year = $new_year + 1;
             }
             else {
                    $new_day = $ day + 1;
```

```
                }
                break;
        }
        echo "nuevo día:".$new_day.", nuevo mes:".$new_month.",
nuevo año:".$new_year;
    }
    ?>
    </body>
</html>
```

4. Los bucles

Ejercicio 1

Escriba un algoritmo que pida un número inicial y luego muestre la tabla de multiplicar de ese número. Ejemplo con el número 6:

1+2+3+4+5+6 = 21

Escribe el programa PHP equivalente.

Solución

```
VAR
numero, i, suma:entero
INICIO
Visualizar "Número"
Introducir numero
suma = 0
Para i De 1 Hasta numero Hacer
  suma = suma + i
FinPara
Visualizar "La suma de los enteros De 1 Hasta " + numero + " es igual a " +
suma
FIN
```

En PHP:

```
<html>
  <head>
    <title>suma</title>
    <meta http-equiv="Content-Type" content="text/html; charset=utf-8" />
  </head>
  <body>
  <?php
```

```
  if(!isset($_GET['number'])) {
  ?>
    <form method="GET">
      Indique un número: <input type="text" size="4" name="number" /><br />
      <input type="submit" name="OK" />
    </form>
  <?php
  } else {
    $number=$_GET['number'];
    $suma = 0;
    for ($i=1;$i<=$number;$i++) {
          $sum = $sum + $i;
    }
    echo "La suma de los enteros De 1 Hasta ".$number." Es igual a ".$sum;
  }
  ?>
  </body>
</html>
```

Ejercicio 2

Escriba un algoritmo que pida un número inicial y luego muestre la tabla de multiplicar de ese número. Ejemplo con el número 6:

```
Tabla del 6:
6 x 1 = 6
6 x 2 = 12
6 x 3 = 18
...
```

Escriba el programa PHP equivalente.

Solución

```
VAR
numero, i:entero
INICIO
Visualizar "Número"
Introducir numero
Escribir "Tabla de "+n
Para i De 1 Hasta 10 Hacer
  Visualizar N + " x " + i + " = " + n*i
FinPara
FIN
```

En PHP:

```
<html>
  <head>
    <title>multiplicación</title>
    <meta http-equiv="Content-Type" content="text/html; charset=utf-8" />
  </head>
  <body>
  <?php
  if(!isset($_GET['number'])) {
  ?>
    <form method="GET">
      Indique un número: <input type="text" size="4" name="number" /><br />
      <input type="submit" name="OK" />
    </form>
  <?php
  } else {
    $number=$_GET['number'];
    echo "Tabla de ".$number."<br />";
    for ($i=1;$i<=10;$i++) {
          echo $number." X ".$i." = ".$number*$i."<br />";
    }
  }
  ?>
  </body>
</html>
```

Ejercicio 3

Escriba un algoritmo que pida un número inicial y luego muestre el factorial de ese número. Ejemplo con el número 7:

1 x 2 x 3 x 4 x 5 x 6 x 7 = 5040

Escriba el algoritmo utilizando el bucle Para y luego el bucle Hasta.

Escriba el programa PHP equivalente.

Solución

Bucle Para

```
VAR
numero, i, facto:entero
INICIO
Visualizar "Número"
Introducir numero
```

```
facto = 1
Para i De 2 Hasta numero Hacer
 facto = facto * i
FinPara
Visualizar "Factorial de " + n + ":" + facto
FIN
```

Bucle MientrasQue

```
VAR
numero, i, facto:entero
INICIO
Visualizar "Número"
Introducir numero
facto = 1
i = 1
MientrasQue i<>numero
  i = i+1
  facto = facto * i
FinMientrasQue
Visualizar "Factorial de " + n + ":" + facto
FIN
```

En PHP:

Bucle Para

```
<html>
  <head>
    <title>factorial</title>
    <meta http-equiv="Content-Type" content="text/html; charset=utf-8" />
  </head>
  <body>
  <?php
  if(!isset($_GET['number'])) {
  ?>
    <form method="GET">
      Indique un número: <input type="text" size="4" name="number" /><br />
      <input type="submit" name="OK" />
    </form>
  <?php
  } else {
    $number=$_GET['number'];
    $facto=1;
    for ($i=2;$i<=$number;$i++) {
           $facto = $facto * $i;
    }
    echo "Factorial de ".$number.":".$facto;
  }
```

```
  ?>
  </body>
</html>
```

Bucle MientrasQue

```
<html>
  <head>
    <title>factorial</title>
    <meta http-equiv="Content-Type" content="text/html; charset=utf-8" />
  </head>
  <body>
  <?php
  if(!isset($_GET['number'])) {
  ?>
    <form method="GET">
      Indique un número: <input type="text" size="4" name="number" /><br />
      <input type="submit" name="OK" />
    </form>
  <?php
  } else {
    $number=$_GET['number'];
    $facto=1;
    $i=1;
    while ($i != $number) {
           $i++;
           $facto = $facto * $i;
    }
    echo "Factorial de ".$number.":".$facto;
  }
  ?>
  </body>
</html>
```

Ejercicio 4

Escriba un algoritmo que pida un número y realice el siguiente cálculo (ejemplo con el número 9):

1 + 1/1 + 1/(1*2)+1/(1*2*3)+1/(1*2*3*4)+...+1/(1*2*3*4*5*6*7*8*9)

Escriba el programa PHP equivalente.

Solución

```
VAR
i, j: entero
facto, resultado: numerico
INICIO
Visualizar "Número"
Introducir numero
resultado = 1
Para i De 1 Hasta numero Hacer
  facto = 1
  Para j De 1 Hasta i Hacer
     facto = facto * j
  FinPara
  resultado = resultado + (1/ facto)
FinPara
Visualizar "El resultado es:", resultado
FIN
```

En PHP:

```
<html>
  <head>
    <title>multiplicación</title>
    <meta http-equiv="Content-Type" content="text/html; charset=utf-8" />
  </head>
  <body>
  <?php
  if(!isset($_GET['number'])) {
  ?>
    <form mothod="GET">
      Indique un número: <input type="text" size="4" name="number" /><br />
      <input type="submit" name="OK" />
    </form>
  <?php
  } else {
    $number=$_GET['number'];
    $result = 1;
    for ($i=1;$i<=$number;$i++) {
           $facto = 1;
           for ( $j = 1; $j <= $i ; $j = $j+1) {
                 $facto = $facto * $j;
           }
           $result = $result + (1/$facto);
    }
    echo "El resultado es:".$result;
  }
```

```
  ?>
  </body>
</html>
```

Ejercicio 5

Escriba un algoritmo que pida un número mayor que 100 y luego busque su mayor divisor entero entre 2 y 100. Por ejemplo, para 150, el mayor divisor entre 2 y 100 es 75.

Escriba el programa PHP equivalente.

Solución

```
VAR
i, numero: entero
INICIO
Visualizar "Número > 100"
Introducir numero
i = 100
MientrasQue ( i > 2) && (n % i <> 0)
  i = i-1
FinMientrasQue
SI (n % i <> 0)
   Visualizar "No se ha encontrado ningún divisor."
SINO
   Visualizar "Divisor:", i
FINSI
FIN
```

En PHP:

```
<html>
  <head>
    <title>divisor</title>
    <meta http-equiv="Content-Type" content="text/html; charset=utf-8" />
  </head>
  <body>
  <?php
  if(!isset($_GET['number'])) {
  ?>
    <form method="GET">
      Indique un número > 100: <input type="text" size="4" name="number"
/><br />
      <input type="submit" name="OK" />
    </form>
```

```
  <?php
  } else {
    $number=$_GET['number'];
    $i = 100;
    while (($i > 2) && ($number % $i !=0)) {
           $i = $i - 1;
    }
    if ($number % $i != 0) {
           echo "No se ha encontrado ningún divisor";
    }
    else {
           echo "Divisor:".$i;
    }
  }
  ?>
  </body>
</html>
```

Ejercicio 6

Escriba un algoritmo que pida un número y luego calcule la última ocurrencia de la sucesión de Fibonacci para ese número. La sucesión de Fibonacci es una sucesión de números enteros en la que cada término es la suma de los dos términos anteriores. Generalmente comienza con los términos 0 y 1 y sus primeros términos son:

0, 1, 1, 2, 3, 5, 8, 13, ...

Escriba el programa PHP equivalente.

Solución

```
VAR
i, numero,a ,b ,c: entero
INICIO
Visualizar "Número"
Introducir numero
a = 0
b = 1
Para i De 2 Hasta numero Hacer
    c = b
    b = a + b
    a = c
FinPara
Visualizar "La sucesión de Fibonacci del número ", numero , " es:", b
FIN
```

En PHP:

```
<html>
  <head>
    <title>Fibonacci</title>
    <meta http-equiv="Content-Type" content="text/html; charset=utf-8" />
  </head>
  <body>
  <?php
  if(!isset($_GET['number'])) {
  ?>
    <form method="GET">
      Indique un número: <input type="text" size="4" name="number" /><br />
      <input type="submit" name="OK" />
    </form>
  <?php
  } else {
    $number=$_GET['number'];
    $a = 0;
    $b = 1;
    for ($i = 2;$i <= $number;$i++) {
           $c = $b;
           $b = $a + $b;
           $a = $c;
    }
    echo "La sucesión de Fibonacci del número ".$number." es:".$b;
  }
  ?>
  </body>
</html>
```

Ejercicio 7

Escriba un algoritmo que pida un número a y otro b y luego muestre el MCD (máximo común divisor) de estos números. Como recordatorio, el MCD de dos números a y b no es más que el mayor número que puede dividir tanto a como b.

Escriba el programa PHP equivalente.

Solución

```
VAR
resto,a ,b: entero
INICIO
Visualizar "Número a"
```

```
Introducir a
Visualizar "Número b"
Introducir b
resto = a % b
MientrasQue (resto <> 0)
    a = b
    b = resto
    resto = a % b
FinMientrasQue

Visualizar "El MCD es:", b
FIN
```

En PHP:

```
<html>
  <head>
    <title>MCD</title>
    <meta http-equiv="Content-Type" content="text/html; charset=utf-8" />
  </head>
  <body>
  <?php
  if(!isset($_GET['number_a'])) {
  ?>
    <form method="GET">
      Indique un número a: <input type="text" size="4" name="number_a" /><br/>
      Indique un número b: <input type="text" size="4" name="number_b" /><br/>
      <input type="submit" name="OK" />
    </form>
  <?php
  } else {
    $a = $_GET['number_a'];
    $b = $_GET['number_b'];
    $residue = $a % $b;
    while ($residue != 0) {
           $a = $b;
           $b = $residue;
           $resto = $a % $b;
    }
    echo "El MCD de los números es:".$b;
  }
  ?>
  </body>
</html>
```

5. Tablas y estructuras

Ejercicio 1

Cree una tabla que contenga los números del 1 al 10 y otra que contenga los números del 11 al 20. A continuación, cree otra tabla que contenga la suma de las dos primeras tablas y muestre sus valores. Necesita utilizar bucles para crear estas tablas.

Escribe el programa PHP equivalente.

Solución

```
VAR
tabla1:tabla[1..10] de enteros
tabla2:tabla[1..10] de enteros
tablaSuma:tabla[1..10] de enteros
INICIO
Para i De 1 Hasta 10 Hacer
  tabla1[i]←i
FinPara
Para i De 1 Hasta 10 Hacer
  Tabla2[i]←i+10
FinPara
Para i De 1 Hasta 10 Hacer
  tablaSuma[i]← tabla1[i] + tabla2[i]
FinPara
Para i De 1 Hasta 10 Hacer
  Visualizar tablaSuma[i]
FinPara
FIN
```

En PHP:

```
<?php
$table1 = array();
$table2 = array();
$tableSum = array();

for ($i=1;$i<=10;$i++) { //tabla De 1 Hasta 10
    $table1[$i]=$i;
}
for ($i=1;$i<=10;$i++) { //tabla de 11 hasta 20
```

```
    $table2[$i]=$i+10;
}
for ($i=1;$i<=10;$i++) { //tabla con la suma de las otras 2 tablas
    $tableSum[$i]=$table1[$i]+$table2[$i];
}
//visualiza los valores de la suma de las otras 2 tablas
for ($i=1;$i<=10;$i++) {
    echo $tableSum[$i]."<br />";
}
?>
```

Ejercicio 2

Dos tablas:

- La tabla1 está formada por los elementos 6, 25, 35 y 61.
- La tabla2 está formada por los elementos 12, 24 y 46.

Escriba el algoritmo para calcular un valor representativo de estas dos tablas, S. El valor S se calcula multiplicando cada valor de la tabla1 por el valor de la tabla2 y sumándolos a continuación.

En este ejemplo, el valor S será igual a:

12*6+12*25+12*35+12*61+24*6+24*25+24*35+24*61+46*6+46*25+46*35+46*61

Por supuesto, tiene que utilizar bucles para hacer este ejercicio.

Escriba el programa PHP equivalente.

Solución

```
VAR
tabla1:tabla[1..4]←{6,25,35,61} de enteros
tabla2:tabla[1..3]←{12,24,46} de enteros
suma, num_tabla1, num_tabla2:entero
INICIO
suma←0
tabla1←4
num_tabla2←3
Para i De 1 Hasta tabla1 Hacer
   Para j De 1 Hasta tabla2 Hacer
      suma ← suma  + tabla1[i] * tabla1[j]
   FinPara
```

```
FinPara
Visualizar "El valor S es:", suma
FIN
```

En PHP:

```
<?php
$table1=array(6,25,35,61);
$table2=array(12,24,46);
$sum = 0; //inicialización de la variable $suma

$num_table1=count($table1); //tamaño de la tabla1
$num_table2=count($table2); //tamaño de la tabla2

for ($i=0;$i<=$num_table1-1;$i++) {
    for ($j=0;$j<=$num_table2-1;$j++) {
       $sum = $sum + $table1[$i] * $table2[$j];
    }
}
echo "El valor S es: ".$sum;
?>
```

Ejercicio 3

He aquí una tabla bidimensional:

```
tab_persona:tabla[1..2][1..3] de cadena
tab_caracteristica_dupont:tabla[1..3] de cadena
tab_caracteristica_durand:tabla[1..3] de cadena
tab_caracteristica_dupont["nombre"]←"PAUL"
tab_caracteristica_dupont["profesion"]←"ministro"
tab_caracteristica_dupont["edad"]←"50"
tab_caracteristica_durand["nombre"]←"ROBERT "
tab_caracteristica_durand["profesion"]←"agricultor"
tab_caracteristica_durand["edad"]←"45"
tab_persona["DUPONT"]←tab_caracteristica_dupont
tab_persona["DURAND"]←tab_caracteristica_durand
```

Y en PHP:

```
$tab_characteristic_dupont = array("nombre" => "PAUL","profesion" =>
"ministro","edad" => 50);
$tab_characteristic_durand = array("nombre" => "ROBERT","profesion" =>
"agricultor","edad" => 45);
$tab_personn['DUPONT'] = $tab_characteristic_dupont;
$tab_personn['DURAND'] = $tab_characteristic_durand;
```

Cree el código para generar esta tabla en HTML utilizando los bucles.

<table>
<tr><td>Clave</td><td colspan="2">Valor</td></tr>
<tr><td rowspan="4">Angel</td><td>Clave</td><td>Valor</td></tr>
<tr><td>nombre</td><td>Pablo</td></tr>
<tr><td>profesion</td><td>ministro</td></tr>
<tr><td>edad</td><td>50</td></tr>
<tr><td rowspan="4">Maria</td><td>Clave</td><td>Valor</td></tr>
<tr><td>nombre</td><td>Roberto</td></tr>
<tr><td>profesion</td><td>agricultor</td></tr>
<tr><td>edad</td><td>45</td></tr>
</table>

Escriba el programa PHP equivalente.

Solución

Atención: en este caso, el índice del array es una cadena de caracteres y utilizaremos un bucle "ParaCada" (Foreach) para recuperar la clave del array.

```
VAR
tab_persona:tabla[1..2][1..3] de cadena
tab_caracteristica_dupont:tabla[1..3] de cadena
tab_caracteristica_durand:tabla[1..3] de cadena
tab_caracteristica_dupont["nombre"]←"PAUL"
tab_caracteristica_dupont["profesion"]←"ministro"
tab_caracteristica_dupont["edad"]←"50"
tab_caracteristica_durand["nombre"]←"ROBERT "
tab_caracteristica_durand["profesion"]←"agricultor"
tab_caracteristica_durand["edad"]←"45"
tab_persona["DUPONT"]←tab_caracteristica_dupont
tab_persona["DURAND"]←tab_caracteristica_durand
INICIO
Visualizar '<table border="1">'
Visualizar '<tr><td>'
Visualizar 'Clave'
Visualizar '</td><td colspan="2">'
Visualizar 'Valor'
Visualizar '</td></tr>'
ParaCada (clave => val de tab_persona) Hacer
    //$clave correspondiente a DUPONT o DURAND
    Visualizar '<tr><td rowspan="'.(longitud(val)+1).'">'
    Visualizar $clave
    Visualizar '</td>'
    Visualizar '<td>Clave</td><td>Valor</td></tr>'
//bucle sobre la tabla $val correspondiente a tab_caracteristica_dupont
//o tab_caracteristica_durand
```

```
    ParaCada (clave2 => val2 de val) Hacer
           Visualizar '<tr>'
           Visualizar '<td>'.$clave2.'</td>'
           Visualizar '<td>'.$val2.'</td>'
           Visualizar '</tr>'
    FinParaCada
FinParaCada
Visualizar '</table>'
FIN
```

En PHP:

```
<?php
$tab_characteristic_dupont = array("nombre" => "PAUL","profesion"
=>"ministro","edad" => 50);
$tab_characteristic_durand = array("nombre" => "ROBERT","profesion" =>
"agricultor","edad" => 45);
$tab_persona['DUPONT'] = $tab_characteristic_dupont;
$tab_persona['DURAND'] = $tab_characteristic_durand;
echo '<table border="1">';
echo '<tr><td>';
echo 'Clave';
echo '</td><td colspan="2">';
echo 'Valor';
echo '</td></tr>';

foreach ($tab_persona as $key => $val) {
    //$clave correspondiente a DUPONT o DURAND
    echo '<tr><td rowspan="'.(sizeof($val)+1).'">';
    echo $key;
    echo '</td>';
    echo '<td>Clé</td><td>Valor</td></tr>';
//bucle sobre la tabla $val correspondiente a $tab_characteristic_dupont
//o $tab_characteristic_durand
    foreach ($val as $key2 => $val2) {
           echo '<tr>';
           echo '<td>'.$key2.'</td>';
           echo '<td>'.$val2.'</td>';
           echo '</tr>';
    }
}
echo '</table>';
?>
```

Ejercicio 4

Escriba un algoritmo que pida un número y luego calcule la sucesión de Fibonacci de este número como en el ejercicio 5 del capítulo anterior, pero utilizando sólo una tabla como variable y mostrando todos los números de la sucesión. La sucesión de Fibonacci es una sucesión de números enteros en la que cada término es la suma de los dos términos anteriores. Generalmente comienza con los términos 0 y 1 y sus primeros términos son:

0, 1, 1, 2, 3, 5, 8, 13, ...

Escriba el programa PHP equivalente.

Solución

```
VAR
tabla:tabla[] de enteros
INICIO
Visualizar "Número"
Introducir numero
tabla[0] = 0
tabla[1] = 1
Para i De 2 Hasta numero Hacer
    tabla[i] ←tabla[i-1] + tabla[i-2]
FinPara
Visualizar "La sucesión de Fibonacci del número ", numero , " es: "
Para i De 0 Hasta numero Hacer
    Visualizar tabla[i]," "
FinPara
FIN
```

En PHP:

```
<html>
  <head>
    <title>Tabla de Fibonacci </title>
    <meta http-equiv="Content-Type" content="text/html; charset=utf-8" />
  </head>
  <body>
  <?php
  if(!isset($_GET['number'])) {
  ?>
    <form method="GET">
      Indique un número: <input type="text" size="4" name="number" /><br />
      <input type="submit" name="OK" />
    </form>
  <?php
```

```
    } else {
      $numero=$_GET['number'];
      $table = array();
      $table[0] = 0;
      $table[1] = 1;
      for ($i = 2;$i <= $number;$i++) {
              $table[$i] = $table[$i-1] + $table[$i-2];
      }
      echo "La sucesión de Fibonacci del número ".$number." es: ";
      for ($i = 0;$i <= $number;$i++) {
              echo $table[$i]." ";
      }
    }
    ?>
    </body>
</html>
```

Ejercicio 5

Cree un array de 10 valores aleatorios entre 1 y 100. La función rand($min,$max); se utiliza para extraer un número aleatorio entre $min y $max.

Ordene esta tabla de menor a mayor, luego ponga todos los valores en una cadena de caracteres separados por ; y muestre la cadena.

Solución

```
VAR
tabla:tabla[] de enteros
n, cnt, i, j, tmp :entero
INICIO

Para i De 1 Hasta 10 Hacer
    tabla[i-1]←rand(1,100)
FinPara

  cnt←longitud(tabla)
  n←0
  MientrasQue n<cnt Hacer
    n←3*n+1
  FinMientrasQue

  MientrasQue n<>0 Hacer
    n←n/3
    Para i de n Hasta cnt-1 Hacer
      tmpt[i]
```

```
      j←i
      MientrasQue j>n-1 Y t[j-n]>tmp
        t[j]←t[j-n]
        j←j-n
      FinMientrasQue
      t[j]←tmp
    FinPara
  FinMientrasQue

Visualizar "Los valores ordenados son "
Para i De 0 Hasta cnt Hacer
    Visualizar tabla[i]," ;"
FinPara
FIN
```

En PHP:

```
<html>
  <head><meta/>
    <title>Ejercicio tabla 5</title>
  </head>
  <body>

        <?php
        $table = array();
        for ($i=1;$i<=10;$i++) { //tabla De 1 Hasta 10
                $table[$i-1] = rand(1,100);
        }

        $n=0;
        $cnt=count($table);

        //Ordenación Shell
        while($n<$cnt) $n=3*$n+1;

        while($n!=0) {
                $n=(int)($n/3);
                for($i=$n;$i<$cpt;$i++) {
                  $mem=$table[$i];
                  $j=$i;
                  while($j>($n-1) && $table[$j-$n]>$mem) {
                        $table[$j]=$table[$j-$n];
                        $j=$j-$n;
                  }
                  $table[$j]=$mem;
                }

        }
```

```
        echo "Los valores ordenados son: ";
        for($j=0;$j<$cnt;$j++) echo $table[$j].";";
        ?>
        </body>
</html>
```

6. Subprogramas

Ejercicio 1

Cree una función que calcule la suma de valores pasados como argumentos. Esta función tendrá como primer argumento por referencia el resultado y como segundo argumento la tabla de valores. Llama a la función con un array que contenga los números 5,9,4 y 18. Escriba la solución en PHP.

Solución

```
<?php

// Función con el resultado como primer argumento por referencia
// y la suma de los valores de la tabla pasada como segundo
argumento.
function sum(&$result,$tab_values) {
    $result = 0;
    foreach ($tab_values as $val) {
         $result += $val;
    }
}
// Llamada
$table = [5,9,4,18];
sum($result,$table); // tabla que se pasa como argumento
echo 'suma($result,[5,9,4,18]) => ',$result,'<br />';
?>
```

Ejercicio 2

Cree una tabla que contenga 10 números aleatorios entre 1 y 100 y luego ordénela sin utilizar métodos de ordenación de tablas como sort(). Cree una función para intercambiar dos valores en una tabla. Mostrar estos valores separados por una coma. Escriba la solución en PHP.

Solución

```
<?php

$table1 = array();

//Función para intercambiar el valor en una tabla
//La tabla se pasa por referencia
function exchange(&$table, $i, $j)
{
   $temp = $table[$i];
   $table[$i] = $table[$j];
   $table[$j] = $temp;
}

//rellenar una tabla de 10 valores aleatorios entre 1 y 100
for ($i=1;$i<=10;$i++) {
    $table1[$i]=rand(1,100);
}


$length=10;
while($length>0)
{
  // buscar el valor más grande de la tabla
  $maximum = 1;
  for($i=1; $i<=$length; $i++) {
     if($table1[$i]>$table1[$maximum]) {
           $maximum = $i;
     }
  }
  //intercambia el máximo con el último elemento
    exchange($table1, $maximum, $length);

  // Procesamiento del resto de la tabla
  $length--;
}
```

```
//muestra la tabla
for ($i=1;$i<=10;$i++) { //tabla De 1 Hasta 10
    echo $table1[$i].",";
}

?>
```

Ejercicio 3

Cree una función que muestre aleatoriamente una frase que contenga cualquier número de palabras pasadas como argumento. Cada palabra debe aparecer sólo una vez. La función tomará una tabla como argumento. Escriba la solución en PHP.

Solución

```
<?php
function display($tab) {
    $table_end = array(); //tabla que contiene las palabras
                          //a mostrar aleatoriamente
    $j=0; //contador de esta tabla
    $number_elements = sizeof($tab);
    while ($j < $number_elements) {
           $random_key = array_rand($tab);
           //si el valor ordenado aleatoriamente ya está presente en
           //la tabla de fin, se decrementa $i para recomenzar
           //el bucle una vez más.
           if (! in_array($tab[$random_key],$table_end)) {
                 $table_end[$j] = $tab[$random_key];
                 $j++;
           }
    }
    foreach ($table_end as $val) {
           echo $val." ";
    }
}
$table_word[0] = "Hola";
$table_word[1] = "Señor";
$table_word[2] = "Ángel";
$table_word[3] = "Toto";
display($table_word);
?>
```

Ejercicio 4

Sea la tabla A con los elementos 3,8,15,16. Cree una tabla B mediante un bucle que contenga todos los elementos del 1 al 20 excepto los elementos de la tabla A. Crear una función que calcule el cubo de este número y muestre los elementos de la tabla B en una primera columna y el cubo de los elementos de B en una segunda columna en una tabla HTML. Escribe la solución en PHP.

Solución

```
<?php

$A = array(3,8,15,16); // creación del valor con cuatro elementos
$B = array();
$counter = 0; //inicialización del contador que representa
              //el índice de la tabla $B
for ($i=1;$i<=20;$i++) { //tabla De 1 Hasta 20
    if (! in_array($i,$A)) {
           $counter++; //incremento del contador
           $B[$counter]=$i;
    }
}
//función que devuelve el cubo de un valor
function cube($value) {
    $back = $value*$value*$value;
    return $back;
}

//muestra la tabla HTML con el valor de la tabla $B
//y su resultado al cubo
echo "<table border='1'>";
echo "<tr><td>valor</td><td>valor al cubo</td></tr>"; //muestra el
                                                       //encabezado
foreach ($B as $val) {
    echo "<tr><td>".$val."</td><td>".cube($val)."</td></tr>";
}
echo "</table>";

?>
```

Ejercicio 5

Cree una función que recibe una cadena de caracteres como argumento y devuelva una cadena de caracteres utilizando el cifrado conocido como "cifrado César". Esto implica desplazar cualquier número de letras. Así, si elegimos 4, la A se convierte en E, la B en F, etc. Escribe la solución en PHP que pide que se realice el desplazamiento.

Solución

Hay que tener cuidado de que el desplazamiento no sea superior a 26. Así, si se obtiene 27, hay que volver a 1, es decir, a la letra A.

```
<html>
  <head>
    <title>César</title>
    <meta http-equiv="Content-Type" content="text/html; charset=utf-8" />
  </head>
  <body>
  <?php
  if(!isset($_GET['gap'])) {
  ?>
    <form method="GET">
      Indique el desplazamiento a realizar: <input type="text" size="4"
name="gap" /><br />
      y la frase a codificar: <input type="text" size="20" name="phrase"
/><br />
      <input type="submit" name="OK" />
    </form>
  <?php
  } else {
    $gap = $_GET['gap'];
    $phrase = strtoupper($_GET['phrase']);
    $lettersAlpha = "ABCDEFGHIJKLMNOPQRSTUVWXYZ";
    $new_phrase = "";

    for ($i = 0;$i < strlen($phrase);$i++) {
       $letter = substr($phrase, $i, 1);
       echo $letter.";";
       $pos  = strpos($lettersAlpha, $letter);
       $newPos = ($pos + $gap)%26;
       $new_phrase = $new_phrase.substr($lettersAlpha, $newPos,
1);
     }

    echo "La frase codificada es: ".$new_phrase;
```

```
  }
  ?>
  </body>
</html>
```

7. Los archivos

Ejercicio 1

Escriba un programa PHP para crear un archivo de texto si no existe ya, luego escriba "fecha y hora actuales:" seguido de la fecha actual en este archivo. En PHP, la fecha se muestra utilizando la función date('d.m.Y G:i:s').

Solución

```
<?php

$ressource = fopen('log.txt', 'w+'); //creación del archivo de texto si no
                                      //existe.
if ($ressource) {
       fputs($ressource, 'fecha y hora actuales:');
       fputs($ressource, date('d.m.Y G:i:s').PHP_EOL); //escritura de
       //la fecha y de la hora actuales
}

fclose($ressource);
?>
```

Ejercicio 2

Escriba un programa PHP para crear un fichero de texto que almacene el número de veces que una página ha sido vista.

Solución

Cree un archivo llamado counter.txt y ejecute el siguiente código:

```
<?php

$ressource = fopen('counter.txt', 'r+');

$num_views = fgets($ressource); // Lectura de la primera línea que contiene
                                // el número de páginas vistas
```

```
if ($num_views == "") { //comprueba si el archivo no contiene número
    $num_views = 0;
}
$num_views++; // Aumento de 1 el número de páginas vistas
fseek($ressource, 0); // el cursor se vuelve a poner al inicio del archivo
fwrite($ressource, $num_views); // Escritura del nuevo número de páginas
vistas

fclose($ressource); // Cierre del archivo

echo 'Esta página se ha visto '.$num_views.' veces.';
?>
```

Ejercicio 3

Sean client.txt y prospect.txt dos ficheros cuyos registros tienen la misma estructura. Escriba un programa PHP que copie todo el contenido de los archivos cliente y prospecto en el fichero final.txt.

Solución

Los tres archivos client.txt, prospect.txt y final.txt ya deben existir.

```
<?php

$ressource1 = fopen('client.txt', 'r');
$ressource2 = fopen('prospect.txt', 'r');
$ressource3 = fopen('final.txt', 'r+');

//lectura del primer archivo client.txt
while(!feof($ressource1)) {
    // lee una línea
    $linea=fgets($ressource1);
    fwrite($ressource3,$linea); // Escritura de una línea
                                // del archivo client.txt
}
fwrite($ressource3,PHP_EOL); // Escritura de un salto de línea

//lectura del segundo archivo prospect.txt
while(!feof($ressource2)) {
    // lee una línea
    $line=fgets($ressource2);
    fwrite($ressource3,$line); // Escritura de una línea
                                // del archivo prospect.txt
}

fclose($ressource1); // Cierre del archivo
```

```
fclose($ressource2); // Cierre del archivo
fclose($ressource3); // Cierre del archivo

echo 'Copia terminada.';
?>
```

8. Conceptos avanzados

Ejercicio 1

Escriba en PHP el algoritmo de ordenación por fusión explicado en la sección de ejemplos de ordenación.

Solución

Asegúrese de pasar la tabla por referencia cuando llame a sortMerge y merge.

```
<?php
function sortMerge (&$tab, $begin, $end)
{
    if($begin<$end)
    {
           $middle = round(($begin+$end)/2,0, PHP_ROUND_HALF_DOWN);
           sortMerge($tab, $begin, $middle);
           sortMerge($tab, $middle+1, $end);
           merge($tab, $begin, $middle, $end);
    }
}

function merge (&$tab, $begin, $middle, $end)
{
    $tab_tempo = $tab; // tabla temporal para almacenar
                       // los datos ordenados.

    $i1 = $begin; //índice en la primera mitad de tab_tempo
    $i2 = $middle+1; // índice en la segunda mitad de tab_tempo
    $i = $begin; //índice en la tabla tab

    while ($i1<= $middle && $i2 <= $end)
    {
           //Búsqueda de la cabecera más pequeña de la lista
           if($tab_tempo[$i1] <= $tab_tempo[$i2])
           {
                  $tab[$i] = $tab_tempo[$i1];
                  $i1++;
```

```
            }
            else
            {
                  $tab[$i] = $tab_tempo[$i2];
                  $i2++;
            }
            $i++;
      }
      if ($i<=$end)
      {
            while($i1<=$middle)  // el resto de la primera mitad
            {
                  $tab[$i]=$tab_tempo[$i1];
                  $i1++;
                  $i++;
            }
            while($i2<=$end) // el resto de la segunda mitad
            {
                  $tab[$i]=$tab_tempo[$i2];
                  $i2++;
                  $i++;
            }
      }
}
$table = array();
$table = [3,1,6,8,4,5,9,7,2];
sortMerge($table,0,count($table)-1);
print_r($table);
?>
```

Ejercicio 2

Busque en la documentación de PHP el nombre SplDoublyLinkedList. Implemente un ejemplo añadiendo las cuatro primeras letras del alfabeto a la lista. A continuación, muestre todo el contenido en modo FIFO (*First In First Out*).

A continuación, muestre el primer valor, el último valor y el número de elementos de la lista.

Solución

```
<?php
$list = new SplDoublyLinkedList();
$list->push('a');
$list->push('b');
$list->push('c');
$list->push('de );

echo "FIFO (First In First Out) :";
$list->setIteratorMode(SplDoublyLinkedList::IT_MODE_FIFO);
for ($list->rewind(); $list->valid(); $list->next()) {
    echo $list->current()." ";
}
echo "<br />";
echo "Primera: " . $list->bottom() . "<br />";
echo "Segunda: " . $list->top() . "<br />";
echo "Número de valores: " . $list->count();

?>
```

Ejercicio 3

Considere el siguiente árbol:

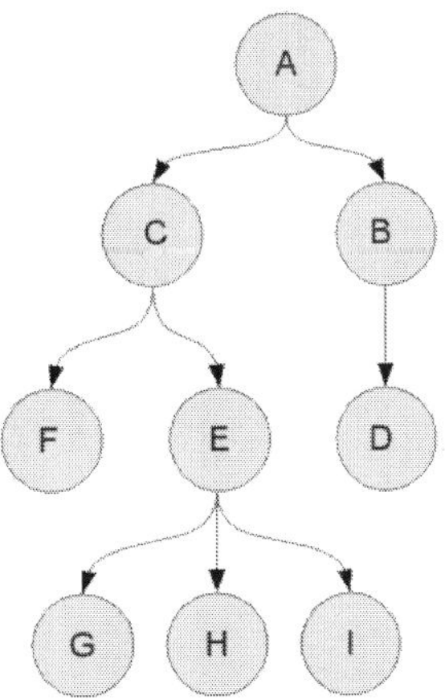

Representar el árbol de ejemplo en PHP. Este árbol es un array multidimensional con el valor (A, B, D, etc.) como clave y el hijo como valor. Muestre el árbol completo utilizando la función var_dump().

Solución

```
<?php
$tree =
array('A'=>array('B'=>array('D'=>array()),'C'=>array('F'=>array(),
array('E'=>array('G'=>array(),'H'=>array(),'I'=>array()))))));
var_dump($tree);
?>
```

Ejercicio 4

Considere el siguiente árbol:

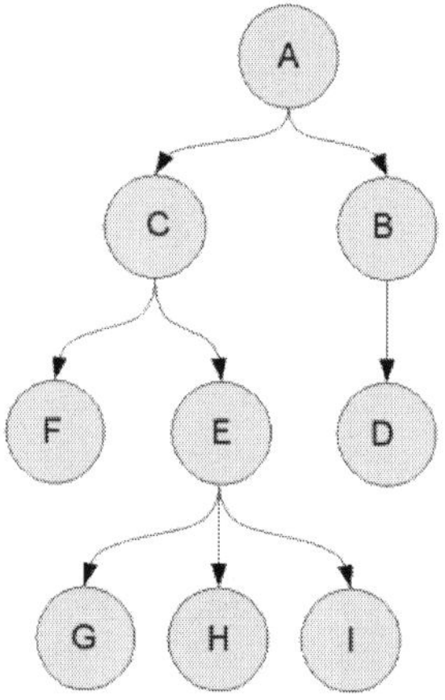

Representar el árbol de ejemplo en PHP. Crear una función tree tomando como argumentos el valor y el hijo. Mostrar el árbol completo utilizando la función var_dump().

Solución

```
<?php
function tree($val, $children)
{
    return array('val' => $val, 'hijos' => $children);
}
$tree=
tree('A', array(
tree('B', array( tree('D', array()),
```

```
tree('C', array(tree('F', array()))),
                         tree('E', array(
tree('G', array()),
tree('H', array()),
tree('I', array()))))))));
var_dump($tree);
?>
```

9. Una aproximación al objeto

Ejercicio 1

Cree las cinco clases del siguiente diagrama, teniendo en cuenta su herencia. Todos los métodos son públicos y los atributos privados.

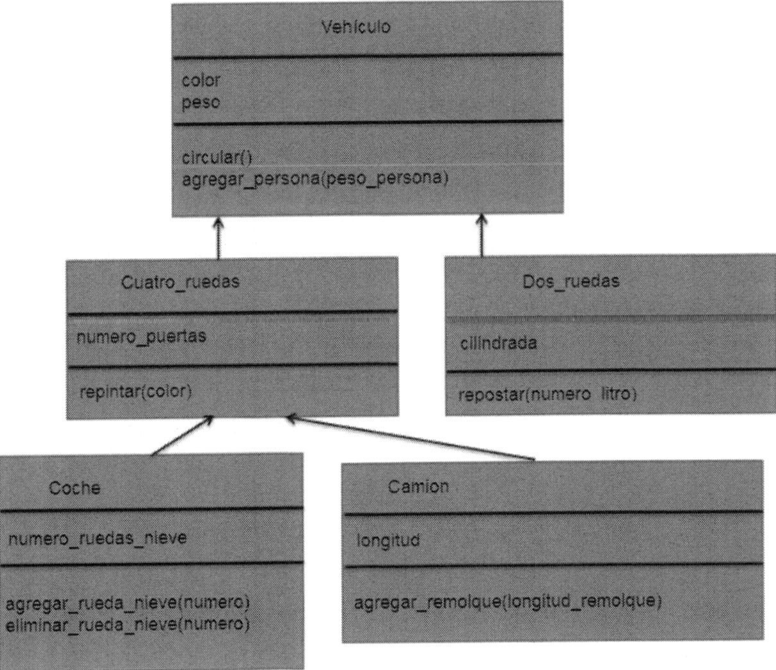

Solución

Vehicle.class.php:

```
<?php
class Vehicle
    {
        // Declaración de los atributos
           private string $color;
           private int $weight;


           //métodos públicos
           public function move()
           {

           } : void

        public function add_person(float $weight_person)
           {

           } : void
}
?>
```

Four_wheels.class.php:

```
<?php
class Four_wheels extends Vehicle
    {
           // Declaración de los atributos
           private int $number_door;

           //método público
           public function repaint(string $color) : void
           {

           }
    }
?>
```

Two_wheels.class.php:

```
<?php
class Two_wheels extends Vehicle
    {
```

```
            // Declaración de los atributos
            private float $capacitycapacity;

            //método público
            public function refuel(float $number_liter) : void
            {

            }
    }
?>
```

Car.class.php:

```
<?php
class Car extends Four_wheels
    {
            // Declaración de los atributos
            private int $number_snow_tire;

            //métodos públicos
            public function add_snow_tire(int $number) : void
            {

            }

            public function remove_snow_tire(int $number) : void
            {

            }
    }
?>
```

Truck.class.php:

```
<?php
class Truck extends Four_wheels
    {
            // Declaración de los atributos
            private float $length;

            //métodos públicos
            public function add_trailer(float $length_trailer) : void
            {

            }
    }
?>
```

Ejercicio 2 (continuación del 1)

Cree accesores para todos los atributos. Crear un constructor en la clase Vehicle tomando como argumentos el color y el peso. Modifique el método move() para que muestre "El vehículo circula". Modifique el método add_person(weight_person) para que cambie el peso del vehículo según el peso de la persona pasada como argumento.

Cree una página visualizar.php creando un vehículo negro de 1500 kg de peso. Hágalo circular.

Añada una persona de 70 kg y visualiza el nuevo peso del vehículo.

Solución

Vehicle.class.php:

```
<?php
class Vehicle
    {
        // Declaración de los atributos
        private string $color;
        private int $weight;

        //constructor
        public function __construct(string $color, int $weight) // Constructor
                                                                // solicita 2 argumentos.
        {
          $this->color = $color; // Inicialización del color.
          $this->weight = $weight; // Inicialización del peso.
        }

        //accesores
        public function getColor() : string
        {
            return $this->color; //devuelve el color
        }
        public function setColor(string $color) : void
        {
            $this->color = $color; //escribe en el atributo color
        }

        public function getWeight() : int
        {
            return $this->weight; //devuelve el peso
        }
        public function setWeight(int $weight) : void
        {
```

```
            $this->weight = $weight; //escribe en el atributo weight
        }

        //métodos públicos
        public function move() : void
        {
            echo "El  vehículo circula.<br />";
        }

        public function add_person(float $weight_person) : void
        {
            $this->weight = $this->weight + $weight_person;
        }

}
?>
```

Four_wheels.class.php:

```
<?php
class Four_wheels extends Vehicle
    {
            // Declaración de los atributos
            private int $number_door;

            //accesores
            public function getNumberDoor() : int
            {
             return $this->number_door; //devuelve el número de puertas
            }
            public function setNumberDoor(int $number_door) : void
            {
                  $this->number_door = $number_door; //escribe en
                                        //el atributo number_door
            }

            //método público
            public function repaint(string $color) : void
            {

            }
}
?>
```

Two_wheels.class.php:

```
<?php
class Two_wheels extends Vehicle
    {
            // Declaración de los atributos
            private float $capacitycapacity;

            //accesores
            public function getCapacity() : float
            {
             return $this->capacitycapacity; //devuelve la cilindrada
            }
            public function setCapacity(float $capacitycapacity) : void
            {
                  $this->capacity = $capacity; //escribe en el atributo
                                                  // cilindrada
            }

            //método público
            public function refuel(float $number_liter) : void
            {

            }
    }
?>
```

Car.class.php:

```
<?php
class Car extends Four_wheels
    {
            // Declaración de los atributos
            private int $number_snow_tire;

            //accesores
            public function getNumberSnowTire() : int
            {
             return $this->number_snow_tire; //devuelve el
                                              //número de ruedas de nieve
            }
            public function setNumberSnowTire(int $number_snow_tire) : void
            {
                  $this->number_snow_tire = $number_snow_tire; //escribe
                                   //en el atributo number_snow_tire
            }
```

```
            //métodos públicos
            public function add_snow_tire(int $number) : void
            {

            }

            public function emove_snow_tire(int $number) : void
            {

            }
    }
?>
```

Truck.class.php:

```
<?php
class Truck extends Four_wheels
    {
            // Declaración de los atributos
            private float $length;

            //accesores
            public function getLength() : float
            {
             return $this->length; //devuelve la longitud
            }
            public function setLength(float $length) : void
            {
                  $this->length = $length; //escribe en el atributo
                                                     //length
            }

            //métodos públicos
            public function add_trailer(float $length_trailer) : void
            {

            }
    }
?>
```

Visualizar.php:

```
<?php

//carga las clases
include('Vehicle.class.php');

//instanciación de la classe Vehicle
$vehicle1 = new Vehicle("negro",1500);
```

```
$vehicle1->move();
$vehicle1->add_person(70);
echo "El nuevo peso del vehículo es".$vehicle1->getWeight();

?>
```

Muestra:

```
El vehículo circula. El nuevo peso del vehículo es: 1570
```

Ejercicio 3 (continuación del 2)

Implemente el método repaint(color) para cambiar el color definido en la clase Vehicle. Implemente el método refuel(number_liter) para cambiar el peso definido en la clase Vehicle. Para este ejercicio, un litro corresponde a un kilogramo.

Implemente los métodos add_snow_tire(number) y remove_snow_tire(number) para modificar el atributo number_snow_tire.

Implemente el método add_trailer(length_trailer), modificando el atributo length.

En la página visualizar.php, cree un coche verde que pese 1400 kg. Añada dos personas de 65 kg cada una. Muestre su color y su nuevo peso.

Vuelva a pintar el coche de rojo y añada dos neumáticos de nieve.

Muestre el color y el número de neumáticos de nieve.

Cree un objeto Two_wheels negro de 120 kg. Añada una persona de 80 kg. Añada 20 litros de gasolina.

Muestre el color y el peso del vehículo de dos ruedas.

Cree un camión azul de 10.000 kg y 10 metros de largo con 2 puertas. Añada un remolque de 5 metros y una persona de 80 kg.

Muestre su color, peso, longitud y número de puertas.

Solución

Four_wheels.class.php:

```
<?php
class Four_wheels extends Vehicle
    {
          // Declaración de los atributos
          private int $number_door;

          //accesores
          public function getNumberDoor() : int
          {
           return $this->number_door; //devuelve el número de puertas
          }
          public function setNumberDoor(int $number_door) : void
          {
                $this->number_door = $number_door; //escribe en
                                                    //el atributo number_door
          }

          //método público
          public function repaint(string $color) : void
          {
                $this->setColor($color);
          }
    }
?>
```

Two_wheels.class.php:

```
<?php
class Two_wheels extends Vehicle
    {
          // Declaración de los atributos
          private float $capacity;

          //accesores
          public function getCapacity() : float
          {
           return $this->capacity; //devuelve la cilindrada
          }
          public function setCapacity(float $capacity) : void
          {
                $this->capacity = $capacity; //escribe en el atributo
                                              //capacidad
          }

          //método público
```

```
            public function refuel(float $number_liter) : void
            {
                  $this->setWeight($this->getWeight()+$number_liter);
            }
    }
?>
```

Car.class.php:

```
<?php
class Car extends Four_wheels
    {
           // Declaración de los atributos
           private int $number_snow_tire=0;

           //accesores
           public function getNumberSnowTire() : int
           {
            return $this->number_snow_tire; //devuelve el número de ruedas_nieve
           }
           public function setNumberSnowTire(int $number_snow_tire) : void
           {
                 $this->number_snow_tire = $number_snow_tire; //escribe
                                   //en el atributo number_snow_tire
           }

           //métodos públicos
           public function add_snow_tire(int $number) : void
           {
                 $this->number_snow_tire = $this->number_snow_tire +
                                           $number;
           }

           public function emove_snow_tire(int $number) : void
           {
                 if ($this->number_snow_tire - $number < 0) {
                        $this->number_snow_tire = 0;
                 }
                 else {
                        $this->number_snow_tire = $this->number_snow_tire
                                                  - $number;
                 }
           }
    }
?>
```

Truck.class.php:

```
<?php
class Truck extends Four_wheels
    {
            // Declaración de los atributos
            private float $length;

            //accesores
            public function getLength() : float
            {
             return $this->length; //devuelve la longitud
            }
            public function setLength(float $length) : void
            {
                 $this->length = $length; //escribe en el atributo
                                              //length
            }

            //métodos públicos
            public function add_trailer(float $length_trailer) : void
            {
                 $this->length = $this->length + $length_trailer;
            }
    }
?>
```

Visualizar.php:

```
<?php

//carga las clases
include('Vehicle.class.php');
include('Four_wheels.class.php');
include('Two_wheels.class.php');
include('Car.class.php');
include('Truck.class.php');

//instanciación de la clase Vehicle
$car = new Car("verte",1400);
$car->add_person(130);
echo "El color del coche es: ".$car->getColor()."<br />";
echo "El nuevo peso del coche es: ".$car->getWeight()."<br />";


//repintar en rojo
$car->repaint("rojo");
//añade 2 ruedas de nieve
```

```
$car->add_snow_tire(2);
echo "El color del coche es: ".$car->getColor()."<br />";
echo "El número de ruedas de nieve del coche es:
".$car->getNumberSnowTire()."<br /><br />";

//instanciación de las dos ruedas
$two_wheels = new Two_wheels("noir",120);
$two_wheels->add_person(80);
$two_wheels->refuel(20);
echo "El color de las dos ruedas es: ".$two_wheels->getColor()."<br />";
echo "El peso de las dos ruedas es: ".$two_wheels->getWeight()."<br /><br />
>";

//instanciación del camión
$truck = new Truck("azul",10000);
$truck->setLength(10);
$truck->setNumberDoor(2);
$truck->add_trailer(5);
$truck->add_person(80);
echo "El color del camión es: ".$truck->getColor()."<br />";
echo "El peso del camión es: ".$truck->getWeight()."<br />";
echo "La longitud del camión es: ".$truck->getLength()."<br />";
echo "El número de puertas del camión es: ".$truck->getNumberDoor()."<br/
>";

?>
```

Muestra:

```
El color del coche es: verde
El nuevo peso del coche es: 1530
El color del coche es: rojo
El número de ruedas de nieve del coche es: 2
El color de las dos ruedas es: negro
El peso de las dos ruedas es: 220
El color del camión es: azul
El peso del camión es: 10080
La longitud del camión es: 15
El número de puertas del camión es: 2
```

Ejercicio 4 (continuación del 3)

Hacer abstracta la clase Vehicle y su método add_person(weight_person).

Defina el método add_person(weight_person) en la clase Two_wheels para que este método añada el peso de la persona más 2 kg correspondientes al casco en el vehículo de dos ruedas.

Defina el método add_person(weight_person) en la clase Four_wheels para que haga lo mismo que hacía en la clase Vehicle.

Cree un método público estático en la clase Vehicle llamado display_properties. Este método reciba un objeto como argumento y muestra el valor de todos sus atributos (si existen), es decir, el color, el peso, el número de puertas, la cilindrada, la longitud y el número de neumáticos de nieve.

En la página visualizar.php, cree un vehículo rojo de dos ruedas que pese 150 kg.

Añada una persona de 70 kg y muestre su peso total.

Cambie el color del vehículo de dos ruedas a verde. Asígnele una cilindrada de 1000.

Muestre todos los valores de los atributos del vehículo de dos ruedas mediante la función display_properties.

Cree un camión blanco de 6.000 kg.

Añada una persona que pese 84 kg. Píntelo de azul. Añada 2 puertas.

Muestre todos los valores de los atributos del camión mediante la función display_properties. Utilice la función method_exists, que recibe como argumentos una instancia de un objeto o el nombre de una clase y el nombre del método y devuelve verdadero o falso.

Solución

Vehicle.class.php:

```
<?php
abstract class Vehicle
    {
            // Declaración de los atributos
            private string $color;
            private int $weight;

            //constructor
            public function __construct(string $color, int $weight) // Constructor
                                           // recibe 2 argumentos.
            {
             $this->color = $color; // Inicialización del color.
             $this->weight = $weight; // Inicialización del peso.
            }

            //accesores
```

```
        public function getColor() : string
        {
         return $this->color; //devuelve el color
        }
        public function setColor(string $color) : void
        {
              $this->color = $color; //escribe en el atributo color
        }

        public function getWeight() : int
        {
         return $this->weight; //devuelve el peso
        }
        public function setWeight(int $weight) : void
        {
              $this->weight = $weight; //escribe en el atributo weight
        }

        //métodos públicos
        public function move() : void
        {
              echo "El vehículo circula.<br />";
        }

        public static function display_properties(Vehicle $objeto) : void {
              if(method_exists($objeto,'getColor')) {
                     echo "El color es: ".$objeto->getColor()."<br />";
              }
              if(method_exists($objeto,'getWeight')) {
                     echo "El peso es: ".$objeto->getWeight()."<br />";
              }
              if(method_exists($objeto,'getCapacity')) {
                     echo "La cilindrada es: ".$objeto->getCapacity()."<br/>";
              }
              if(method_exists($objeto,'getNumberDoor')) {
                     echo "El número de puertas es: ";
                     echo $objeto->getNumberDoor()."<br />";
              }
              if(method_exists($objeto,'getLength')) {
                     echo "La longitud es: ".$objeto->getLength();
                     echo "<br />";
              }
              if(method_exists($objeto,'getNumberSnowTire')) {
                     echo "El número de ruedas de nieve es: ";
                     echo $objeto->getNumberSnowTire()."<br />";
              }
        }

     abstract public function add_person($weight_person);

}

?>
```

Four_wheels.class.php:

```
<?php
class Four_wheels extends Vehicle
    {
            // Declaración de los atributos
            private int $number_door;

            //accesores
            public function getNumberDoor() : int
            {
             return $this->number_door; //devuelve el número de puertas
            }
            public function setNumberDoor(int $number_door) : void
            {
                 $this->number_door = $number_door; //escribe en
                                          //el atributo number_door
            }

            //métodos públicos
            public function repaint(string $color) : void
            {
                 $this->setColor($color);
            }

            public function add_person(int $weight_person) : void
            {
                 $this->setWeight($this->getWeight() + $weight_person);
            }
    }
?>
```

Two_wheels.class.php:

```
<?php
class Two_wheels extends Vehicle
    {
            // Declaración de los atributos
            private float $capacity;

            //accesores
            public function getCapacity() : float
            {
             return $this->capacity; //devuelve la cilindrada
            }
            public function setCapacity(float $capacity) : void
            {
                 $this->capacity = $capacity; //escribe en el atributo
```

```
                                                //capacidad
          }

          //método público
          public function refuel(float $number_liter) : void
          {
               $this->setWeight($this->getWeight()+$number_liter);
          }

          public function add_person(int $weight_person) : void
          {
               $this->setWeight($this->getWeight() + $weight_person +
2);
          }
     }
?>
```

El resto clases no cambian.

Visualizar.php:

```
<?php

//carga las clases
include('Vehicle.class.php');
include('Four_wheels.class.php');
include('Two_wheels.class.php');
include('Truck.class.php');


//instanciación de las dos ruedas
$two_wheels = new Two_wheels("rojo",150);
$two_wheels->add_person(70);
echo "El peso de las dos ruedas es: ".$two_wheels->getWeight()."<br />";
$two_wheels->setColor("vert");
$two_wheels->setCapacity(1000);
Vehicle::display_properties($two_wheels);
echo "<br />";

//instanciación del camión
$truck = new Truck("blanco",6000);
$truck->add_person(84);
$truck->setColor("azul");
$truck->setNumberDoor(2);
Vehicle::display_properties($truck );

?>
```

Muestra:

```
El peso de las dos ruedas es: 220
El color es: verde
El peso es: 220
La cilindrada es: 1000

El color es: azul
El peso es: 6084
El número de puertas es: 2
La longitud es:0
```

Ejercicio 5 (continuación del 4)

Añada un constructor a la clase Four_wheels, tomando como argumentos el color, el peso y el número de puertas.

Sustituya el método público add_person(weight_person) en la clase Car. Este método ejecuta el método add_person(weight_person) de la clase Four_wheels y muestra "Atención, coloque 4 neumáticos de nieve" si el peso total del vehículo es mayor o igual a 1500 kg y si hay 2 neumáticos de nieve o menos.

Añada una constante SALTO_DE_LINEA = '<br />' a la clase Vehicle y modifique el método display_properties($object) para reemplazar el '<br />'.

Añada un atributo estático protegido a esta clase llamado number_change_color e inicialícelo a 0. Este atributo representa el número de veces que cambiará el color, sea cual sea el objeto cuyo color esté cambiando. Este cambio de color se realiza en el método setColor().

Cambie el accesorio setWeight() de la clase Vehicle para que el peso total del coche sea de 2100 kg como máximo.

En la página visualizar.php, cree un coche verde, 2100 kg con 4 puertas.

Añada 2 neumáticos de nieve y una persona que pese 80 kg.

Cambie el color del coche a azul.

Quite 4 neumáticos de nieve.

Repinte el coche de negro.

Muestre todos los atributos del coche y el número de veces que se ha cambiado el color utilizando el método display_properties($objeto).

El nuevo modelo es:

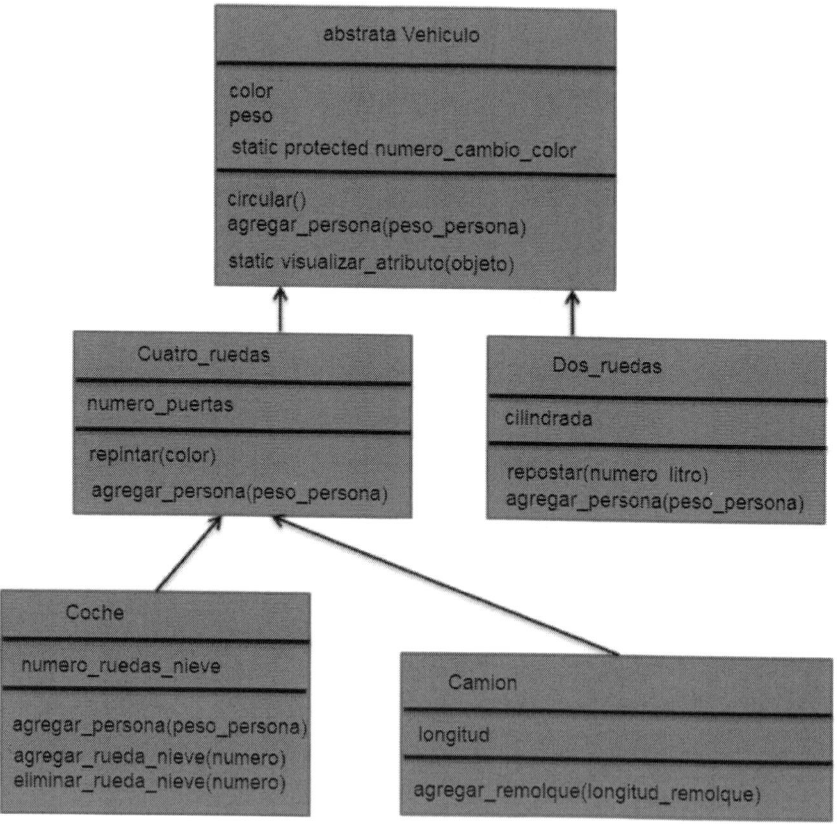

Los accesores no están representados.

Solución

Vehicle.class.php:

```
<?php
abstract class Vehicle
    {
           // Declaración de los atributos
           private string $color;
           private int $weight;
           const SALTO_DE_LINEA = '<br />';
           static protected int $number_change_color=0;

           //constructor
           public function __construct(string $color, int $weight) // Constructor
                                       // recibe 2 argumentos.
           {
            $this->color = $color; // Inicialización del color.
            $this->weight = $weight; // Inicialización del peso.
           }

           //accesores
           public function getColor() : string
           {
            return $this->color; //devuelve el color
           }
           public function setColor(string $color) : void
           {
                 $this->color = $color; //escribe en el atributo color
                 self::$number_change_color =
                     self::$number_change_color + 1;
           }

           public function getWeight() : int
           {
            return $this->weight; //devuelve el peso
           }
           public function setWeight(int $weight) : void
           {
                 if ($weight > 2100) {
                        $this->weight = 2100; //escribe en el atributo weight
                 }
                 else {
                        $this->weight = $weight; //escribe en el atributo weight
                 }
           }

           //métodos públicos
           public function move() : void
           {
                 echo "El vehículo circula.<br />";
```

```
        }

        public static function display_properties(Vehicle $objeto) : void {
              if(method_exists($objeto,'getColor')) {
                     echo "El color es: ";
                     echo $objeto->getColor().self::SALTO_DE_LINEA;
              }
              if(method_exists($objeto,'getWeight')) {
                     echo "El peso es: ";
                     echo $objeto->getWeight().self::SALTO_DE_LINEA;
              }
              if(method_exists($objeto,'getCapacity')) {
                     echo "La cilindrada es: ";
                     echo $objeto->getCapacity().self::SALTO_DE_LINEA;
              }
              if(method_exists($objeto,'getNumberDoor')) {
                     echo "El número de puertas es: ";
                     echo $objeto->getNumberDoor().self::SALTO_DE_LINEA;
              }
              if(method_exists($objeto,'getLength')) {
                     echo "La longitud es: ";
                     echo $objeto->getLength().self::SALTO_DE_LINEA;
              }
              if(method_exists($objeto,'getNumberSnowTire')) {
                     echo "El número de ruedas de nieve es: ";
                     echo $objeto->getNumberSnowTire().
                       self::SALTO_DE_LINEA;
              }
              echo "El color ha cambiado ";
             echo self::$number_change_color." veces.";
        }

     abstract public function add_person(int $weight_person) : void;
}

?>
```

Four_wheels.class.php:

```
<?php
class Four_wheels extends Vehicle
    {
          // Declaración de los atributos
          private int $number_door;

          //constructor
          public function __construct(string $color,int $weight,int $number_door)
                       // Constructor recibe 2 argumentos.
          {
           $this->setColor($color); // Inicialización del color.
           $this->setWeight($weight); // Inicialización del peso.
                $this->number_door = $number_door; // Inicialización del
                                                   // número de puertas.
```

```
        }

        //accesores
        public function getNumberDoor() : int
        {
         return $this->number_door; //devuelve el número de puertas
        }
        public function setNumberDoor(int $number_door) : void
        {
              $this->number_door = $number_door; //escribe en
                                                // el atributo number_door
        }

         //métodos públicos
        public function repaint(string $color) : void
        {
              $this->setColor($color);
        }

        public function add_person(int $weight_person) : void
        {
              $this->setWeight($this->getWeight() + $weight_person);
        }
    }
?>
```

Car.class.php:

```
<?php
class Car extends Four_wheels
    {
        // Declaración de los atributos
        private int $number_snow_tire=0;

        //accesores
        public function getNumberSnowTire() : int
        {
         return $this->number_snow_tire; //devuelve el
                                          //número de ruedas de nieve
        }
        public function setNumberSnowTire(int $number_snow_tire) : void
        {
              $this->number_snow_tire = $number_snow_tire; //escribe
                                    //en el atributo number_snow_tire
        }

        //métodos públicos
        public function add_snow_tire(int $number) : void
        {
              $this->number_snow_tire = $this->number_snow_tire +
                                         $number;
        }
```

```
            public function emove_snow_tire(int $number) : void
            {
                  if ($this->number_snow_tire - $number < 0) {
                        $this->number_snow_tire = 0;
                  }
                  else {
                        $this->number_snow_tire = $this->number_snow_tire
                                                 - $number;
                  }
            }

            public function add_person(int $weight_person) : void
            {
                  parent::add_person($weight_person);
                  if ($this->getWeight() >= 1500 && $this->number_snow_tire
                                           <= 2) {
                        echo "Atención, ponga 4 ruedas de nieve.";
                        echo "<br />";
                  }
            }
      }
?>
```

Visualizar.php:

```
<?php

//carga de las clases
include('Vehicle.class.php');
include('Four_wheels.class.php');
include('Car.class.php');


//instanciación del coche
$car = new Car("verde",2100,4);
$car->add_snow_tire(2);
$car->add_person(80);
$car->setColor("azul");
$car->remove_snow_tire(4);
$car->repaint("negro");
Vehicle::display_properties($car);

?>
```

Muestra:

```
Atención, ponga 4 ruegas de nieve.
El color es: negro
El peso es: 2100
El número de puertas es: 4
El número de ruedas de nieve es: 0
El color ha cambiado 3 veces.
```

Ejercicio 6 (continuación del 5)

Crear una interfaz Action que contenga la firma del método refuel(int $number_liter) :void.

Modifique la clase Truck para que implemente la interfaz Action y, por tanto, redefina el método refuel(int $number_liter):void como en la clase Two_wheels.

En la página visualizar.php cree un camión azul, 10000 kg con 2 puertas.

Ajuste la longitud a 10 m.

Ponga 100 litros de gasolina.

Repinte el camión de verde.

Muestre todos los atributos del coche y el número de veces que se ha cambiado el color utilizando el método display_properties($objeto).

El nuevo modelo es:

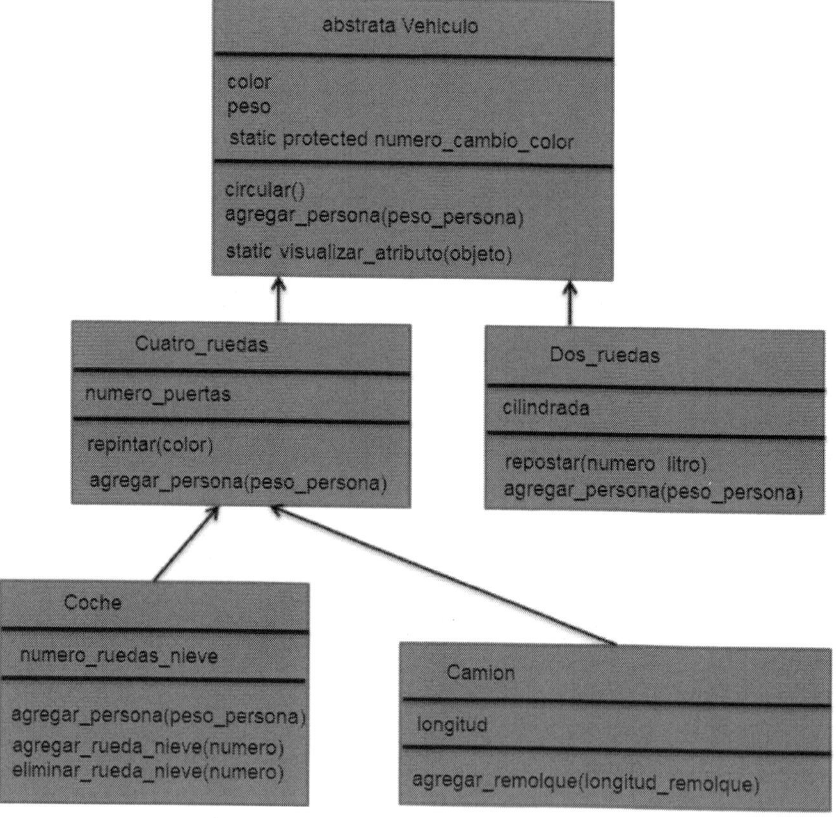

Solución

Action.class.php:

```
<?php
interface Action
{

        //métodos públicos
        function refuel(int $number_liter) :void;
}
?>
```

Truck.class.php:

```
<?php
class Truck extends Four_wheels implements Action
{
        // Declaración de los atributos
        private float $length;
        //accesores
        public function getLength() : float
        {
              return $this->length; //devuelve la longitud
        }
        public function setLength(float $length) : void
        {
              $this->length = $length; //escribe en el atributo
              length
        }
        //mótodos públicos
        public function add_trailer(float $length_trailer) : void
        {
              $this->length = $this->length +
              $length_trailer;
        }
        //método público
        public function refuel(float $number_liter) :void
        {
              $this->setWeight($this->getWeight()+$number_liter);
        }
}
?>
```

Visualizar.php:

```
<?php
//carga las clases
include('Vehicle.class.php');
include('Four_wheels.class.php');
include('Action.class.php');
include('Truck.class.php');
//instanciación del camión
$Truck = new Truck("azul",10000,2);
$Truck->setLength(10);
$Truck->refuel(100);
$Truck->repaint("verde");
Vehicle::display_properties($Truck);
?>
```

Muestra:

```
El color es:verde
El peso es:2100
El número de puertas es:2
La longitud es:10
El color ha cambiado 2 veces
```

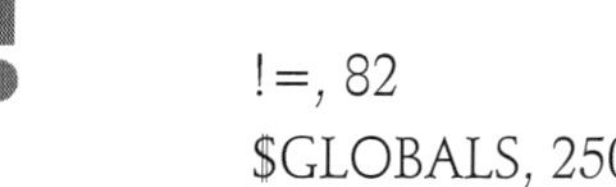

B

D

E

F

G

H

I

L

N

P

R

S

T

U

V

W

X

Y

Para poder acceder durante un año
a la versión online de este libro,
envíenos su justificante de compra a

librodigital@ediciones-eni.com

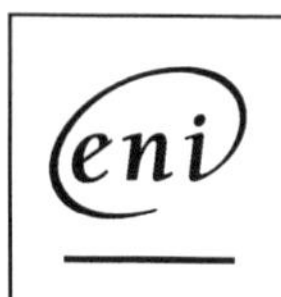